# Emprendedoras

# Emprendedoras

### Juan Ramón Gómez Gómez

tombooktu.com

www.facebook.com/tombooktu
www.tombooktu.blogspot.com
www.twitter.com/tombooktu
#Emprendedoras

**Colección:** Tombooktu Actualidad
www.actualidad.tombooktu.com
www.tombooktu.com

Tombooktu es una marca de Ediciones Nowtilus:
www.nowtilus.com

Si eres escritor contacta con Tombooktu:
www.facebook.com/editortombooktu

**Título:** *Emprendedoras*
**Autor:** © Juan Ramón Gómez Gómez

**Elaboración de textos:** Santos Rodríguez
**Revisión y adaptación literaria:** Teresa Escarpenter

**Responsable editorial:** Isabel López-Ayllón Martínez
**Maquetación:** Patricia T. Sánchez Cid
**Diseño de cubierta:** Santiago Bringas

Copyright de la presente edición © 2014 Ediciones Nowtilus S. L.
Doña Juana I de Castilla 44, 3º C, 28027 Madrid
editorial@nowtilus.com
www.nowtilus.com

**ISBN papel:** 978-84-15747-45-1
**ISBN digital:** 978-848-9967-609-8
**ISBN impresión bajo demanda:** 978-84-9967-610-4

**Fecha de edición:** Octubre 2014

Impreso en España
**Imprime:** Servicepoint
**Depósito Legal:** M-24449-2013

Con permiso de todas ustedes, este libro se lo dedico a mi madre, la primera emprendedora que conocí.

Este libro no habría sido posible sin el apoyo de muchas personas. Ángel Martos fue quien me ayudó a reinventarme como periodista y a hacerme creer en mí mismo de nuevo cuando me encargó la primera entrevista a una emprendedora que escribí para *Yo Dona* en el 2008. Y esta sección no sería tal si Charo Izquierdo no la hubiera creado cuando dio forma a esta fantástica revista. Sin ellos, no habría conocido una materia tan apasionante y a unas mujeres tan valientes y que me han transmitido tantas energías positivas a lo largo de los años.

He aprendido mucho de esas más de trescientas emprendedoras y de otras personas que me han enseñado mucho desde su especialización en esta misma materia, como Arístides Senra y Rachida Justo desde la enseñanza, y María Gómez del Pozuelo desde un proyecto tan apasionante como Womenalia.

Gracias a ellos y a muchos otros que han estado a mi lado, como Irene, Isabel, María, Pilar, Cristina...

# Índice

# Emprender a vivir

Hace muchos años, cuando empezaba a trabajar (fija) en una revista (y digo fija porque ya llevaba unos cuantos colaborando en diarios), las periodistas de la redacción nos reíamos mucho de una de sus secciones. En realidad, las redactoras teníamos la edad de las becarias de hoy, por lo que nos reíamos de casi todo, al tiempo que aprendíamos también casi todo del oficio de periodismo. Su entonces directora, María Eugenia Alberti, a la que nunca agradeceremos lo suficiente sus enseñanzas, importó o adaptó de alguna publicación francesa la sección «Tengo mi propio negocio». Nosotras, las redactoras, las gansas, la retitulamos «Tengo mi propio chanchullo». Lo manteníamos en secreto y nos reíamos. Espero que si alguna lo lee ahora se ría también, porque ha pasado suficiente tiempo como para desvelarlo.

Cuando muchos años después creamos la estructura de *Yo Dona*, el suplemento femenino y sabatino del diario *El Mundo*, tuve muy claro que, de algún modo, aquel «chanchullo» tenía que estar presente en sus páginas. Esa fue la base de la sección «Emprendedoras». Y no sabía yo que iba a dar tanto juego ni tantas alegrías.

Entre una publicación y otra habían ocurrido muchas cosas. En España. En la prensa. En mi vida... Y había ocurrido que había nacido una palabra nueva, una nueva ola económica, a la que todo el mundo quería subirse, todos deseaban pronunciar y muchos poner en marcha. Emprender. Emprendedor. Emprendedora. Emprendimiento. En nuestro país, eso de ser empresario no gozaba ni había gozado nunca de la reputación que tiene y ha tenido en otros. No ha gozado de la reputación que se merece. Algo que no sólo ha sido injusto, sino que se ha transformado en una de las lacras más importantes que ha sufrido la economía española, en la que al empresario, en general, se le decía de todo menos bonito. Y así nos ha ido.

*Emprendedor* parecía más liviano, menos agresivo, más al alcance de la mano... Y más de moda. *Emprender* se convirtió en un mantra y en una especie de correctivo semántico e ideológico de la figura de empresario. Todas las características de audaz, joven, inteligente, arriesgado, valiente, preparado... se le atribuían al emprendedor, que ocupaba las portadas de muchas revistas, como la cara b del empresario que nuestra sociedad se había empeñado en, digamos, minusvalorar, en un alarde de psicobolcheviquismo antiguo, cutrón y alejado de la realidad y los tiempos. Debo reconocer que en mi familia ha habido pocos empresarios. Pero los ha habido. Y más allá de la preparación actual –a la que por desgracia no todos antes tuvieron acceso– ante mí empresarios y emprendedores siempre significaron, significan y significarán lo mismo: personas sabias, arriesgadas con su patrimonio, generadores de ideas propias, motores de ideas ajenas, pioneras, visionarias, constructoras del país, aceleradoras de la economía. Fundamentalmente, valientes. Y no hago distingos semánticos. Tanto da emprendedor que empresario. Tanto da emprendedora que empresaria. Me niego a otorgar al emprendedor un solo mérito más que al empresario. Y entiendo, más bien, que las aguas volverán a su cauce cuando se imponga un modelo social en el que innovar y jugársela esté como mínimo tan bien visto como ser funcionario (por cierto, al servicio del Estado, o sea de todos) o trabajador por cuenta ajena (por cierto, al servicio de empresas que otros se arriesgaron a crear).

Pero volvamos a *Yo Dona*. Cuando imaginamos la sección «Emprendedoras» (juraría que todo salió de una conversación con mi amiga y cofundadora Carmen Gallardo), teníamos claro que había que hablar ídem: contar los casos de éxito, pero también los errores, o al menos dar pistas para no cometerlos. No escribíamos cuentos de hadas, contábamos historias reales. Por eso, pusimos tanto empeño en dar cifras, en dar dentro de aquella sección un espacio en el que subrayar el dinero invertido, los beneficios, las subvenciones..., las pérdidas; por eso el empeño en hablar de todos los sectores. Siempre he creído que los medios de comunicación tienen la posibilidad de contribuir a mejorar las cosas, las situaciones, la vida, el mundo, pero tienen también la posibilidad de dejarlo todo como está. Yo prefiero contribuir a las mejorías. Por eso estaba segura de que aquella sección podía servir para poner unos toques de pimienta, en su justa medida, a la economía (y eso que hablamos de 2005, glorioso año en el que la crisis no había estallado aún). Para dar ideas a otras mujeres (y también a los hombres lectores) de lo que podían hacer con su dinero, pero sobre todo con sus ideas, con sus deseos, con sus inquietudes. Para poner un grano de arena en la consideración de la empresa como una buena causa, como una manera de contribuir a la mejora de la sociedad. Para explicar a lo largo de 52 números al año la cantidad ingente de negocios que podían crearse, que se habían creado y que, lo mejor, funcionaban. De hecho, puedo preciarme de haber contribuido al desarrollo de alguno de ellos. Recuerdo aún emocionada como Berta Martín, creadora de la marca de moda Poète, que tiene tiendas por toda España, me confesó un día que su aparición en *Yo Dona* había marcado un antes y un después en su empresa, porque a raíz de la publicación de su entrevista en la sección «Emprendedoras» en la que decía que quería abrir franquicias había recibido muchas propuestas y las franquicias habían sido un trampolín para la empresa.

En la sección y gracias a la claridad con la que se hablaba (y se habla, pues sigue viva), dando datos económicos que en ocasiones no son positivos, creo que ha quedado patente otro aspecto a tener en cuenta en la emprendeduría. Y es que no todo el mundo vale para ello. Eso es muy importante, pues si aquella sección «Tengo mi propio negocio» se desarrolló en un momento en el que la frase de moda era «¿Estudias o diseñas?», ha llegado a tal punto la histeria colectiva por el emprendimiento que ahora la frase de moda merecería ser «¿Trabajas o emprendes?». Y no todo el mundo tiene por qué ser emprendedor. No todo el mundo responde a las características necesarias para serlo, y es muy importante quedarse en ese justo equilibrio entre fomentar un trabajo de esta índole y, al mismo tiempo, no hacer de él una moda absurda que acabe convirtiéndose en una burbuja. Y no es algo que yo me haya inventado, sino que ya he oído en varias ocasiones advertir a diversos expertos que ¡ojo!, pues la próxima burbuja podría ser la del emprendimiento.

Por cierto, que en aquel momento, empeñados en dar voz a todo tipo de mujeres, no dejamos atrás a las más mayores. Y ahora me precio de haberlo hecho, sobre todo después de haber escuchado al profesor Pedro Nueno, probablemente uno de los maestros en esto del emprendimiento y uno de los que más han escrito sobre el tema, hablar de la necesidad del emprendimiento en la tercera edad. Explicaba en una charla que, puesto que cada vez la esperanza de vida se va a alargar más, y puesto que no vamos a tener tantas posibilidades de contar con unas pensiones que nos mantengan bien, vamos a sentirnos jóvenes después de la jubilación y vamos a querer seguir trabajando, por lo que tenderemos a emprender... Es más, ¡él lo proponía como obligación!

Así que, si tenemos en cuenta que la esperanza de vida sigue siendo mayor en las mujeres que en los hombres, lo lógico sería pensar que en los próximos años muchas mujeres después de su jubilación se dedicarán a emprender o prepararán esa carrera de emprendimiento unos años antes para tener la pista de despegue bien lista para cuando llegue el momento (aviso para navegantes).

Siendo una revista femenina, está claro que hablábamos básicamente a mujeres. Pero no contábamos sólo historias de negocios típicos de mujeres. No queríamos hablar sólo de talleres de costura o de tiendas para niños. Hablamos desde luego de diseñadoras, pero también de constructoras, de ópticas, de fabricantes de azulejos o de reparadoras de automóviles. Haberlo dejado en la superficie de lo femeninamente correcto ni era la filosofía de la revista ni de la sección. Además, habría sido una injusticia en un país en el que el tejido de la pequeña y mediana empresa ha contado enormemente, tanto en la construcción de la economía, como en la crisis vivida por el sector. Pero, sobre todo, habría sido una injusticia contra las mujeres, teniendo en cuenta su gran participación como creadoras de pequeñas y medianas empresas.

Ya entonces, hace casi diez años, la participación de la mujer creando empresas era importante. Surgían grupos, *lobbies*, asociaciones de empresarias y emprendedoras en casi cada rincón de España. Pero el furor ha venido después. Hasta ser un motor fundamental de la economía española. De hecho, según un informe de Adecco, de cada cien mujeres que trabajan en España, doce son emprendedoras, algo más del diez por ciento. Más importante aún, si el número de mujeres asalariadas desciende, tal y como ocurrió en 2013, año especialmente duro en el que se perdieron 218.300 empleos, el número de emprendedoras creció en 11.400.

Es más, el 3,4 % de las mujeres ocupadas en España son empresarias que tienen asalariados a su cargo. ¿Arriesgadas? Sí, mucho. ¿Autoempleadas? También, porque en un momento de pérdida de empleos, como 2013, el 70 % de los nuevos autónomos españoles han sido mujeres. En general, la proporción de autónomas en España se puede considerar elevada si tenemos en cuenta que es del 33,2 % cuando la media de los países de la Unión Europea es del 31,4 % (Italia, 29,1 %; Francia, 31,3 %; Alemania, 32,9 %). Podríamos decir que la crisis nos ha abocado a ello, pero la realidad es que en naciones donde la crisis también ha sido dura, como es Grecia, el porcentaje de autónomas no supera el 30 %, claro que Portugal tiene un 37,9 %.

¿Hay una diferencia entre las mujeres empresarias y los hombres empresarios? ¿O entre emprendedores y emprendedoras? Pues hay datos que alzan el dedo en positivo. No es sólo que en general la mujer tenga fama de saber trabajar en equipo (en el caso de las emprendedoras muchas veces no hay tal) o de saber escuchar y desempeñar un liderazgo más horizontal o de administrarse el tiempo para trabajar sin pasar la vida en el despacho. Hay algo más y muy importante, ya que según un informe de la Federación Nacional de Asociaciones de Trabajadores Autónomos (ATA), los negocios liderados por mujeres se mantienen más en el tiempo. No sólo conduciendo coches somos más prudentes, parece que también en la conducción de negocios lo somos, lo que en estos momentos podría ser un sinónimo de buen gobierno, más ligado al éxito. Todo apunta a que se trata de empresas con expectativas más realistas y fiables, con presupuestos realizados, digamos, de un modo menos benevolente y, por tanto, con más posibilidades de que se cumplan. Puede que haya menos fantasía, pero también menos ruina.

Hablaba de las horas en el despacho y al parecer esa es una de las razones que han hecho crecer el fenómeno de las *momtrepreneurs*, que está presente a lo largo y ancho de este libro porque no puede ser de otra manera. De hecho, muchas mujeres entrevistadas magistralmente por Juan Ramón Gómez –tanto en sus reportajes para *Yo Dona* como en los que ha realizado para otros medios como *Grazia*, revista de la que fui directora desde su nacimiento hasta su desaparición a finales de junio de 2014– dejan patente lo que ya sabíamos, y es que a veces las dificultades laborales tras la maternidad son tales, que la decisión de trabajar para ellas mismas, creando una empresa, se convierte en lo más natural del mundo. Es el momento en el que muchas toman la decisión de dar un giro a su existencia, y ya que han emprendido la tarea más importante y de más calado, como es ser madre, no debe de parecerles tan arriesgado afrontar otra en la que, a buen seguro, se juegan menos, pues no es tanto el afecto (que también, porque no creo que ningún trabajo ejercido sin pasión merezca la pena) lo que puede perderse, sino sumas económicas. Cada vez conozco a más mujeres que tras la maternidad deciden que trabajarán mucho, pero para ellas. O que han creado empresas en las que la conciliación forma parte de sus estatutos fundacionales. O que han puesto en marcha negocios que se adaptan mejor a su nueva situación que sus anteriores empresas. O que prefieren ganar menos dinero y arriesgar más pero sabiendo que su tiempo, *más o menos*, lo manejan ellas. Subrayo «más o menos» de forma más que consciente, porque lo cierto es que una cosa son los deseos y otra las realidades. El fenómeno está servido, pero que no se llame a engaño nadie: emprender al tiempo que se viven los primeros años de vida de un hijo no es tarea sencilla. Salvo que el trabajo se realice en casa y se pueda hacer coincidir con los períodos de sueño del bebé, afrontar dos tareas tan importantes y delicadas como es criar a un hijo y poner en marcha un negocio es bien complicado, pues ambas tareas requieren toda la atención posible para conseguir los mejores resultados. Es una labor que puede llegar a ser extenuante. Pero, eso sí, en ambos casos se está contribuyendo con un bien muy preciado a la sociedad y a uno mismo.

Justo esta contribución a la sociedad me parece uno de los argumentos que más deberían pesar en la creación de un negocio. Puede que sean reminiscencias de mi aprendizaje en el Programa de Dirección General (PDG) que cursé en IESE Universidad de Navarra. Pero así lo siento. Allí nos enseñaron a distinguir entre las tres motivaciones principales del ser humano: intrínseca, extrínseca y trascendente. Creo que aprender a distinguir sus diferencias es un buen consejo que ofrecer a cualquiera que emprende. Porque la intrínseca, como su propio nombre indica, es la que viene del interior, la que produce placer *per se*, satisfacción personal e intransferible; la extrínseca es la que tiene que ver más con la recompensa externa, ya se produzca esta en términos de dinero o de poder (generalmente, valga la redundancia); y la trascendente, que es de la que menos suele hablarse y para mí se convierte en la más importante, es aquella que pasa por encima de los propios intereses para centrarse en los del grupo, aquella que tiene que ver con el bien social, con reportar a la sociedad, con devolverle parte de lo que nos ha dado, con buscar en la empresa el beneficio social, lo que no equivale a la responsabilidad social corporativa, aunque esta yo la incluiría en las motivaciones trascendentes.

Esto es fundamental en un momento en el que sólo se habla de ROI, retorno sobre la inversión (por sus siglas en inglés *Return On Investment*), en el que cuando creamos una empresa parece que lo que únicamente buscamos es identificar el valor, la captación del valor, su mantenimiento y su crecimiento. Claro que todos estos son argumentos de peso cuando estamos hablando de una compañía, que busca rendimientos económicos y que no es una ONG. Es más, incluso las organizaciones pertenecientes al tercer sector o tienen una rentabilidad económica o resulta imposible su sostenimiento. Pero el beneficio en una empresa no debería ser su único objetivo. Y podré equivocarme, pero creo que la generosidad está en el ADN de las mujeres; no en vano, es necesaria para dar a luz, para amamantar, para criar y educar. No digo que no esté en el de los hombres, Dios me libre, pero sí sé que la generosidad es intrínseca, por regla general, a nosotras, lo que hace que en los negocios se aplique esta misma regla. Al final, se trata de un concepto que lejos de ser lesivo para la rentabilidad redunda sobre la misma, pues las compañías que son más generosas con sus empleados y con la sociedad tienen más posibilidades de obtener por parte de los primeros ese orgullo de pertenencia que implica mayor compromiso con la empresa y por parte de los consumidores una fidelidad que aporta, esa sí, valor a dicha empresa.

Por eso, porque creo en ese tipo de empresario (ya no distingo entre sexos), porque considero necesaria la creación de empresas adaptadas a los nuevos tiempos, en los que, entre otras cosas, el consumidor es el nuevo rey y porque creo que los empresarios merecen respeto y prestigio, subrayé una frase del cocinero peruano Gastón Acurio en una entrevista concedida a *El País Semanal*: «Afortunadamente hoy tenemos más empresarios jóvenes que más que acumuladores de riqueza son generadores de riqueza».

Charo Izquierdo
Periodista

# 1
# ¿Estás preparada para emprender?

Para emprender un negocio necesitas algo más que ganas y una idea, por brillante que esta sea. Son precisos unos ciertos conocimientos y una inteligente combinación de confianza en ti misma y saber escuchar a los demás. También deberás rodearte de personas que complementen las lagunas que puedas tener y que aporten la misma pasión que tú a la aventura que vas a poner en marcha. En definitiva, creer firmemente en tu idea y darle forma, con los pies en el suelo y los pasos bien medidos.

Si empiezas hoy tu negocio, seguramente muchas personas de tu entorno te llamarán loca, tendrás que navegar a contracorriente para obtener financiación, conseguir tus primeros clientes y hacer realidad tu sueño. Te tendrás que olvidar por un tiempo de ciertos lujos, pasarás momentos de desánimo, quizá tengas que realizar algunos cambios en tu proyecto para adecuarlo a la realidad del mercado, pero superarás todos esos problemas si tienes madera de emprendedora y paciencia. Nadie ha dicho que emprender sea fácil.

Beatriz y Eva son dos de esas valientes a las que la gente llamaba locas cuando dejaron un trabajo seguro en el 2007 para crear su propio negocio. De hecho, seguramente estaban un poco locas. Al irse voluntariamente, no tenían derecho a paro, un dinero que podrían haber capitalizado para invertirlo en Dosde (www.dosde.net), la tienda de cocina, baño y decoración de hogar que abrieron cerca de la plaza del Dos de Mayo de Madrid (de ahí su nombre). Este ejemplo demuestra que se puede emprender sin una idea especialmente innovadora. Ellas trabajaban en una

Eva (a la izquierda) y Beatriz, en el local de Dosde, muy cerca de la Plaza del Dos de Mayo de Madrid, de la que tomaron el nombre.

tienda de cocinas y crearon la suya propia porque, primero, no tenían posibilidades de crecer profesionalmente donde estaban y, segundo, creían que se podían hacer las cosas de otra manera. Y el mercado les dio la razón: hoy su tienda sigue abierta, mientras su antiguo empleo cerró ya hace tiempo. Así me lo contaron cuando las entrevisté en mayo del 2011:

> Estábamos un poco cansadas, cada una por sus motivos, y un sábado que coincidimos trabajando, nos preguntamos por qué no montábamos algo las dos, y nos lanzamos; si hubiéramos sabido todo lo que había que hacer… Fue una decisión complicada, porque teníamos un trabajo y nos marchamos con una mano delante y otra detrás. La gente nos decía que estábamos locas, pero nuestros maridos nos han apoyado mucho, y la Fundación Mujeres nos ayudó con el plan empresarial. Pedimos un crédito personal cada una para reservar el local y empezar la obra. Luego tuvimos que pedir una ampliación de hipoteca, y afortunadamente en el 2007 aún te daban dinero. Empezamos a trabajar desde casa mientras terminaba la obra. Fue como una liberación. Queríamos ser nuestras propias jefas, pero también tener esa libertad de poder tener dos tardes libres a la semana y conciliar la vida laboral y familiar, y lo hemos llevado a rajatabla. Con las vacas gordas se trabajaba con cita previa, pero nosotras atendemos a todos los clientes que vienen.

## ENTRE LA RESPONSABILIDAD Y LA LOCURA

En los últimos años, emprender se ha convertido casi en un mantra. En muchos ámbitos de la sociedad nos animan a montar un negocio, los políticos confían en esta vía para reducir las cifras del paro, surgen desde muchas instituciones las iniciativas para fomentar el emprendimiento, crecen las ayudas e incluso la empresa privada ha incorporado el apoyo a los emprendedores como parte de su política de responsabilidad social corporativa (RSC). El problema viene cuando, a fuerza de oírlo, montan un negocio personas sin la preparación suficiente, o que simplemente no siguen los pasos mínimos que requiere una aventura de estas características, que puede hipotecar su futuro. Unos pasos que en este libro trato de explicar detalladamente para evitar que pequeñas empresas inicien su actividad antes de estar preparadas, en un lugar equivocado y sin el respaldo económico suficiente para aguantar los inicios sin tener que echar el cierre prematuramente.

Esta misma idea la defiende Fernando Trías de Bes en *El libro negro del emprendedor*: «Fomentar el espíritu emprendedor no sólo debe perseguir que haya más emprendedores, también ha de asegurarse de que estos lo sean de más calidad. Animar a emprender a personas que no están preparadas no es fomentar el espíritu emprendedor, es un ejercicio de irresponsabilidad». Y la misma idea precisamente fue la que impulsó a Raúl Mata, experto en creación de empresas tecnológicas, a exigir que los participantes de un premio de emprendedores, para el que Vodafone lo llamó como jurado, pasaran previamente por un curso breve y gratuito de capacitación, incluido un test a modo de examen para filtrar a quienes no estuvieran realmente preparados para emprender.

Más pragmático, Iñaki Ortega, cuando era director de Madrid Emprende, ponía por delante que «el país necesita gente que intente hacer cosas», y para sortear los problemas del camino, aseguraba, «para eso estamos nosotros, Madrid Emprende es eso». Y no le falta su parte de razón, sin ese punto de locura quizá no tendríamos esos proyectos novedosos que de vez en cuando sorprenden al mercado. «Creo que el emprendimiento es un barómetro de por dónde van los nuevos empleos —me explicaba Ortega—. El emprendedor siempre se adelanta a la tendencia porque tiene hambre, tiene ganas de hacer cosas y es pionero. Los datos de empleo a lo largo del 2013 han desvelado una nueva realidad: el aumento del número de autónomos está contribuyendo a reducir las cifras del paro. En realidad, los políticos no sólo incentivan el emprendimiento para combatir el desempleo con autoempleo. Lo cierto es que en España las pymes son la principal fuente de contratos laborales. Entre junio del 2012 y junio del 2013, se registraron 149.000 nuevos ocupados, de los que 37.100 se dieron de alta por cuenta propia y otros 47.300 fueron contratados por autónomos. Por otro lado, según datos recogidos por Adecco, en el 2013 el colectivo de emprendedoras españolas creció nada menos que en 11.400 mujeres, con lo que en la actualidad rozan las 950.000 emprendedoras.

Pero insisto en este punto: no emprendas porque sí. Si estás en paro, empieza por desterrar el pesimismo, analiza tu historial profesional y las razones por las que has perdido tu empleo. Sé objetiva, descubre cuáles han sido tus errores y estudia cómo corregirlos. Aprovecha el tiempo libre para hacer ejercicio y quemar las malas vibraciones. Tómate el tiempo que necesites para hacer todo esto y sólo cuando estés preparada, piensa en esa idea que tienes para emprender, ponla por escrito, descubre si realmente vas a poner en marcha algo por lo que la gente de la calle esté dispuesta a pagar… En definitiva, haz un plan de negocio y un estudio de mercado.

## Tantas razones para emprender como emprendedores

En muchos casos, emprender no supone más que empezar a hacer por cuenta propia lo que ya hacías para otros, lo que sabes hacer, para lo que te has preparado durante muchos años. Y si funciona, puedes ser tú quien termine contratando a otros profesionales para que te ayuden a sacar el trabajo adelante o para ampliar los servicios que ofreces.

Es el caso de Aleka (www.centroaleka.com), un centro de fisioterapia infantil que nació en el 2007 para dar servicio a los niños que quedaban fuera de la cobertura pública. Cecilia y Paula trabajaban para la Comunidad de Madrid y muchos padres les preguntaban adónde podían acudir cuando sus hijos cumplían los seis años, y no había un lugar al que enviarlos hasta que ellas mismas decidieron crearlo:

> Estábamos de diez de la mañana a ocho y media, atendiendo a un niño detrás de otro, sin apenas descanso y con un sueldo muy bajito. Nuestra idea surgió porque la Comunidad de Madrid coge niños sólo hasta los seis años y a partir de ahí no hay tratamiento público –sólo si entran en educación especial–. Los padres te preguntan adónde pueden llevar a sus hijos, se encuentran perdidos. Lo hablamos en noviembre del 2006, como una ilusión, de colchoneta a colchoneta, y luego lo empezamos a hacer real. Acudimos al Programa Empréndelo para pedir asesoramiento. Nos costó mucho, no sabíamos nada de planes financieros, amortizaciones, IVA, y lo pasamos mal. Cuando lo logramos, se habían terminado las ayudas de Aval Madrid. Suerte que somos optimistas, solicitamos un crédito y nos lanzamos. Pedimos una reducción de jornada en el trabajo y nos la aceptaron, un 40 %, quince horas a la semana. Así tenemos algún ingreso asegurado, por si esto no funciona. En Aleka estamos más tiempo con los niños y hablamos más con los padres.

Otra razón importante que lleva a las mujeres a emprender su propio negocio es la conciliación de la vida laboral y la vida familiar. En los últimos años, he conocido a un gran número de emprendedoras, y son muchas las que decidieron crear su propio negocio para poder ser madres. La gran mayoría de ellas han logrado compatibilizar estas dos grandes responsabilidades, pero hay un dato que nunca falla: por mucho tiempo que logren dedicar a sus hijos, a hacer la tarea con ellos, a pasar la tarde juntos, su otro hijo, como la inmensa mayoría describen a su empresa, requiere un enorme sacrificio y les roba muchas horas de sueño. Llevarse el portátil al sofá después de acostar a los niños para responder correos electrónicos y dar vida a los perfiles en las redes sociales sustituirá durante mucho tiempo a la película o la serie que solías ver antes de irte a la cama.

La otra cara de la moneda está en mujeres que han emprendido motivadas por la maternidad. Son muchas las que se han lanzado a diseñar ropa infantil porque no encontraban lo que le querían poner a sus hijos, y también están las que introdujeron innovaciones, como Berta Prats, que creó Cucut (www.cucut.es) para importar un cojín de lactancia que evita los dolores de espalda a las mujeres.

Y por supuesto, están las mujeres que emprenden para convertir su pasión en negocio. No es que para el resto su negocio no sea una pasión; de hecho es fundamental que aquello a lo que vas a dedicar la mayor parte de tu tiempo te guste. Pero me refiero a grandes pasiones como la de Ana Bru con los viajes, que la empujaron a crear Bru & Bru (www.bru-bru.com) y vender experiencias tan especiales como unas vacaciones en un castillo europeo o una isla privada en el Caribe:

> Mi empresa no surgió espontáneamente, es el resultado de años de aprendizaje. Crecí acompañando a mi padre en sus viajes de trabajo, y fue él quien despertó en mí esta pasión. Mientras estudiaba, no dejé de visitar lugares nuevos con el afán de descubrir hasta el sitio más recóndito del planeta. Ya en la universidad organicé un viaje en moto de nieve por Canadá, y no había nacido el turismo de aventura. Con mi primer negocio inventé el concepto de viaje de lujo, que no existía en España. Después, di un paso más y creé Bru & Bru. Faltaba algo distinto, más exclusivo, y no me refiero al aspecto económico, sino al hecho de llegar a lugares donde nadie llega y que el cliente vuelva satisfecho. Diseñamos experiencias y no recomendamos nada que no hayamos vivido en primera persona. Además, tenemos contactos con propietarios de islas, castillos y mansiones privadas que no están en el mercado, y que nos permiten comercializarlas. No ofrezco mi trayecto ideal, sino que capto lo que busca el viajero inquieto. Hacemos presentaciones monográficas para mostrar los posibles destinos y las experiencias irrepetibles, como ver un eclipse total en el Gobi y presenciar cómo baja la temperatura de los cuarenta grados hasta un frío intenso, con una luz metálica y en un ambiente mágico. Nos gusta ponernos un poco al límite para ver qué se siente. Virgin Galactic nos eligió como agencia espacial acreditada en España para comercializar sus vuelos suborbitales. Yo seré la primera española que contemplará el planeta desde fuera, a ciento diez kilómetros. Se abre una nueva era, porque hasta ahora todo estaba dedicado a astronautas profesionales. Si yo puedo ir al espacio, cualquier persona con buena salud y forma física y que le apetezca

Ana Bru, viajera incansable, convirtió su pasión en la agencia de viajes Bru & Bru.

invertir en ello también puede hacerlo. Por eso digo que hacemos posible lo imposible.

También es la pasión, y nada más, lo que puede empujarte a crear una escuela de teatro como Curtidores (www.curtidoresteatro.org), de Rosario Ruiz Rodgers; una de arqueología como Era (www.eracultura.com), que abrió Rita Benítez en una parcela de su familia en Puerto Real (Cádiz); una librería infantil con cuentacuentos como El Dragón Lector (www.eldragonlector.com), de Pilar Pérez; o una tienda taller de cerámica como la de Marre Moerel (www.marremoerel.com) en el centro de Madrid. Son sólo algunos de los ejemplos con los que trataré de ilustrar estas páginas, experiencias que demuestran que emprender no es fácil pero sí es posible cuando tienes los ingredientes necesarios.

## EL ARTE DE SABER ESCUCHAR A TU MERCADO

Creer en tu proyecto es fundamental. Enamórate de tu idea y defiéndela ante todos los comentarios y críticas que vas a recibir.

En ese punto debes ser muy observadora y utilizar tu cabeza para distinguir cuándo los halagos de tu entorno son sinceros y cuándo se limitan a seguirte la corriente. De la misma forma, habrá quienes traten de hacerte ver que estás equivocada por el mero placer de verte dudar, pero habrá quien lo haga dándote claves sobre en qué te puedes estar equivocando. Ante todo, recuerda siempre que el comprador es quien tiene la razón, y si no te compra, eres tú quien se equivoca, no el resto del mundo. Vas a tener que aprender a adaptarte a lo que el mercado realmente va a demandar de tu producto o servicio, y es por eso por lo que debes escuchar muy atentamente y distinguir entre tanto ruido lo que realmente puede aportar valor a tu negocio.

Una emprendedora que supo rectificar a tiempo es Pilar Manescau, que abrió la finca Alegranza (alegranza.net) para pupilaje, cría y adiestramiento de caballos. En sus inicios, creó una escuela de iniciación a la equitación, pero no era rentable y la reemplazó por otros servicios. Por otro lado, cuando sus amigos se iban de vacaciones aceptó sin pensarlo dos veces que dejaran sus perros allí, pero aquello se convirtió en un caos y se quedó todo el verano rodeada de perros, hasta que puso orden, acondicionó una residencia canina y empezó a cobrar por ese nuevo servicio.

> Estuve muchos años buscando finca, la que me gustaba no la podía pagar y la que podía pagar no me gustaba. Aprendí tanto, que incluso trabajé como comercial inmobiliaria y cerré varias ventas. Cuando compré mi finca en Brunete hace diez años, me dieron una subvención de 60.000 euros del fondo europeo para cría de caballo de deporte. Los empleé en crear la primera fase de boxes y pistas. El resto, hasta 200.000 euros, lo financié con créditos. Empecé con un par de yeguas que tenía de concurso, que se quedaron viejas para competir. Con el tiempo abrí al público como club deportivo, porque una actividad que también he hecho siempre es preparar a jinetes para competición. Al principio puse una escuela de iniciación, pero no era rentable. Sí funcionan muy bien los cursos para colegios. Tengo también servicio de pupilaje: los clientes que dejan aquí su caballo y vienen a montar, algunos a entrenar conmigo. Recientemente me he asociado con dos amigas porque necesitaba diversificar. Como no se venden los caballos, los tengo que financiar yo. Hemos empezado a celebrar eventos, jornadas para colegios y otras actividades. Tenemos dos hectáreas y media de

Pilar Manescau abrió la finca Alegranza para vivir entre caballos, unos animales hacia los que desde pequeña sintió un apego especial.

terreno, con pistas de salto, de escuela y de trabajo en libertad, veinte boxes, corrales de diversos tamaños y almacenes. Hay además una amplia zona social, donde hacemos eventos hasta para doscientas personas, muy campestres, aunque hay quien viene con tacones.

Otro ejemplo de alguien que supo verle las orejas al lobo es el de Paloma Jareño, de Fantasía de Chocolate (www.fantasiadechocolate.es). Las suyas fueron de las primeras fuentes de chocolate que se vieron en bodas y otras celebraciones por toda España, y llegó a acumular cinco de estos aparatos, pero antes de que la moda se extendiera y los propios restaurantes adquirieran las suyas propias, ella empezó a importar productos de toda Europa, desde trufas a flores con pétalos de peladillas y todo tipo de objetos creados con chocolate. Hoy en día sus fuentes siguen teniendo demanda, aunque ya rara vez sale con ellas de Madrid, pero sus tiendas están funcionando muy bien, simplemente porque vende algo que no estamos acostumbrados a ver en España, chocolate que no está en forma de tabletas o bombones. Y porque sus precios no son caros.

Organizaba eventos en una multinacional cuando me crucé con una fuente de chocolate en México. Al volver a Madrid, compré una y empecé a alquilarla para eventos los fines de semana. Iba por toda España montando la máquina

Paloma Jareño en uno de los establecimientos de Fantasía de Chocolate, rodeada de chocolates con las formas más variadas.

y cortando la fruta que se baña en el chocolate. Había fines de semana que tenía hasta doce eventos, pero en el 2010 me frenó la crisis. Decidí diversificar. Había empezado a traer regalitos de chocolate para las bodas. Alquilé una nave donde tengo la oficina y el almacén, y abrí la primera tienda de chocolates. Aún sigo viajando por toda Europa para contactar con maestros chocolateros y traer nuevos productos. Aquí son siempre novedad, porque sólo había los típicos bombones y tabletas. Un año después empecé a franquiciar, pero he aparcado esa opción de momento porque prefiero distribuir el producto a tiendas.

## EL SÍNDROME DE LA MUJER ORQUESTA

El perfil de muchos emprendedores, en sus inicios, es el de hombres o mujeres orquesta, que lo mismo hablan con proveedores que con clientes potenciales y reales, hacen la labor comercial, la administrativa, dinamizan los perfiles en redes sociales… Fundamentalmente, claro, por optimizar el gasto. Pero a veces esto puede ser perjudicial. Por eso debes conocer tus límites antes de encontrarte con sorpresas desagradables, como una multa por haberte retrasado en la presentación del IVA o un entuerto en una red social del que no sabes cómo salir. El gasto bien medido, en la empresa, es inversión, y si tu negocio es pequeño, no necesitas a un gestor o un *community manager* a sueldo, sino a personas que le dediquen el tiempo preciso, posiblemente mucho menos del que tú le dedicas y con mejor resultado. Y ese tiempo podrás utilizarlo para lo que realmente sabes hacer, lo que significa que la inversión no la haces sólo en servicios sino en tu valioso tiempo.

Un ejemplo curioso es el de Irene Sánchez y Ana Parradeno, dos mujeres que decidieron emprender en un sector muy masculinizado. Cetárea del Sur se dedica a la distribución de mariscos en restaurantes de la provincia de Cádiz y otras limítrofes. En su caso, nunca se les han caído los anillos por descargar camiones. Pero lo que sí tuvieron que delegar fue la compra de mercancía en Marruecos. Si ya en muchos restaurantes locales las miraban con desconfianza por el hecho de ser mujeres, al otro lado del Estrecho ni las miraban a la cara, así que tuvieron que confiar en un hombre para ese trabajo.

> Nos conocimos en la facultad de Empresariales de Cádiz y nuestra idea surgió de un proyecto que teníamos que hacer para una asignatura de creación y viabilidad de empresas. A la exposición de los trabajos asistió el director comercial del consorcio de la Zona Franca. Le interesó nuestro proyecto porque el objetivo era importar crustáceo de Marruecos y montar en Cádiz una cetárea, el lugar donde se mantiene vivo para comercializarlo. Nos dieron una beca de seis meses para desarrollar el proyecto en profundidad; después nos dejaron una oficina y un teléfono y seguimos trabajando tres años antes de iniciar la actividad comercial en el 2001. Hicimos un estudio de viabilidad, viajamos para buscar clientes y proveedores potenciales, y fuimos al norte de España para conocer las cetáreas que había allí. Nos dimos cuenta de que si queríamos ir a comprar directamente a Marruecos, hacía falta una inversión muy grande, porque ellos no tienen los medios para traer aquí el producto, así que necesitábamos un camión vivero o comprar a proveedores españoles instalados allí. Como, además, el hecho de ser mujeres era un obstáculo bastante importante para buscar proveedores en Marruecos, porque ni nos miraban a la cara, optamos por los españoles.

Ana Parradeno (a la izquierda) y su socia Irene Sánchez Sardi escogen un bogavante de una de las piscinas de Cetárea del Sur, en Cádiz.

Al principio trajimos crustáceos (bogavante, langosta y centollo), y los propios clientes nos han ido demandando otros productos. Somos bastante conservadoras, queremos dar pasos firmes, porque empezamos sin que nadie nos marcara unas pautas, y hemos aprendido a base de equivocarnos. Seguimos planeando la importación directa del crustáceo, y también queremos cultivar molusco en esteros de Cádiz, pero supone mucho riesgo, porque hay mucha mortandad, y los furtivos te obligan a instalar sistemas de seguridad muy caros. Necesitaríamos algún inversor, y alguien que haga las compras en Marruecos, porque como mujeres sigue siendo imposible acceder a ese mercado. Hemos recuperado la inversión y queremos ir metiendo personal para descargarnos de la parte física, que ya nos pesa, porque le hemos puesto ganas pero fuerza no tenemos, y se echa de menos cuando tienes que descargar quinientos kilos de bogavantes. Hay días que trabajamos hasta catorce horas.

## CUANTO ANTES FRACASES, MUCHO MEJOR

He mencionado ya que la formación es muy importante. No hablo de formación específica para emprender. Como me dijo Kike Sarasola cuando publicó *Más ideas y menos másters,* si tienes tiempo y dinero para prepararte, estupendo, pero si tienes una buena idea, lo que tienes que hacer es ponerla en marcha. Lo realmente claro es que sobre este asunto no hay verdades absolutas, y ahí están los datos que avalan los grandes másteres de emprendimiento, pero no son menos los emprendedores que han triunfado sin pasar por sus aulas. Como me explicó en cierta ocasión Arístides Senra, responsable del programa de creación de empresas de la Universidad Politécnica de Madrid, «El camino se hace andando, en la UPM estamos muy a favor del *learning by doing,* cuanto antes fracases, mucho mejor». En su caso, recomienda que la formación vaya paralela al lanzamiento del proyecto.

Fundamentalmente, Senra opina que el emprendedor debe prepararse en la primera etapa de un proyecto para saber distinguir y explicar «qué problema soluciona su producto o servicio, si hay clientes dispuestos a pagar por él, y cuáles son sus ventajas competitivas». Sobre otros aspectos, debes conocerte bien para saber cuáles son las lagunas que debes sortear, como por ejemplo una de las más comunes entre los españoles: tu capacidad para hablar en público.

El máster que hicieron juntos José Luis García y Lorena Senador fue, sin duda, un impulso para el lanzamiento exitoso de Fidiliti (fidiliti.com), una aplicación que reúne en el teléfono móvil las tarjetas de fidelidad que solemos acumular en la cartera para obtener un ahorro o una atención especial en determinados establecimientos. A Kike Sarasola le encantó la idea cuando se los presenté, precisamente a raíz del lanzamiento de su libro, y no dudó en recomendarles que pensaran a lo grande para internacionalizar su idea, sin miedo a que les copiaran pero con cuidado de que otros se les adelantaran.

Pero para darle la razón al fundador de Room Mate, tengo que decir que he conocido también a grandes emprendedoras que no han necesitado un máster para poner en marcha negocios de éxito. Me quedé con ganas de ver publicada la entrevista que le hice a Mercedes García Aller, que creó una de las primeras empresas de reciclaje de vidrio de Andalucía, pero la vendió, y mi texto se quedó en mi archivo personal. Mercedes es una mujer hecha a sí misma, con determinación. Sólo que emprendió en un sector muy masculinizado y lo hizo de la mano de su marido, por lo que hasta que se quedó sola al frente de la empresa, no dejó de ser «la mujer de». Y entonces tuvo que empezar a ganarse el respeto de todos, y lo consiguió. Así me lo contaba en octubre del 2010:

Mi marido era transportista y yo le acompañaba en sus viajes y fui conociendo ese mundo indirectamente. Pero quería cambiar de vida y soñaba con montar una empresa. Tuve la idea de recuperar vidrio porque vi que tenía futuro, que podíamos venderlo nosotros directamente a las empresas, sin intermediarios. Fuimos pioneros, empezamos con todos los miedos del mundo, y al poco tiempo tuve que tomar las riendas en solitario. Nos endeudamos por muchísimos años. Invertimos doscientos millones para empezar, con préstamos y dos subvenciones para los terrenos, la planta, la maquinaria y los contenedores de recogida que hicimos para los hoteles, que ahora los ponen los ayuntamientos y nos llevan el vidrio usado a nuestra planta. Nosotros lo clasificamos, lo trituramos y lo vendemos como materia prima. Ahora los proveedores vienen a mí, pero al principio fue una labor durísima, empecé buscando quien nos abasteciera por todo Málaga. Cuando me quedé sola, la empresa siguió adelante, pero nadie confió en que yo pudiera dirigirla y tuve que demostrarlo con mi gestión. Todos pensaban que cerraría en un par de meses. No me aceptaban ni los compañeros de la recuperación, todos hombres menos yo. Ahora ya me quieren, pero en la primera reunión a la que fui, en Madrid, me dijeron que me quedara fuera. Lloré mucho pero me armé de valor y entré. Para mantener a mis compradores, fabricantes de botellas y vasos de Sevilla y de Jerez (Cádiz), tuve que visitarlos personalmente y explicarles que la empresa estaba viva. Yo podía con todo, tenía una asistenta en casa pero la comida la hacía yo. A los trabajadores jamás les ha faltado su nómina, y he llegado a pedir un crédito para pagarles. Y también, en unos meses duros, los reuní y les dije que había que bajar un poquito el sueldo, y lo aceptaron. Y no se marchó ninguno. Mis sueños se han cumplido, hemos llegado a una meta, esto es una empresa seria y lo mismo da que al frente esté una mujer o un hombre. Incluso ahora sigo siendo la única mujer al frente de una empresa del sector en España, y aún diría que en Europa. Ahora me dan premios y me ponen como ejemplo, pero yo me considero una trabajadora como todas y sólo creo en el trabajo, no creo en los milagros. Incluso una empresa europea envió hace años a unos empleados para ver cómo era capaz una mujer de llevar sola esta empresa, y estuvieron tres días aquí conviviendo conmigo.

## RECURSOS ASEQUIBLES

A la hora de invertir en formación, piensa que hay muchas opciones diferentes y que no necesitas desembolsar una gran cantidad de dinero. En España hay encuentros *networking* casi a diario, muchos de ellos gratuitos, y donde puedes conocer a personas con tus mismas inquietudes y problemas, y podrás aprender de ellas y aportarles tus conocimientos y experiencias. También los espacios de *coworking* pueden ser no sólo tu lugar de trabajo, con un coste más reducido que un local u oficina propios, sino un punto de encuentro con otros profesionales de diferentes sectores. Una sala de reuniones en condiciones siempre será mejor que el salón de tu casa o una cafetería.

Otro requisito necesario para emprender es un estudio de mercado que te sitúe en el entorno real y del que puedas concluir si tu idea realmente puede funcionar en el sector, el momento y el lugar en el que quieres llevarla a cabo. La falta de un adecuado estudio de mercado puede llevar a un incauto a abrir un hogar de la tercera edad en un barrio de población joven, o un quiosco de prensa en uno que carece de lectores. Por eso, no sólo es importante tener una buena idea, sino pensar por qué no la había tenido nadie antes. Si no puedes gastar mucho, puedes hacer tu propio estudio para empezar; ya habrá tiempo de encargar un estudio más profundo cuando tengas recursos y estés pensando en crecer.

## LAS RECETAS PARA EL ÉXITO

Para concluir este primer capítulo, voy a reseñar las respuestas que me dieron tres importantes emprendedoras españolas cuando les pregunté por las características más importantes que debe tener una emprendedora. Elena Gómez del Pozuelo, fundadora, entre otras, de La Cigüeña del Bebé (ahora Bebé de París, www.bebe-deparis.com/es), me dijo: «La característica más importante es la persistencia, esa capacidad de levantarte tras un fracaso y de que una negativa te anime a comerte el mundo mañana. Después está la flexibilidad, adaptarte a lo que te piden los clientes, aunque no lo entiendas. Para mejorar la fórmula, incluiría la capacidad de comunicar, saber transmitir la idea y enamorar a los demás».

María Benjumea, creadora de Infoempleo.com y hoy al frente de Spain Startup (2013.spain-startup.com), respondió así:

> A la hora de emprender, hay que tener una capacidad de trabajo extraordinaria y una no menos importante capacidad de adaptación a las nuevas circunstancias que se van presentando con el objetivo de ofrecer un producto o servicio que realmente tenga cabida en el mercado. En la mayoría de los casos, el éxito no se alcanza por ofrecer algo ultranovedoso, sino por las personas que están detrás. Por eso, la implicación del emprendedor con el proyecto, su dedicación al mismo y las ganas de que salga adelante son esenciales. Eso sí, esa ilusión debe tener puestos firmemente los pies en el suelo y apoyarse en el conocimiento del sector y la elaboración de un *business plan* lo más realista posible.

La tercera mujer a la que pregunté fue Catalina Hoffmann, fundadora de la red de centros de día para personas mayores Vitalia (www.vitalia.com.es). Esta es su receta:

> Tener una idea original y aplicarla con valor diferenciador; siempre habrá oportunidades de aportar mejoras y transformar un sector si tienes una idea realmente innovadora. En segundo lugar, innovación como motor y estrategia: transformar un modelo requiere tiempo, recursos y sobre todo estar a la vanguardia de las tendencias que impactan y logran realmente cambiar y mejorar procesos y resultados. En tercer lugar, hay que rodearse de un buen equipo. Tener una idea no es suficiente. Llevarla a cabo implica contar con los mejores profesionales de cada especialización para garantizar resultados y sostenibilidad. Un líder necesita talento que le siga y convierta sus ideas en objetivos y los objetivos en resultados, tanto en el aspecto de negocio como en la contribución a la mejora de nuestra sociedad y calidad de vida que la empresa aporta.

# 2

# La oportunidad de negocio

Sostiene Fernando Trías de Bes en *El libro negro del emprendedor* —y no tengo argumentos para llevarle la contraria— que la idea de negocio, por buena que sea, no es un motivo acertado para emprender, como tampoco lo son otros factores que describe como huidas hacia delante o como motivos simplemente lamentables. Y diferencia motivo de motivación, porque si bien los motivos pueden ser de lo más variados, y más o menos acertados, la motivación es el ingrediente fundamental para emprender. Es, dice, como confundir el detonador con la dinamita. Y concluye: «Tener motivo para emprender no es no bueno ni malo. Es irrelevante».

Una idea de negocio puede sonar muy bien en un primer momento pero no ser viable en absoluto, y también puede ocurrir lo contrario. De hecho, nunca sabes si una idea es realmente buena hasta que la haces realidad. Por eso, si tienes una idea de negocio, debes someterla a un duro examen antes de decidirte a ponerla en marcha. No seas benevolente contigo misma, porque si la das por buena y no lo es, te conducirá a un fracaso seguro, así que es mejor que te adelantes.

Lo primero que debes pensar es qué problema estás solucionando, qué nicho has encontrado en el mercado para darle una solución: ¿hay gente dispuesta a pagar por lo que propones? Si crees que sí, vas a tener que estudiar a fondo tu potencial mercado, conocer las necesidades de los que van a ser tus clientes. También debes estudiar las respuestas que están dando otros, los que van a ser tus competidores. Por original que sea tu propuesta, no dudes en ningún momento que vas a tener competidores porque de hecho, ya los tienes.

Asegúrate, por otro lado, de que estás emprendiendo en un sector que te gusta, porque para que tu idea triunfe, deberás enamorarte de ella, debes entusiasmarte al contarla y entusiasmar a los demás, o no creerán en ti. Debería ser también, si no te lo quieres poner difícil, un sector que mueva dinero, con unos potenciales clientes dispuestos a pagar por tu producto o servicio. Una de tus tareas, de hecho, es estudiar el nivel de gasto de tu público objetivo.

El caso de Pilar Pérez con El Dragón Lector (www.eldragonlector.com) es perfecto en este punto. Después de muchos años trabajando en una editorial infantil, ella lo que realmente echaba de menos era tratar directamente con su consumidor final, los niños. Y su pasión por lo que hace se convierte en una fuente de buenas ideas para captar y fidelizar a su público en un mercado tan maduro como es el de las librerías:

Trabajaba en una editorial especializada en niños, y la idea de la librería infantil surgió porque lo que me apetecía era ver los libros en las manos de los pequeños, y acercarlos a la lectura. Dejé mi trabajo de trece años en un puesto de responsabilidad para enfrentarme a un proyecto muy difícil. Quizá influyó que mis hijos se acababan de independizar y me sentí libre de obligaciones. Tenía cincuenta y dos años y era entonces o nunca. Los amigos me llamaban valiente, y yo sabía que en realidad pensaban «loca». Hice un estudio de viabilidad y salía todo regular, así que decidí restarle importancia a los números y ponerle más corazón. Me di dos años de margen para ver cómo funcionaba. El Dragón Lector era un nombre provisional. Me quería comunicar con los niños a través de un personaje fantástico, y siempre me ha gustado la imagen del dragón en los cuentos. Después de verlo mucho, le cogí cariño y se quedó. He tenido mucho apoyo de mi familia. El impacto inicial fue precioso y muy grande, porque repartí mil globos rojos con el logo del dragón a la salida de los colegios, y les dábamos a los niños una tarjetita para que vinieran a recoger golosinas, sólo para que se aprendieran el camino. Desde el principio hice actividades de animación a la lectura. Es más que un cuentacuentos, porque lo importante es que los niños vean que esa diversión sale de los libros. Hay padres que nos proponen que cobremos las actividades, pero la forma de pagarnos es comprando libros, y eso beneficia a los niños. En

Pilar Pérez posa con el libro que editó para dar sentido a su librería,
El Dragón Lector, junto a la plaza de Olavide, en Madrid.

septiembre del 2007 descubrí un local que me encantó cerca
del colegio italiano, y de pronto me vi abriendo un segundo
local. He llevado allí el mismo modelo en dos idiomas, con
actividades en italiano.

Es posible que la idea te llegue precisamente porque tú eres ese
público objetivo y no encuentras exactamente lo que te gustaría
encontrar. Cuando Kike Sarasola empezó su aventura en Room
Mate, los hoteles no eran precisamente un invento nuevo, pero él
buscaba algo diferente: «Si estás en la calle y buscas algo y no lo
encuentras, a lo mejor el que lo tiene que hacer eres tú, ponién-
dote en la piel del futuro cliente que vas a tener. Yo elegí abrir
hoteles porque no encontraba uno que me gustara al cien por
cien, bueno, bonito y a buen precio en el centro de las ciudades.
Decidí hacer uno, el primero, una prueba, de 30 habitaciones. Y
ocho años después tenemos 18 hoteles con 1.300 habitaciones».

## VALORA TU IDEA Y TUS APTITUDES

Si quieres emprender, doy por hecho que tienes una idea de negocio. Cuando la sometas al duro examen que aquí te propongo,
tendrás una primera impresión sobre su viabilidad. En primer

lugar, antes que la idea estás tú: debes plantear alternativas por si el proyecto no responde como esperabas, estar abierta a los cambios para adaptar tu idea a la realidad del mercado. Debes ser perseverante y creer en lo que estás poniendo en marcha, ser ambiciosa en tus objetivos, pero al mismo tiempo debes saber escuchar a tu cliente y cambiar a tiempo para darle lo que realmente demanda. Sarasola lo ve así: «Yo tengo muy claro adónde quiero llegar y cómo. Escucho a todo el mundo que me quiera dar consejos, pero al final, el que tiene la última palabra soy yo. Si Henry Ford hubiera hecho caso a todo el mundo que le daba consejos, habría creado un caballo más rápido, no habría inventado el coche».

Al valorar tu idea, ten en cuenta todos los factores, quiénes van a ser tus proveedores y tus clientes. No olvides que en muchos sectores, el volumen de compra es un arma poderosa para los grandes y un obstáculo muy duro para los que empiezan. Y si lo tratas de compensar con un precio mayor, ¿estará dispuesto tu potencial cliente a pagar tanto cuando nadie te conoce?

Otro aspecto muy importante de tu proyecto es la imagen que va a tener. Es el gran error de muchos emprendedores, que no le dan la suficiente importancia. Emprender puede ser muy barato si el logo te lo dibuja un amigo y empiezas con un blog que te hagas tú misma, pero esa es un arma de doble filo que se volverá en tu contra si tus potenciales clientes ven una imagen cutre. Internet es un enorme escaparate, y corres el peligro de que esa persona no vuelva más a tu página, por mucho que la mejores en el futuro.

Mónica García Paz sabía bastante de imagen, como directora en la agencia de publicidad The Market Room, y supo aplicarlo a la idea que emprendió en el 2008, Fuera de Carta (www.fueradcarta.com), una marca de vinos que creó para recuperar la antigua tradición familiar:

> Mi pasión por el vino y el peso de la tradición familiar me impulsaron a crear Fuera de Carta. El concepto empresarial es absolutamente innovador. No tenemos bodegas, pero somos los propietarios de la producción de los viñedos seleccionados, el proceso de elaboración, los controles de calidad, la concepción del vino, su imagen y su comercialización. Nuestro equipo de enólogos define junto con la dirección el tipo de vino, elige la denominación, la imagen, el seguimiento y la comercialización.

Mónica García Paz recuperó una tradición familiar al crear los vinos Fuera de Carta, pero decidió comprar cosechas escogidas en lugar de sembrar su propia uva.

Con ellos fui a las Rías Bajas para crear el albariño De Saa, y al Pirineo de Huesca en busca de un Somontano, y así nació el 4.80. Para poder elaborar un vino, una de las mayores dificultades es conseguir el sí de las bodegas, puesto que utilizas sus recursos para transformarlos y hacerlos tuyos, bajo tus directrices. Sin duda, una dificultad añadida ha sido introducir este concepto como mujer en un sector marcadamente masculino. Afortunadamente, conté desde el principio con el entusiasmo de las personas implicadas, sobre todo de los enólogos, además, por supuesto, del apoyo familiar. No es difícil lograr los objetivos si te rodeas de un buen equipo y le dedicas muchas horas y cariño. Mi objetivo es ofrecer algo distinto a lo que ya existe en el mercado, posicionar Fuera de Carta como una empresa de vinos exclusivos y divertirme consiguiéndolo. Si el vino es fantástico pero su imagen no responde al mensaje que quiero transmitir, el resultado no va a ser el mismo. Apelamos a la exclusividad como diferenciación, siempre soportada en la calidad de nuestros vinos, su elaboración artesanal, la imagen y el diseño como cartas de presentación, la etiqueta numerada a mano para resaltar su exclusividad…

En la misma línea de la imagen, tu propio lugar de trabajo puede ser muy importante. Por algo han proliferado los espacios *coworking* en los últimos años. Trabajar en casa puede ser muy cómodo, pero cuando pasas tu vida encerrada entre cuatro paredes, te acabas cansando. Además, en casa no te relacionas con otras personas que estén en una situación similar a la tuya y con las que pueden surgir incluso nuevas vertientes de tu negocio. Y para terminar de convencerte, te recuerdo que no puedes, no debes, recibir a clientes y proveedores en el salón de tu casa. No es serio. No estás dando una buena imagen. Sí, muchos emprendedores optan por celebrar sus reuniones en una cafetería, pero ¿de verdad te parece mejor?

A la hora de emprender, también es necesario que hagas un plan de negocio y que te plantees tu proyecto a largo plazo. Las empresas no se construyen solas, debes tener todo previsto. Muchas emprendedoras me han contado cómo su plan de negocio ha evolucionado y se han visto obligadas a cambiarlo sobre la marcha para encarar cada nueva fase. Y a ti te ocurrirá. Ni este libro te va a decir los pasos exactos ni tu propio plan de negocio va a cumplirse según tus expectativas, por mucho que midas tus decisiones. Pero es tu guía, y no te debe faltar.

En esa guía debes tener en cuenta también los ingresos y gastos que vas a tener en los primeros años, a ser posible con tres escenarios: el optimista, el realista y el pesimista. Deberás tener un colchón económico para aguantar hasta que tu negocio marche solo y puedas dejar de inyectar dinero. Si dependes de tu negocio desde el primer momento, el batacazo puede ser catastrófico.

Por otro lado, debes conocer a fondo a tus competidores. Analiza quién está haciendo algo similar antes de tu llegada al mercado, cómo están obteniendo tus potenciales clientes eso que tú vas a ofrecer. Y, por supuesto, rodéate de un buen equipo. Asume que no eres perfecta, al menos no lo eres en todas las áreas que tienes que cubrir en una empresa. Es un error temer a la gente que sabe más que tú, ¿acaso no es mejor tenerlos de tu lado?

En definitiva, los factores que van a determinar si tu idea es buena son la propia idea, el equipo con el que la pretendes poner en marcha, los recursos con los que vas a empezar —y cómo los vas a obtener— y el modelo de negocio que vas a aplicar para empezar y para crecer después.

Cuando Guiomar Álvarez decidió crear un negocio propio, tuvo claro que quería ofrecer un producto diferente, de lujo y con

Cuando Guiomar decidió crear vajillas y cristalerías, analizó el mercado y descubrió un nicho con amplio potencial de crecimiento en los materiales plásticos, obligatorios en piscinas, playas y cubiertas de barcos.

una fuerte presencia internacional. En el 2010 me explicaba así la historia de Ogapora (www.ogapora.es):

> En el 2004 estuve estudiando ideas para montar un negocio, y opté por crear vajillas. Estudié el mercado y en porcelana y en loza había de todo, y casi por casualidad di con los materiales plásticos, y ahí sí había poca oferta y no era de buena calidad ni con un diseño muy cuidado. Vi el hueco y me lancé. Organicé unos grupos de discusión para ver la aceptación que podía tener, y demandaban algo práctico, bonito y funcional. Y para diferenciarme, añadí calidad y diseño, porque quería una marca de gama alta, aprovechando mi experiencia en el sector de moda de lujo. *Ogapora* significa 'casa bonita' en guaraní. Me costó muchísimo dar con él, porque los nombres que más me gustaban estaban cogidos. Quería que tuviera que ver no sólo con vajillas, porque la idea era ampliar la gama a otros complementos de hogar. Inscribí la empresa en julio del 2006 y estuve más de un año preparándolo todo hasta que comenzó la actividad económica en septiembre del 2007. La búsqueda de materiales y proveedores la hice en ferias y consultando en internet. En España no me daban ni presupuesto, y encontré

varios en China, que son los mejores en fabricación y acabados. Nuestros diseños son complicados de fabricar, por la
combinación de melaminas. He ido haciendo contactos en
ferias, aunque al principio la mayoría de los clientes los logré
llamando y llevándoles las muestras. Desde el principio quise
vender al extranjero, y es difícil a pesar de que hablo bien inglés y francés y he trabajado en multinacionales. En el sector
náutico se utilizan mucho los materiales plásticos, pero está
muy parado con la crisis. Quiero centrarme en la hostelería,
porque los hoteles tienen prohibido utilizar vajillas y vasos
convencionales en las zonas de piscina y de playa. Me he
encontrado con muchos problemas, como los recursos financieros y encontrar distribuidores. La logística también tiene
sus dificultades, tengo que planificar los envíos de China con
tres meses y siempre me quedo con *stock*. Eso te hace ser más
imaginativo y buscar otros caminos.

## ANÁLISIS DEL CLIENTE POTENCIAL

Para conocer la viabilidad de tu idea de negocio, debes empezar
por valorar a los que van a ser tus clientes. El número de potenciales clientes definirá tu mercado potencial, aquel al que tratarás de
llegar. Analiza el tamaño de ese mercado potencial, cuánto dinero
mueve cada año, y qué trozo de ese pastel podrías hacer tuyo. A
continuación, céntrate en el cliente medio: ¿podrás convertir tu
oferta en una necesidad para él? ¿Cuánto gasta al año en bienes o
servicios similares a los que tú vas a ofrecer? Y después, valora posibles prescriptores, potenciales clientes que pueden servir además
de apoyo para lograr otros clientes.

La figura del prescriptor es importante, puede ser un gran
apoyo, pero hay que valorarla bien para no cometer un error. Si
haces camisetas y las regalas a un programa de televisión para que
su público las vea y quiera comprarlas, luego tienes que encargarte
de hacer promoción en tu blog y redes sociales para que ese público te encuentre. Si tienes un centro de belleza y regalas un tratamiento a prensa y blogueros para que hablen bien de ti, te puedes
encontrar al gorrón de turno. Conozco el caso, obviamente no
voy a dar nombres, pero a ver cómo le dices luego que se acabó,
que tienes una inversión de miles de euros que recuperar y no le
puedes estar regalando masajes y tratamientos todas las semanas.

Por eso, y para valorar tu trabajo, evita regalar lo que haces. Aunque no sea por dinero, siempre podrás cambiarlo por algo que repercuta en tu beneficio. Si tu camiseta aparece en ese programa de televisión, pondrán tu logo al final, aunque pasará tan rápido que ni tú misma podrás verlo bien sin congelar la imagen.

Una vez que conozcas a tus clientes potenciales, podrás mejorar tu producto, porque, como ya he dicho antes, tienes que tener los oídos abiertos y saber responder a las necesidades del mercado, ser flexible, cambiar a tiempo si te estás equivocando. Analiza los problemas de tu público, las necesidades que vas a atender, y a partir de ahí diseña o adapta tu oferta. Para complementar esta información que estás obteniendo, trata de hablar personalmente con tus potenciales clientes, con los que pueden ser tus futuros proveedores, los distribuidores y todos aquellos que puedan tener algo que aportar.

Conocer a tu cliente es un primer paso, pero también debes analizar cómo vas a llegar a ellos, por qué te van a elegir a ti, por qué van a cambiar de proveedor si ya tienen algo que les funciona, por qué van a confiar en los beneficios que tú te empeñas en demostrar. El precio será un argumento. Poner precio es más fácil si ya existe algo parecido en el mercado, pero no te olvides de valorar todos los factores, todos los gastos y, por supuesto, tu propio trabajo para hacerlo realidad. Tu tiempo y tu experiencia no pueden salir gratis.

El producto final de la empresa que creó Cristina Fernández-Armesto con su familia cambió precisamente para poderle poner precio en lugar de conformarse con el que la industria le imponía. En el 2010 describía así Casa Grande de Xanceda (www.casagran-dexanceda.com):

> Hace cuarenta años, mi abuelo compró una finca en La Coruña e importó veinte vacas frisonas de Canadá. Yo estudié Empresariales Internacionales y trabajaba como jefa de producto en una multinacional textil. Cuando mi abuelo falleció, hace diez años, teníamos que decidir sobre su continuidad. Era una ganadería convencional, muy difícil de sostener económicamente, y para crear valor, decidimos transformarla en ecológica, porque la leche, al ser libre de pesticidas, herbicidas, abonos químicos y aditivos, se cotiza a mayor precio. Ahí entró el que hoy es mi socio, que se encargó de reconvertir

Cristina Fernández-Armesto convirtió en ecológica la granja de su abuelo y decidió producir yogures. Hoy también hace queso y mantequilla.

la granja, que hoy ya alcanza las doscientas hectáreas, con cuatrocientas vacas. Pasaron dos años y vimos que ese paso no era suficiente para subsistir, porque la industria que compra la leche es la que fija el precio, casi siempre por debajo del coste de producción. Queríamos llevar directamente nuestros productos al consumidor. Fue entonces, en el 2005, cuando me puse al frente del proyecto. Dejé mi vida en Madrid, un trabajo en el que manejaba unos presupuestos inmensos y hacía viajes internacionales, por una empresa familiar en medio del campo. Decidimos montar una fábrica para hacer yogur ecológico con nuestra propia marca, que es el nombre de la granja. Reformamos la casa de labranza tradicional gallega del siglo XVIII para nuestras oficinas. No quisimos romper el entorno con una fábrica de polígono industrial. Recolectamos piedras antiguas y la construimos estratégicamente al lado de la sala de ordeño. Las vacas se ordeñan dos veces al día, y la leche pasa a través de una tubería a la fábrica, donde se procesa el yogur enseguida. Queríamos lograr un producto diferenciado, y desarrollamos la receta con el Aula de Productos Lácteos de la Universidad de Santiago. Utilizamos un sistema de ultrafiltración que extrae agua y deja un yogur cremoso sin necesidad de añadir natas, espesantes ni leche en polvo. El gran inconveniente es que requiere muchísima leche. La fruta es española, pero procesada y transformada en el norte de Europa.

España es el mayor productor de productos ecológicos de Europa, pero todo se transforma fuera. Hemos triplicado las ventas desde que empezamos, y hemos lanzado el primer yogur infantil ecológico, que se consume en noventa colegios gallegos. El siguiente proyecto también está relacionado con niños, una ecogranja-escuela, porque nos parece una labor importantísima ayudar a que conozcan los productos ecológicos y sepan lo importante que es para el medio ambiente y para su salud. Es otra forma de crear valor añadido.

Darse a conocer es una de las dificultades más comunes de los proyectos emprendedores. La inmensa mayoría empieza sin un presupuesto para publicidad. En el caso de los negocios *on-line*, lo fundamental es posicionarse bien. Para eso tienes que buscar productos similares y ver cuáles son los términos de búsqueda más comunes para encontrarlos. Y después, utilizarlos en tu beneficio. Y ofrecer ventajas competitivas, como los gastos de envío gratis, posibilidades de devolución... Para llegar bien a tu público debes tener una web bien programada, escribir con frecuencia en tu blog profesional utilizando esos términos y actualizar tu estado en redes sociales. Una tarea que quizá prefieras delegar en especialistas, que por un precio muy competitivo te pueden ayudar bastante.

Si tu producto no se va a proporcionar *on-line*, o no únicamente, y quieres llevarlo al comercio tradicional, tienes que analizar los canales de venta existentes y valorar tus opciones. El coste de distribución subirá el precio final de tu producto, así que tienes otro factor que valorar al ponerle precio. Por esta razón, muchos establecimientos exigen a sus proveedores que, si venden también *on-line*, sea al mismo precio que ellos pondrán en su tienda, para que además de proveedores no se conviertan en sus competidores.

También debes tener en cuenta, al poner en práctica todo lo que estamos viendo en estas páginas, cuáles son tus expectativas para los próximos años, cómo vas a crecer a corto y a largo plazo. Cuándo recuperarás tu inversión inicial, qué beneficios esperas tener y a partir de cuándo, y si los vas a reinvertir. Cuando no puedas hacerlo tú todo, tendrás que contratar personal, pagarle un sueldo, y antes de eso debes asegurarte de que la empresa es sostenible. Pocas veces una empresa que crece mucho y muy rápido es sostenible. El crecimiento debe ser equilibrado e ir atendiendo todos los factores, el mercado, la capacidad de los proveedores, las modas… Antes de crecer demasiado rápido, recuerda que más dura será la caída.

Llegado aquí, con todos los datos que has ido anotando, es un buen momento para hacer un primer análisis DAFO, es decir, un análisis de debilidades, fortalezas, amenazas y oportunidades, que te ayudará a tomar las decisiones oportunas. Haz un cuadro y ve escribiendo todo lo que tienes en el lugar oportuno.

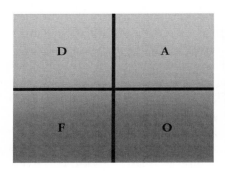

## CONOCE A TUS COMPETIDORES

Como ya hemos visto antes, por novedosa que sea tu idea, ya tienes competidores en tu mercado. Y si tu empresa tiene éxito, no tardarán en salirte otros nuevos. Es muy importante que sepas identificar a los competidores actuales para entender por qué tu público objetivo está acudiendo a ellos, qué le ofrecen, cómo lo hacen, a qué precio, cuáles son sus aciertos y cuáles sus errores, qué puedes copiar, qué debes evitar y qué puedes mejorar para hacer competitivo tu producto o servicio respecto al que ya existe.

En cuanto a tus competidores futuros, debes estar preparada porque van a hacer lo mismo contigo. Si lo haces bien, no lo dudes, te van a copiar.

Conocer a tus competidores te dará también pistas para entrar en el mercado, descubrir los obstáculos que vas a encontrar, en quién te puedes apoyar, qué necesitas para poder convertirte en un nuevo actor en ese mercado. De esta forma, podrás determinar a qué parte de ese mercado te vas a dirigir, cuál va a ser tu nicho de mercado. Y para protegerlo, patenta tu producto, registra tu marca… En definitiva, blinda tu idea.

Elena Martín (de pie) y Carola Morales crearon Flamenco con mucho esfuerzo, pero triunfaron desde el primer momento y hoy tienen una segunda marca, Pepita Jiménez.

Cuando Elena Martín y Carola Morales empezaron a crear los primeros complementos de su marca, que luego abarcaría también la ropa, no esperaban que las fueran a copiar, pero sus diseños triunfaron y Flamenco (www.flamencochic.com) creció como la espuma. Esta entrevista es del 2009:

Nuestros padres eran íntimos y desde pequeñas fuimos muy amigas. Acabamos trabajando en la misma empresa hasta que un día, viendo que las promesas no se cumplían, nos fuimos para diseñar juntas nuestras propias colecciones. Todo el mundo nos decía que era un suicidio dejar un trabajo para ir a la aventura, pero teníamos que intentarlo. Nos tuvimos que apañar sin un duro. El nombre salió rápidamente. Queríamos que fuera una marca que, si nos iba bien, se reconociera rápidamente fuera de España como algo típicamente español. Desde el principio sabíamos que iba a funcionar, que al menos nos daría para vivir mejor que con el sueldo anterior. Nos fuimos a India y diseñamos nuestra primera colección, que fue de hogar, porque no había nada en el mercado. También hicimos collares y unos bolsos que sacamos de unos almohadones bordados; les pusimos unas asas y nos los quitaban de las manos. En la siguiente temporada empezamos a diseñar ropa. Nos quedamos sin cobrar muchos pedidos porque éramos muy pardillas; no dábamos beneficio por tanto impagado. Hemos creado un equipo de cincuenta personas para centrarnos en lo que nos gusta, que es el diseño y la creatividad. En estos años, hemos tenido tres hijos cada una, y a veces no hemos podido trabajar al cien por cien, pero nos cubrimos la una a la otra sin problema. Al principio, íbamos a las tiendas con los muestrarios, y muchas no nos dejaban ni abrir la maleta, pero quienes lo hacían, nos quitaban todo de las manos. Nos habría gustado fabricar en España, pero aquí los bordados tienen unos precios inviables. Los proveedores han sido un problema siempre, porque han ofrecido nuestros diseños a otros y nos hemos encontrado en ferias con nuestra misma ropa en otras marcas. Eso te hunde muchísimo, y hemos tenido que prescindir de muchos proveedores cuando habíamos logrado que alcanzaran nuestros estándares. Los que tenemos ahora tienen prohibido trabajar con otras marcas pero, aun así, de vez en cuando te la juegan.

## CÓMO ELEGIR UN NOMBRE

La elección del nombre de tu empresa va a llevar una doble vía: por un lado, está la denominación social, la que vas a registrar en las escrituras de constitución y aparecerá en los contratos y facturas que hagas y recibas de ahí en adelante para identificar tu empresa; por otro lado está tu marca, el nombre por el que tu público te va a conocer. La denominación social no se utiliza de cara al público, sino que da nombre a la empresa, que a su vez será la propietaria de la marca. En el caso de que no constituyas una sociedad, puedes registrar la marca saltándote el primer paso de los que a continuación te explico. Pero en tal caso, no dejes de leer el capítulo sobre las formas de constitución para decidir si realmente te conviene desarrollar tu actividad como autónoma sin una sociedad que te respalde.

Utilizaré un ejemplo cercano, el de un restaurante mexicano que hay junto a mi casa cuyo nombre comercial, es decir, su marca, es La Malinche. Así lo encontrarás en su web (www.restaurante-lamalinche.com) y leerás críticas culinarias sobre él. Pero si pagas con tarjeta y luego ves el movimiento en tu cuenta bancaria, verás que el pago lo has hecho a favor de David y Bárbara, SL, pues son sus entrañables propietarios los que dan nombre a la empresa propietaria de la marca.

Para la denominación social hay muchas opciones, pero no puedes incluir en ella ninguna actividad que no esté en el objeto social de la empresa. Tampoco puedes utilizar el nombre y apellidos de otra persona sin su autorización, ni su pseudónimo. El artículo 407 del Reglamento del Registro Mercantil también excluye denominaciones cuyo sonido, al pronunciarlas, sea similar a otra ya existente, aunque esté en otro idioma. Y según el artículo 408, tampoco se dan por válidos los nombres que se limiten a modificar otros ya existentes por el orden de las palabras que lo forman, el género o el número.

Cuando vayas al Registro Mercantil Central a solicitar una denominación, podrás escoger cinco opciones y pagarás 15,95 euros por el trámite –algo menos si lo haces *on-line*–. Lleva preparados varios nombres por si el que tú quieres no es aceptado. Y ten en cuenta que la mayoría de las denominaciones con una sola palabra ya están reservadas, así que tendrás que añadir un «apellido» que, por ejemplo, explique a qué se pretende dedicar la empresa. En este sentido, no se aceptarán palabras que no aporten ningún significado coherente al conjunto. Tampoco te lo aceptarán si lo que utilizas para diferenciar la denominación de otra ya registrada es el nombre de una población o un número, a no ser que se especifique que se trata de un código postal o una fecha.

La denominación social de la empresa puede coincidir con la marca, pero no es necesario. Lo importante de verdad es la marca, que debe tener suficiente gancho para que se asocie rápidamente a tu producto o servicio. La denominación es un trámite necesario para poder constituir una empresa, y debe incluir las siglas del tipo de sociedad elegido, generalmente SL. La solicitud la debe firmar uno de los socios de la empresa que se va a crear, y el certificado que obtenga irá unido a las escrituras de constitución. Una vez concedida la denominación, hay un plazo de tres meses, prorrogable otros tres, para acudir a notaría, y sólo al firmar las escrituras la concesión se convierte en definitiva.

El registro de la marca se puede hacer antes o después de crear la empresa. Depende de la oportunidad, de las posibilidades de que te la puedan arrebatar, o de que hayas elegido una que ya tenga dueño.

Habitualmente se hace después porque lo normal es que la solicitud se haga a nombre de la empresa, no de un particular.

En la web de la Oficina Española de Patentes y Marcas (OEPM) puedes comprobar fácilmente si la marca que has elegido ya existe en el mismo sector al que tú te vas a dedicar. Si no es así, puedes seguir adelante con tu marca y diseñar un logo. Ambos irán juntos en la solicitud, que se presenta en la misma OEPM. En este caso, además, el trámite se puede hacer *on-line* y es sencillo y más barato –unos ciento veinte euros frente a los ciento cincuenta de la presentación física–, siempre que ya tengas la firma electrónica. El logo no puede incluir ni más ni menos texto que el que tenga la marca, y debe seguir unas especificaciones que se detallan en el documento de solicitud. La respuesta tardará un año como máximo, aunque el plazo suele estar en unos tres meses.

Los propios amigos de María José Reinares la animaron a registrar rápidamente su marca cuando les contó su original idea, recuperar cámaras de neumáticos para crear bolsos y otros complementos. Su aspecto le dio rápidamente el nombre: Regaliz Recycled Gum (bolsosregaliz.com).

En un viaje a Costa Rica, vi que allí se reciclaba todo. Entonces se me ocurrió hacer bolsos con las gomas de ruedas viejas. Aquellos diseños gustaron mucho, y poco a poco fui desarrollando nuevas ideas, y un grupo de amigos me animaron a registrar mi marca en junio del 2011. He pensado en montar una tienda, pero dadas las dificultades que estamos atravesando, he optado por hacerla *on-line*, que además tiene mayor difusión, porque quiero llegar al extranjero. Intento tener unos precios accesibles, son diseños únicos hechos a mano y cada bolso tiene de siete a ocho horas de trabajo. Para los acabados utilizo materiales metálicos como hebillas, broches y remaches, y hay colecciones con conchas y con semillas. Cuanto más grande es el neumático, mayor puede ser el bolso, que se caracteriza por la forma curva de la rueda. Busco el material en polígonos industriales de Cádiz. El problema es que los neumáticos con cámara tienden a desaparecer. Al lavarlos, descubro detalles muy curiosos, desde las texturas a letras y parches que aprovecho para que el producto sea más original. También utilizo gomas de bicicletas, y con la parte exterior diseño cinturones. La gente

María José Reinares posa sobre una montaña de ruedas de bicicleta en su casa, en Cádiz, donde utiliza la goma interior de los neumáticos para crear los bolsos y complementos Regaliz. ©Santiago Bringas

se queda muy sorprendida porque al ver un bolso oscuro, negro y brillante, piensan que es de piel, y les fascina la idea del reciclado. Una fabricante de Ubrique me ha propuesto hacer una combinación de la piel con el caucho, y eso me permite introducir color en el bolso. Para eso crearemos otra firma, porque Regaliz es exclusivamente reciclado. También me apoyaré en su fábrica si crece la demanda.

## A FALTA DE IDEAS, UNA FRANQUICIA

Las franquicias monopolizan muchas calles comerciales y surgen como setas en los centros de las ciudades, pero a quienes ponen en marcha esos negocios no se les suele considerar emprendedores. Siempre he pensado que uno no se debe llamar a sí mismo emprendedor, que son los demás los que utilizarán ese adjetivo si de verdad lo eres. Tampoco creo que se deba racanear con él. En el caso de las franquicias, es cierto que para muchos empresarios puede ser una vía para sacar un negocio adelante y ganarse la vida, sin más. Pero para otros muchos es un primer paso en una carrera de emprendimiento. La franquicia puede ser una buena escuela para alguien que quiere emprender: trabajará con un plan de negocio ya redactado y que se ha comprobado que funciona, y le servirá como base para escribir el suyo propio en un futuro negocio; se habituará a trabajar con clientes y proveedores y sabrá mejor cómo explorar el mercado y cómo atender a sus necesidades.

Luz Martínez lleva trabajando desde los dieciséis años, cuando se quedó en paro y vio que la cosa estaba difícil y los sueldos eran cada vez más bajos, decidió crear su propio negocio, y eligió una pequeña franquicia que podía asumir sin contratar personal: «Esa es la idea, que te lo venden como autoempleo», me explicaba en el 2011:

> Primero analicé las diferencias que había entre comprar una franquicia y crear algo propio, buscando yo misma los proveedores. Estaba entre el mundo del té y los perfumes. Hice números. La ventaja de la franquicia es que te dan un plan de explotación que se supone que está probado, te dicen muy claro lo que vas a ganar durante los tres primeros años, cuánto vas a tardar en amortizarlo. Eso me dio un poquito más de seguridad, porque me pareció que era más fácil, que iba con unas garantías. Cuando me decidí, busqué la franquicia que requería una inversión más baja, y entre las de perfumes, las que me cuadraban más en cuanto a dinero, los servicios que me daban, el tipo de producto... Al banco, por lo general, le vale el plan de explotación que te da la franquicia, con la facturación que se supone que vas a tener durante tres años y los gastos que estiman, pero luego lo tienes que adaptar a tus números. Ahora tengo un negocio y por lo menos es algo mío. Después de una trayectoria tan larga sin haber tenido mucha suerte, veía que así, al menos, podía controlar mi trabajo y mi sueldo, y el esfuerzo que le pongo cada día se ve recompensado en mí.

Aunque parezca contradictorio, insisto en que respeto la franquicia como forma de emprender, pero no es el objetivo de este libro seguir hablando de ellas. Al fin y al cabo, quien se decida a abrir un negocio en régimen de franquicia, tendrá, en mayor o menor medida, el apoyo, la formación y el seguimiento de su franquiciador, que es precisamente lo que les falta a los emprendedores que se lanzan a crear un negocio nuevo, completamente desde cero, y lo que motivó desde el principio la creación de esta guía.

# 3
# El plan de negocio

Redactar un plan de negocio es, hoy en día, un paso funda-mental antes de hacer realidad el proyecto que estás prepa-rando. Se trata de una herramienta imprescindible, como los planos sobre los que se edifica una construcción. Tiene dos fines principales: establecer los objetivos que se quieren alcan-zar en los primeros años desde la creación de la empresa, con una hoja de ruta que identifique las etapas, y servir de carta de presentación para lograr financiación. Como carta de presenta-ción, te lo exigirán tanto los bancos a los que pidas un crédito como los inversores privados, o *business angels* y demás expertos a los que acudas en busca de apoyo. Y también en la mayoría de los concursos de emprendedores a los que tengas intención de presentarte. Aunque el caso de los concursos es algo diferente, porque en muchos de ellos la preparación del plan de empresa será una de las etapas de la competición, en la que además recibirás asesoramiento gratuito para redactarlo.

El caso de María José Marín es muy adecuado para expli-car este punto. Preparó el primer plan de negocio de We Are Knitters (www.weareknitters.com), con sólo veintidós años, para presentarse al premio del Club Empresarial de Icade. Ganó el primer premio, catorce mil euros con los que em-pezar a ponerlo en práctica, y cuando se convocó la primera edición de Yo Dona-Madrid Emprende, decidió probar suerte de nuevo. En la fase de selección, la ayudaron a hacer otro plan de negocio más adecuado a la realidad, ganó otra vez y el nuevo plan le sirvió para conseguir un crédito de 45.000 euros a bajo interés:

> Estudié Empresariales, y en un viaje a Nueva York vi que estaba de moda tejer entre gente muy joven. Nunca había tejido, pero vi la oportunidad de mercado. Estuve un año y medio trabajando en una auditoría financiera, y al mismo tiempo preparé mi primer plan de empresa, con el que gané un concurso de Icade. En el 2010 decidí dejar mi empleo para lanzar mi empresa. Todos me decían que estaba loca, en plena crisis, pero no iba a esperar a tener hijos y una hipoteca. En el 2011 monté la sociedad y convencí a un amigo para que entrara como socio. Encontrar la lana fue lo más complicado; en España no me la hacían como yo quería. Al final encontré un proveedor en Uruguay. Nuestro principal producto es un kit que incluye un patrón con unas explicaciones muy sencillas, las agujas de madera y la lana necesaria para hacer la prenda. También hay vídeos explicativos en la web. En mayo estaba todo listo, pero esperé a septiembre para hacer el lanzamiento, porque es un producto de invierno. Mientras, en junio me seleccionaron para el premio de Yo Dona y Madrid Emprende, y me ayudaron a elaborar un plan de empresa aún mejor, con el que obtuve un crédito de 45.000 euros de Enisa, una entidad estatal. En los siete meses que llevamos ha funcionado muy bien, y he empezado a tener un sueldo. Tenemos una tasa de repetición muy alta, hemos tenido mucho éxito en redes sociales y, por petición popular, quedamos para tejer con nuestras clientas una vez al mes en una cafetería de Madrid. Mis planes van más rápido que yo y no me bastan las horas del día. Estaba a punto de alquilar una oficina, pero gracias al premio de Yo Dona, tengo un año gratis en el vivero de empresas de Vallecas.

Como ya has leído y escucharás en todos los lugares a los que vayas a informarte para montar tu empresa, el plan de negocio es un requisito del que no puedes prescindir. No te quiero mentir: hay grandes emprendedores que empezaron sin él, y no por ello fracasaron. Pero se trata de casos contados, muy escasos, y de personas que estaban muy preparadas para poner en marcha un proyecto. Aparte de que no necesitaban financiación porque, como ya te he explicado, los bancos no te van a dar un préstamo si no les presentas un plan. Y el servicio de empleo de tu comunidad autónoma –lo que antes era el Inem– lo va a requerir si

María José Marín descubrió en Nueva York que entre los jóvenes estaba de moda tejer y se trajo la idea a España sin traducir el nombre.

quieres capitalizar tu prestación por desempleo como fuente de financiación. En cuanto a los inversores privados, serán el hueso más duro de roer, los que deben empujarte a hacer un trabajo muy atractivo, que les haga ver que están ante una oportunidad única entre la gran cantidad de proyectos que les llegan constantemente.

Por otro lado, no basta con tenerlo redactado; tiene que ser coherente, realista y apasionar a quien lo lea como te apasiona a ti. Tan coherente y tan realista que te permita ir haciendo cambios y redireccionándolo a medida que el proyecto se vaya convirtiendo en realidad. Sí, cambios, casi seguro que tendrás que hacerlos. ¿Y por qué redactar un plan si voy a tener que cambiarlo?, te preguntarás. Porque si hay plan A, hay un plan B, pero sin un plan A, cualquier giro que des será dar palos de ciego, y te será más difícil encontrar tu norte. Como ya hemos visto, tendrás que escuchar a tus clientes antes de empezar y después, siempre deberás estar atenta a lo que tus clientes necesitan si no te quieres quedar obsoleta. Escuchar al cliente te ayudará a encontrar ese norte, aunque suponga ceder en tu idea para adaptarla a algo diferente.

## Antes de empezar a redactar tu plan

Antes de sentarte a redactar tu plan de negocio, cárgate de energía positiva y paciencia. Vas a hacer un trabajo meticuloso y no debes pasar ningún dato por alto, porque aquellos que lo lean lo van a examinar hasta el mínimo detalle. Al mismo tiempo, debes ser muy concisa, no extenderte demasiado en la redacción, intentar no pasar de un total de treinta páginas; no estás haciendo una tesis doctoral, sino una guía que debe ser manejable y fácil de entender; ve al grano.

El plan de negocio va a ayudarte a definir tus objetivos al acotar el mercado en el que vas a entrar a competir y definir el producto o servicio que vas a proponer, con un cálculo realista que te ayude a anticiparte a los posibles obstáculos. Al mismo tiempo, te ayudará a comprobar si vas por el buen camino, si realmente hay un público interesado en lo que vas a ofrecer. Y si existen barreras a la entrada, debilidades u otro tipo de obstáculos, no los ocultes; quien lea tu plan también pensará en ellos y te preguntará cómo piensas sortear esos obstáculos, así que lo apropiado es asumirlos y adelantarte con una estrategia para combatirlos.

Los apartados fundamentales que debe contener un plan de negocio, y que vamos a ir desgranando a lo largo de este libro, son:

1. Resumen ejecutivo: antecedentes, oportunidad de negocio, modelo de funcionamiento, estrategia de *marketing*, resultados del plan de negocio y principales aspectos financieros.
2. Objeto de la empresa: visión, misión y valores.
3. Plan estratégico: análisis del entorno global y el microentorno en que te vas a desenvolver, el ciclo de vida previsto, la estrategia de penetración en el mercado y la cadena de valor.
4. Estudio de mercado: análisis de oportunidades, ventajas competitivas y clientes potenciales.
5. Plan de *marketing*: definición del mensaje que quieres transmitir y estrategia para llevarlo a tu público objetivo.
6. Plan de ventas: definición de objetivos, estructura comercial y canales de venta.

7. Organización de la empresa y recursos humanos: equipo, reparto de responsabilidades y organigrama.
8. Plan financiero y estructura de capital: plan de inversiones y financiación, costes, pagos y cobros y planteamiento de la tesorería, el balance y la cuenta de resultados.
9. Plan tecnológico: estrategia, necesidades de equipamiento, política de seguridad y aplicación de la ley de protección de datos.
10. Estructura jurídica: tipo de sociedad, tipos de socios, contratos y responsabilidad civil.
11. Calendario de objetivos: a corto, medio y largo plazo, con seguimiento de su cumplimiento.

## UN RESUMEN CON GANCHO

El resumen que destaca lo más relevante de tu plan de negocio debe servir de gancho para que el lector se interese por tu idea. Aunque es el primer capítulo, será el último que escribas, cuando hayas escrito el resto y tengas claro qué es lo más importante. Debes estructurar muy bien el contenido y saber destacar los conceptos clave. Debes empezarlo explicando la situación actual del proyecto. Lo más importante es definir la actividad que vas a desarrollar, a qué necesidad de los consumidores vas a dar respuesta y cómo vas a acceder a ellos. Define bien a tu cliente, demuestra que lo conoces, que sabes a quién te diriges, porque de él depende que tu empresa funcione. Se trata de explicar cuál es la oportunidad de negocio que has detectado: una necesidad, un cliente dispuesto a pagar y un mercado en expansión. Cuanto más documentes tus datos, mejor.

Explicar en qué consiste tu producto o servicio no es hacer una descripción exhaustiva, sino saber explicar a qué necesidad das respuesta, qué nicho de mercado vas a cubrir, por qué tus potenciales clientes van a elegirte frente a tus competidores, cuáles son tus ventajas y tus desventajas, lo que te hace diferente y te puede hacer atractiva para los clientes. Y explícalo siempre de un modo sencillo, piensa que los inversores no tienen por qué saber mucho de tu sector. Cuéntales qué tamaño tiene el mercado en el que quieres entrar, cuánto dinero mueve al año y qué parte de esa cantidad pretendes conseguir con tu proyecto.

A veces, cuando ves un plan de negocio, te puede resultar paradójicamente sencillo, porque plantea una idea tan elemental que no crees que algo así no pueda existir ya. No digo elemental por el contenido, que puede tener una alta dosis de I+D+I, sino por el propio concepto en sí. Es lo que me vino a la cabeza cuando Teresa Gonzalo me contó el proyecto de Ambiox Biotech (www.ambiox.com), que todavía estaba en sus inicios pero ya prometía mucho:

Haciendo un posdoctoral en el hospital Gregorio Marañón de Madrid, conocí a la doctora María Ángeles Muñoz, que estaba desarrollando unas patentes para prevenir el contagio del sida junto a los profesores de la Universidad de Alcalá Rafael Gómez Ramírez y Francisco Javier de la Mata. Hice un máster en el Instituto de Empresa y me propusieron que me uniera al equipo para montar una empresa. Me pareció fantástico, porque conocía la parte científica y ahora podría trasladarlo al mercado, que era mi sueño, intentar que lo que hacemos llegue a los pacientes. Nuestro objetivo es frenar el impacto del sida con un gel microbicida de uso tópico basado en moléculas inorgánicas de tamaño nanoscópico, que permite protegerse de la infección durante el acto sexual, sin necesitar el consentimiento de la pareja. Aunque hay una gran demanda social, no existe nada parecido en el mercado. Para poder desarrollarlo, necesitábamos una herramienta empresarial. La alternativa era un laboratorio que desarrollara la patente, pero eso muchas veces no se consigue. En España no ha habido una cultura de lucro de la ciencia, y muchas patentes han acabado en la basura después de costar dinero público, cuando podrían haber creado emple·o, un producto exportable, una propiedad intelectual única y, por supuesto, una mejora para el paciente. Es una tragedia porque tenemos muy buenos productos y no hemos sabido aprovecharlos. Fundamos la empresa en diciembre del 2010 pero hubo mucho trabajo anterior, una preincubación. Mis socios aportan propiedad intelectual y conocimiento científico, y yo dirijo la empresa, buscando financiación, coordinando experimentos, etcétera. Antes de constituirnos, ganamos varios premios con el plan de negocio, que nos sirvieron sobre todo para pensar que no estábamos locos. Con uno de ellos nos prestaron un despacho en el Parque Científico de Madrid, donde he estado trabajando hasta hace poco. Nuestro plan de negocio prevé que en el 2015 alcancemos la fase que la agencia regulatoria en Bruselas exige para poder empezar a

En octubre del 2013, Teresa Gonzalo fue seleccionada por Mujeres&Cia como una de las cien mujeres más influyentes de España, en la categoría de revelación y emprendedoras.

experimentar en humanos. Entonces venderemos la patente a una multinacional, con lo cual obtendremos un retorno económico que nuestro plan estima en unos quince millones de euros, de los que una parte retornará a la Universidad de Alcalá, otra al Gregorio Marañón, otra a los inversores, y otra a la empresa, unos royalties que podremos reinvertir en nuevas líneas de negocio que ya tenemos identificadas. Prevemos desarrollar, por ejemplo, un preservativo recubierto con esas mismas moléculas, sería un producto *premium,* porque potenciaría su objetivo y tendría un impacto muy positivo.

## EL ESTUDIO DE MERCADO

Como has podido ver en el ejemplo anterior, otro aspecto importante, que veremos en otro capítulo pero que deberás reflejar en tu plan de negocio, es la formación de un equipo en el que los diferentes componentes aporten valor complementario, sin dejar áreas huérfanas. El equipo puede formar parte accionarial de la empresa o ser personal contratado, lo importante es que identifiques las necesidades para cubrir tus lagunas y definas quién va a liderar la empresa y quién tomará qué decisiones. Puedes dar los nombres de las personas que has elegido y describirlas, o explicar los perfiles que buscas en caso de que aún no las tengas, con la experiencia, motivación y compromiso requeridos, y qué deben aportar a tu empresa.

Antes de llegar a este punto, deberás hacer un estudio de mercado, que te ayude a conocer la realidad del sector en el que te vas a tener que desenvolver. Lo fundamental de este capítulo es saber si los que tú crees que van a ser tus clientes responderán a esa expectativa. Y por otro lado, quién y cómo está dando respuesta a esa necesidad de tus potenciales clientes. Se trata de tus futuros competidores, y debes estudiarlos a fondo para conocer la realidad del que va a ser tu mercado, qué barreras vas a encontrar para entrar en él y cómo funciona el entramado de proveedores y distribuidores. Siempre que puedas, apoya tu estudio en datos de fuentes fiables, como estadísticas oficiales y publicaciones. El estudio de mercado también te ayudará a elegir el espacio, físico o en internet, en el que tienes mejores opciones de que tu negocio funcione bien. Un buen estudio de mercado, que puedes encargar por un precio no necesariamente alto, te ayudará a hacer una estimación realista de ingresos y gastos para los inicios de tu negocio. Al analizar tus fortalezas y debilidades y tus amenazas y oportunidades, tanto en tu proyecto como respecto a tus competidores, deberás hacerlo en un cuadro DAFO como el que te propuse en el capítulo 2.

Cuando Berta Domínguez decidió crear Little Big Kids (www. littlebigkids.es) como complemento a la formación de los colegios, conocía bien el mercado infantil, gracias a su experiencia, y encontró un nicho en el que competir con ventaja. Contó además con el apoyo de la empresa donde había trabajado anteriormente, que le proporcionó un servicio de *outplacement* que durante un año le asesoró y evaluó continuamente su plan de negocio:

> Después de estudiar Derecho hice un máster en Marketing y trabajé doce años en canales infantiles de televisión, hasta que decidí crear mi propia empresa. Esa experiencia me

Berta Domínguez tuvo que ir modificando su planteamiento de negocio a medida que fue estudiando el mercado, e incluso tuvo que incorporar nuevas ideas después de abrir al público.

permitió conocer el mercado y ver qué carencias había en el entretenimiento infantil. Decidí montar un centro de ocio educativo, en el que ofrecer talleres para colegios de primaria por las mañanas, y por las tardes hacemos celebraciones de cumpleaños con experiencias, para aprender jugando. Negocié el despido –la empresa me puso un asesor– y pude invertir la indemnización y algunos ahorros familiares, sin pedir nada al banco. Aun así, me lo pensé porque tengo tres hijos y esos ahorros les garantizaban un poco el futuro, pero tenía muy clara mi idea. Empecé a hacer el plan de negocio en marzo del 2010, y fui introduciendo cambios que iban surgiendo al analizar el mercado. La ventanilla única de la Cámara de Comercio fue una ayuda fenomenal, porque me dejaron muy claros todos los trámites a seguir. Tardé once meses en encontrar un local adecuado, buscando en varias zonas. Construimos tres aulas, cada una con capacidad hasta treinta niños, para que un colegio pueda traer a tres clases a la vez, que vayan rotando y cada una asista a los tres talleres del módulo elegido, ya sea audiovisual, alimentación sana o cuidar el mundo. Aunque existe la opción de impartirlos en español, todos los colegios lo contratan en inglés, con profesores nativos. En los cumpleaños ocurre al revés, los padres los prefieren en español. Abrí en noviembre del 2011. Me fui directamente a los colegios a contar el proyecto, pero la realidad es que nos pilló un poco el toro porque abrimos con el curso arrancado. He tenido que ajustar los precios, porque a algunos les parecía caro, aunque cuando vienen lo entienden. Me encantaría montar franquicias, ya analizo el mercado en otras partes de España, pero estoy sola y la cabeza no me da para más de momento.

## EXPECTATIVAS FINANCIERAS

El dinero es un arma fundamental, hoy en día no se consigue nada sin dinero, y estará presente en todos los capítulos de tu plan de negocio. Un error puede echar por tierra todo el planteamiento. Por eso es importante que analices muy bien todos los aspectos económicos que afectarán a tu negocio, empezando por la inversión necesaria, cómo vas a reunirla y a qué vas a dedicarla. Las primeras fuentes de financiación que todo emprendedor explora son los ahorros, la familia y los amigos, además de las que no tienen que devolver, como ocurre cuando se capitaliza la prestación por desempleo. A continuación, están los préstamos bancarios, los inversores –con la figura ahora muy de moda del *business angel*–, los concursos y otras fuentes novedosas como el *crowdfunding*.

Tan importante como lograr el capital para poner en marcha la empresa es definir correctamente las fuentes de ingresos que te van a ayudar a recuperar esa inversión, devolver los préstamos y reinvertir los beneficios. En tus expectativas financieras describirás las posibilidades de crecimiento de tu empresa en los próximos años –a tres y a cinco o siete años–, sin olvidar que los precios de tus proveedores se pueden encarecer en ese período. Este paso te ayudará a identificar las necesidades futuras de liquidez para reinvertir en tu negocio. Ahí deberás ser realista y plasmar la realidad del mercado: tus proveedores no te van a dar facilidades de pago hasta que te conozcan bien y puedan confiar en ti con garantía; tus clientes pedirán todas las facilidades de pago imaginables, y tendrás que ceder para asegurarte un mercado. Esto se traduce en pagar por adelantado y cobrar no antes de treinta o sesenta días desde que entregues tu producto o servicio, una situación que te puede llevar al ahogo financiero si no lo has previsto cuando debías, al redactar tu plan de negocio. Si quieres lograr la atención de los inversores, triplica estas expectativas en un escenario realista, el que esperas; otro pesimista, en el que reflejes un mercado difícil y cómo sobrevivirías en él; y un mercado optimista que demuestre hasta dónde puedes llegar.

Cuando Vanessa Alonso puso en marcha Smash-it! (www. smash-it.es), una marca de ropa deportiva de mucha calidad a la que tuvo que poner precios reducidos para poder hacerse un hueco en el mercado, sabía, por ejemplo, que el taller de costura le iba a pedir un 50 % del pago antes de coser las prendas y el resto antes de recogerlas. De no haberlo contemplado en su plan, su aventura no habría durado mucho, como me contaba cuando la entrevisté:

> Empecé a jugar al pádel en 1998 y vi que era un mercado que crecía rápidamente. Estudié Empresas y un máster de Publicidad, y trabajé por cuenta ajena hasta que monté esta empresa. Llevaba dos años elaborando el plan de negocio y buscando proveedores. Estaba negociando un préstamo y pensaba mantener mi empleo al principio, pero en mayo del 2011 me quedé en paro. Eso me facilitó la inversión inicial en el momento oportuno y sin pedir nada. Capitalicé el paro con un trámite muy sencillo, sólo te piden que lo gastes todo en un mes. Tampoco me dejaban crear una sociedad mercantil hasta que pasaran dos años, así que registré la marca y cotizo como autónoma. Mi idea era combinar la ropa de pádel y la moda, porque había prendas para chicas pero no eran femeninas. He empezado por este deporte porque es el que mejor conozco y lo he podido estudiar más exhaustivamente. Eso me ha permitido añadir innovaciones que percibía como necesidades cuando jugaba, como la fina capa de silicona que lleva el pantalón interior de la falda —como los de ciclista— para evitar que se mueva o los bolsillos fruncidos para que no se salga la bola. También he hecho un patronaje real, aunque me cueste más metros de tela. Lo mejor de mi producto son los tejidos, son prendas para toda la vida. El precio está en un segmento medio. Lo que pretendo es que la gente quiera llevar mi ropa, porque entonces el precio se convierte en algo secundario. Ya en el diseño del logo y el nombre evité una asociación directa con el pádel, por si en un futuro crezco hacia otros deportes. La marca la presenté oficialmente en mayo con un muestrario, y me hicieron muchos pedidos, pero hubo un retraso en la

Aunque a duras penas a causa de la crisis, Vanessa Alonso sigue hoy en día apostando por su marca, vendiendo *on-line* a deportistas de toda España y prestando un servicio personalizado y muy eficiente.

fabricación que fue nefasto porque hasta septiembre no pude empezar a comercializarla y distribuirla. Es tremendo el problema que hay en España para encontrar tejidos deportivos buenos y talleres que sepan coserlos. Logré encontrar un fabricante que hiciera las hilaturas que yo diseño.

## CÓMO POSICIONAR TU PRODUCTO

En la gran mayoría de los casos, la mayor dificultad de una nueva empresa es llegar a su público. Hemos visto ejemplos ingeniosos, como el de El Dragón Lector en el capítulo 2, pero no siempre resulta sencillo, por mucha imaginación que tengas. En tu plan de empresa debes explicar cómo vas a hacerte conocer en tu mercado, qué porción vas a poder acaparar y en cuánto tiempo, dónde vas a posicionar tu producto –tiendas propias, multimarca, *corners,* internet...– y cómo lo vas a hacer. Aquí irá definido tu plan de comunicación y *marketing*, y también será donde definas el precio que va a pagar el público por tu producto o servicio.

Pilar Zambrano trabajaba en San Fernando (Cádiz) asesorando a jóvenes emprendedores cuando se encontró con un proyecto interesante al que le faltaba alguien que se ocupara de la gestión y de posicionar el producto en el mercado, y decidió entrar como socia en La Torre Imaginaria (www.latorreimaginaria.es). La composición de la empresa cambió más tarde, pero lo importante es cómo Pilar supo buscar nuevos clientes en un mercado al principio muy restringido, con una fuerte temporalidad y un alto riesgo de impago:

> Trabajaba para la Diputación de Cádiz en un programa de apoyo a emprendedores. Entre ellas había dos chicas ebanistas, que eran muy buenas en su campo pero necesitaban a alguien que se ocupara de la gestión; me pidieron que constituyera la empresa con ellas, y yo creí en el proyecto. Después de constituirnos como sociedad laboral limitada, la Junta de Andalucía nos cedió una nave gratuita durante tres años, que venció en el 2009. Comencé a buscar clientes y a contactar con empresas que pudieran ser complementarias de la nuestra. Mis socias se dedicaban a la artesanía, trabajan con estructuras de madera y hacen figuras con poliestireno expandido –también llamado corcho blanco–. Empezamos haciendo las carrozas para las cabalgatas de Reyes Magos y el carnaval de San Fernando y de otras localidades, además de esculturas y mobiliario para decoración de locales. Y entonces surgió un contrato con una distribuidora farmacéutica, para montar escaparates por temporadas en las farmacias que lo quisieran, por toda España. Hemos atravesado momentos difíciles; ellas sólo querían trabajar en el taller y olvidarse de todo lo demás, y con la crisis hubo un momento crítico, no nos pagaban algunas facturas y al final decidieron salir de la sociedad y seguir trabajando desde fuera. Seguimos en la misma línea de antes, sólo que ellas no tienen el peso de la empresa y pueden dedicarse a lo que quieren. Montar una cabalgata entera supone mucho trabajo en muy poco tiempo, y se necesita mucho personal. Toda esa inversión se tiene que adelantar, y se cobra a los cinco o seis meses. Por eso ahora nos estamos centrando más en escaparates y decoración de tiendas, porque hay muy pocas empresas que se dediquen

Pilar Zambrano completó con su visión de negocio el equipo fundador de La Torre Imaginaria, que tenía un perfil muy creativo. ©Santiago Bringas

a eso. Hice un estudio de viabilidad de los costes y decidí trasladar la nave a Sevilla, mejor situada porque la mayoría de los escaparates que montamos están en Andalucía y Extremadura.

Si necesitas un inversor para poner en marcha tu proyecto, recuerda que tu plan de empresa debe dejar muy claros los aspectos que hemos visto en este capítulo, y no te olvides de que el inversor no es un alma caritativa: quiere sacar rendimiento del dinero que te preste. Por eso, cuando lea tu plan de negocio, hará cuentas para calcular cuánto va a ganar; normalmente querrá un beneficio de entre el 35 y el 60 % cuando dentro de entre tres y siete años te revenda la parte que ahora quieres que te compre. Para eso buscará en tu plan de negocio las previsiones de beneficios, analizará pormenorizadamente el equipo que has formado y vuestra experiencia en el sector, y querrá ver un prototipo del producto o servicio y conocer las impresiones de quienes lo han probado.

Pensando en quien lo va a leer, cuida del resultado final, desde la ortografía y la gramática a la claridad de los contenidos —con un índice, páginas numeradas y anexos con documentación de apoyo— y la encuadernación.

# 4

# El estudio de mercado

Tu estudio de mercado te ayudará a conocer el entorno en el que vas a aterrizar con tu proyecto, desde el público objetivo y las posibilidades de aceptación del producto o servicio que quieres ofrecer, hasta los que van a ser tus competidores y cómo están dando respuesta ahora mismo a esa necesidad de los consumidores. Entender bien ese mercado es muy importante para lograr el éxito. No sólo debes conocer su funcionamiento, sino también las tendencias, el potencial de crecimiento, la relación entre las necesidades de tus clientes y su comportamiento y las razones que les llevan a tomar su decisión de compra.

La realización de un estudio de mercado es una herramienta, por tanto, para la toma de decisiones posterior, pero también para conocer el mercado –características, potencial, tendencias…–, el comprador –características, necesidades, comportamientos…–, los canales de acceso a tu público, la forma de trabajar de la competencia, la viabilidad de tus estrategias –desde el diseño del producto a su precio y la forma de distribuirlo– y los propios objetivos de la empresa que te planteas poner en marcha. Aunque el resultado no garantiza el éxito de tu aventura, reducirá el margen de error de tus decisiones y enriquecerá tu plan de negocio.

El estudio de mercado consiste básicamente en la recopilación de datos y su posterior análisis. El resultado te ayudará a tomar decisiones acertadas, desde el propio diseño de tu producto o servicio hasta el precio y los objetivos de ventas. Por eso, es importante que escojas bien las técnicas de recopilación de datos y las utilices con público real; es decir, no te conformes con preguntar a familiares o amigos, porque su afán por ayudarte puede tergiversar los resultados. Puedes hacer un estudio de calidad con pocos recursos o contratarlo a una empresa, no tiene por qué ser tan caro. Lo importante es que tengas en cuenta que el estudio de mercado no se hace sólo para empezar un negocio, sino cada vez que quieras tomar una decisión relevante que pueda influir en su futuro. A no ser que seas una especialista en la materia, te recomiendo que te apoyes en una empresa del ramo para esos otros posibles estudios que puedas afrontar en el futuro. Para este primer estudio, te propongo algunas ideas en las próximas páginas.

Según Sara González Servant y Cristina Jiménez Díaz, socias de la cooperativa de investigación de mercados Indaga Research (www.indaga-research.com), para garantizar el resultado de tu estudio debes contar con dos recursos fundamentales: tiempo y dinero. «En ocasiones, es mejor no realizar un proyecto donde la falta de recursos ponga en riesgo la integridad de este y la fiabilidad de sus resultados –explican–, e incluso la puesta en marcha de las recomendaciones provenientes de la propia investigación de mercados. Es, por tanto, conveniente recordar que una investigación de mercados debe realizarse cuando el valor de la información que genera supera el coste que supone llevarla a cabo».

Cuando Gemma Cernuda decidió crear una agencia de comunicación en Barcelona, el estudio de mercado prácticamente invadió su idea y la reconfiguró hasta convertirla en un altavoz del poder de decisión de las mujeres. Hoy Gemma mantiene su agencia, Peix&Co (www.ellasdeciden.com), pero sobre todo es una activista del poder de decisión de las mujeres. Con seis libros publicados, imparte conferencias por muchos países:

> Hace unos años, me di cuenta de que la cita como recurso comunicativo es perfecta, con pocas palabras provoca una reflexión que ya alguien muy sabiamente ha hecho. No hace falta inventar eslóganes porque ya hay una cita perfecta para ese fin, así que me planteé hacer campañas de comunicación con ellas. Estaba en Nueva York, donde viví el 11-S, y esa terrible experiencia me empujó a dejar de dudar y lanzarme: era mejor equivocarme, pero al menos lo habría intentado. Al regresar a España creé Peix&Co y empecé a investigar. Choqué con una realidad que no me

Gemma Cernuda es autora del libro *Ellas deciden. Estrategias para convencer a quien realmente decide en las compras. La mujer.* ©Juan Ramón Gómez

gustaba: sólo tropezaba con citas de hombres, así que, aun sabiendo que me complicaría la vida, decidí que sólo trabajaría con citas de mujeres. El principio fue difícil porque la idea era rompedora. Empecé creando una colección de postales para enseñar el producto en sí, pero me di cuenta de que era mejor acercarme a las empresas directamente. Poco a poco, fueron saliendo las primeras campañas, que provocaron un boca a oreja. Por ejemplo, la presentación en España de la atracción Top Of The Rock del Rockefeller Center de Nueva York, con la cita de Eleanor Roosevelt: «El futuro es de los que creen en la belleza de sus sueños». Después pude alquilar una oficina y contratar a una persona, y eso ya me creó unos costes fijos que me obligaban a seguir luchando. He reunido miles de citas, estoy constantemente leyendo, escuchando e investigando. Aceptar una cita no significa que comparta lo que dice, sino que me ha hecho reflexionar. En mi anterior etapa profesional creaba marcas, y conozco todo lo que hay detrás. Lo primero que debe conocer el cliente son los valores de su marca, y a partir de ahí le buscamos una cita que los potencie. Aplicamos las citas al *merchandising* de nuestros clientes, desde *stands* de ferias, camisetas y tazas de café hasta agendas. Tengo clientes de sectores muy distintos, aunque, evidentemente, no trabajo continuamente para todos. Con la crisis, muchas empresas se replantean si la comunicación que hacen es la correcta, si están conectando bien o no con el 80 % del poder de compra que tiene la mujer. De ahí ha surgido una nueva faceta de mi trabajo, la feminización de la comunicación, que transmito a través de conferencias para directivos sobre lo que he llamado el Decálogo+1 de la Comunicación en Femenino. Las mujeres deciden y no se sienten reflejadas en la publicidad que se está haciendo.

En una evolución de este discurso, Gemma Cernuda ha creado lo que denomina el GenderFilter, un filtro de género con el que trata de explicar a las marcas por qué sus anuncios no conectan con la mujer. Así lo expresó en el Inspiration Day de Womenalia, en junio del 2014: «Si las marcas aplican un filtro de género que les ayude a conectar con las mujeres sin excluir a los hombres, no sólo tendrán marcas más femeninas, os aseguro que serán mucho más rentables». Para conocer los detalles, recomiendo que visites su web, que te dará muchas y buenas ideas.

## Qué resultado buscas

Como ya he comentado, el estudio de mercado es un paso necesario para iniciar un nuevo proyecto, pero volverás a necesitarlo cuando quieras realizar cambios importantes, crecer, franquiciar, introducir nuevos productos. Sara y Cristina, de Indaga Research, cuentan que antes de iniciar un estudio de mercado, «es necesario reflexionar acerca del resultado que quieres obtener». Con ese fin, plantean seis preguntas y un abanico de posibles respuestas, aunque la tuya no tiene por qué ser una de ellas. Analízalas y trasládalas a tu proyecto:

1. ¿Por qué se realiza una investigación de mercado?
   - Mejorar la imagen.
   - Aumentar la clientela y la participación en el mercado.
   - Desarrollar una campaña promocional adecuada.
   - Decidir la ubicación de una nueva tienda.

2. ¿Qué información debería obtener?
   - Frecuencia con la que diferentes departamentos se visitan debido a categorías específicas de productos.
   - Información concerniente a las primeras hipótesis que se plantean antes de realizar la investigación.

- Datos socio-demográficos de estilos de vida y hábitos de consumo.

3. ¿Quiénes son las personas objeto de mi investigación?
- Cualquier persona que entre a la tienda, compre o no.
- Cualquiera que compre cualquier cosa de la tienda.
- Cualquiera que haga compras en la tienda al menos una vez al mes.
- La persona en el hogar que sea responsable de hacer las compras.

4. ¿Cuándo debería obtenerse la información?
- Antes de las compras.
- Durante las compras.
- Inmediatamente después de las compras.
- Algún tiempo después de las compras, para dar tiempo a que evalúen su experiencia al comprar.

5. ¿Dónde obtengo la información?
- En la tienda.
- Fuera de la tienda pero dentro del centro comercial.
- En el estacionamiento.
- En casa.

6. ¿Cómo se va a obtener información de los encuestados?
- Observación de la conducta de los encuestados.
- Sesiones grupales o grupos de discusión.
- Entrevistas en profundidad.
- Encuestas personales, telefónicas, postales u *on-line*.

Todas estas preguntas te ayudarán a definir la información que quieres obtener con tu estudio. Pero ahora tienes que decidir qué tipo de recogida de información quieres hacer.

Isabel Guillamón y Lola Galindo me aseguraban cuando las entrevisté que no se habían saltado ningún paso cuando empezaron a poner en marcha Nail's Secret (www.nailssecret.es), y es que habrían puesto en riesgo una inversión de 40.000 euros. «Lo preparamos todo bastante bien —contaba Isabel—, hicimos todo lo que conlleva montar un negocio, desde analizar el mercado y

Nail's Secret

Isabel y Lola descubrieron
que en Nueva York había
establecimientos dedicados
exclusivamente a la manicura,
les apasionó la idea y la
importaron a Madrid.

la competencia hasta las necesidades de financiación, y mientras
seguimos en nuestros trabajos, hasta que ya por fin... yo empecé
a hacer un máster y le dije a Lola que nos lanzáramos, que había
llegado el momento en el que podíamos buscar local. Tardamos
dos meses en encontrarlo y un mes más tarde ya abrimos». Dos
años después, ya tenían tres establecimientos en Madrid.

En un viaje que hicimos juntas a Nueva York [cuenta Isabel]
nos dimos cuenta de que la manicura empezaba a vivir un
*boom* en España, y pensamos que si montábamos algo juntas,
era el negocio perfecto para combinar mi experiencia financiera y la de Lola en el mundo del diseño. Vimos una oportunidad muy clara y cada una aportamos cosas que la otra no
tiene. Nos dimos cuenta de que en España no había salones
de diseño, los que había eran muy pequeñitos, en sótanos o
en pisos [interviene Lola]. Somos muy exigentes y queremos
no sólo traer la calidad a la manicura sino también trasladar
un poco la moda a las manos. Creemos que es fundamental
vivir la experiencia de la manicura, no hacértela porque sí,
sino elegir entre una carta de cien colores como cuando vas a
una tienda a ver ropa. Estuvimos un año preparando todo y
abrimos en marzo del 2011. No nos saltamos ningún paso de

lo que es un plan de empresa. Yo hice los números [explica Isabel] y Lola se encargó de los proveedores y el diseño. Sabemos muy bien hasta dónde entra cada una, siempre consultándonos mutuamente. No desconectamos ni en vacaciones. Nos hemos autofinanciado. Éramos conscientes del coste que tiene pedir ayuda financiera, sobre todo hoy en día, y preferimos crecer lento pero seguro. Lo más complicado ha sido gestionar las licencias, no hay un sitio al que puedas ir directamente a informarte de todo lo que necesitas. Hay dudas que van surgiendo sobre la marcha y es muy complicado planificar las ventas que vas a tener. En los primeros meses ya nos posicionamos entre los mejores centros de manicura de Madrid. El diseño ha tenido tanto éxito, que marcas de belleza ya han celebrado aquí alguna presentación de producto. Crear una clientela fija es fundamental, y la clienta de la manicura es similar a la de la peluquería, pero también hay muchos esporádicos.

## LAS FUENTES EN LAS QUE DEBES EXPLORAR

Existe una gran diversidad de fuentes a la hora de hacer un estudio de mercado. Por eso, tu primera tarea será seleccionar las más adecuadas para tu caso. En una primera diferenciación, encontramos las fuentes primarias (cualitativas y cuantitativas) y las secundarias (internas y externas). Es conveniente que combines las primeras para conseguir una información más precisa: las cualitativas te ofrecerán un gran conocimiento del mercado, y las cuantitativas te darán datos que podrás convertir en números. Entre las fuentes cualitativas, destacan las entrevistas en profundidad, las reuniones de grupo y algunos test. La más común entre las cuantitativas es la encuesta, que se puede hacer personal, telefónica, postal o por internet. Los datos de las fuentes secundarias los puedes obtener de las propias cifras que manejas para tu idea de negocio y de los informes, estudios, bases de datos y estadísticas publicados por terceros.

- *Grupos de discusión.* Cuando quieras saber lo que el público piensa sobre un producto, servicio o marca, las técnicas cualitativas te ayudarán a tener una percepción del entorno. En este sentido, te sirven también para definir las preguntas que plantearás posteriormente al hacer, por ejemplo, una encuesta. En los grupos de discusión debes dejar hablar a los participantes con libertad y tomar nota de aquellos aspectos a los que dan importancia y que quizá tú no habías considerado.

Para tener un buen resultado, Indaga Research recomienda que el grupo tenga de ocho a doce personas con características homogéneas que respondan a tu público objetivo, como sexo, edad, rango salarial, categoría profesional y nivel de consumo. El lugar donde se reúnan debe ser cómodo e informal, que no las condicione, y la sesión no debe durar más de tres horas. Es conveniente utilizar una grabadora de sonido e incluso de vídeo, porque a veces el lenguaje no verbal es muy importante en estas sesiones. Eso sí, avísales de que vas a grabar todo, aunque sólo sea para tu uso particular. Un moderador neutral se encargará de guiar la conversación para llevarla a los temas de tu interés siempre que el tema objetivo de observación se diluya.

- *Prueba de mercado.* Consiste en un grupo de discusión al que se da a probar un producto o servicio que aún no se ha lanzado al mercado, para conocer sus impresiones y poder hacer las correcciones necesarias.
- *Entrevista en profundidad.* Se trata de entrevistas personales en las que el entrevistador indaga en las motivaciones, creencias, actitudes y sentimientos subyacentes del entrevistado. Debes tenerla bien estructurada y también te conviene grabarla para el análisis posterior, porque es tan importante lo que se dice como el orden y la forma en que se dice y el lenguaje no verbal alrededor de la respuesta.
- *Observación.* Consiste en observar a personas, situaciones y comportamientos variados que aporten información a tu investigación. Puede ser una observación participante, si el observador forma parte de la situación, o no participante, cuando se mantiene al margen.
- *Mistery shopping.* Por mucho que te cueste, es muy recomendable analizar de primera mano a tus competidores, y eso incluye la técnica del *mistery shopping* (comprador misterioso). Consiste en que el observador se hace pasar por un cliente y comprueba cómo funcionan las empresas de la competencia, qué atención prestan, cuáles son sus debilidades y fortalezas. Te servirá para aplicar nuevas ideas y para

evitar posibles errores. Y, por supuesto, para diferenciarte de la competencia.

- *Brainstorming.* Es similar al grupo de discusión, pero los participantes son conscientes del objetivo de la reunión y aportan sus ideas desde diferentes puntos de vista. El *brainstorming* [tormenta de ideas] consiste básicamente en que cada uno diga cualquier cosa que se le ocurra respecto al objeto de discusión, pues entre mil ideas aparentemente absurdas puede surgir una idea brillante, especialmente al ponerlas todas en común.

- *Encuesta.* Esta técnica cuantitativa te servirá para obtener datos objetivos, números que se traducirán en aceptación o rechazo de la forma en que estás preparando el lanzamiento de tu empresa. El perfil de los encuestados debe responder al de tu cliente objetivo, y el número de encuestados debe ser significativo para poder extrapolar el resultado a la población general. Debes diseñarla con un objetivo, y distribuir las preguntas de forma que el encuestado no se canse y abandone antes de terminar. Al principio, puedes incluir una serie de preguntas que te ayuden a determinar si el encuestado realmente pertenece al público objetivo de tu estudio, para poder interrumpirla a tiempo si no es de tu interés. Empieza con preguntas sencillas antes de ir al fondo de la cuestión, y divídelas en grupos, con las más difíciles en el centro para que el entrevistado se relaje antes de terminar. Puedes combinar preguntas dicotómicas –con sólo dos posibles respuestas– con otras de respuestas múltiples entre las que elegir e incluso algunas abiertas, a las que el entrevistado debe responder abiertamente, sin condicionamientos. Si hay muchas preguntas delicadas, no las hagas todas juntas, rompe el ritmo, y asegúrate de que cumples la ley de protección de datos si pides datos personales.

También puedes utilizar datos extraídos de publicaciones profesionales, estudios oficiales e incluso de las redes sociales, pero ten mucho cuidado y asegúrate de contrastar esas fuentes, porque internet está plagado de información falsa que puede tergiversar todo el resultado de tu trabajo.

No conozco los medios que emplearon Alicia Vañó y Dana Knowles cuando crearon su primera tienda de productos norteamericanos importados, muy cerca de la embajada de Estados Unidos, pero me explicaron que estudiaron a conciencia el mercado para comprobar si su negocio se limitaría a los nacionales de aquel país afincados en Madrid. Y sin duda supieron entender lo que su investigación les había indicado. «No había nada en el mercado, prácticamente ni en Europa, entonces no había ni restaurantes tex-mex, algunos restaurantes americanos empezaban a tener algo, pero muy poca cosa», me contaron. Invirtieron 60.000 euros en el primer local de Taste of America (www.tasteofamerica. es), en 1995, y crecieron como la espuma. En el 2009 facturaron 2.400.000 euros y decidieron iniciar la expansión en régimen de franquicia, y pusieron esta parte del negocio en manos de sus respectivos maridos. En la actualidad, ya tienen seis establecimientos propios y trece en franquicia, una de ellas en Rabat (Marruecos), la primera fuera de España.

> Nuestros maridos son amigos desde que eran pequeños. Yo soy de Arkansas [explica Dana] y un amigo nos preguntó dónde conseguíamos los estadounidenses todo lo que echábamos de menos. En la embajada de Madrid importan sólo para sus empleados, y cuando cerró la base de Torrejón, algunos españoles que tenían acceso se habían acostumbrado a comprar allí. Así que Alicia tuvo la idea de abrir una tienda para vender productos norteamericanos y yo, por mi origen, fui un poco la respuesta. Pronto vimos que a los españoles también les gustaba venir a comprar, y hoy son el 80 % de nuestro público. Incluso teníamos clientes que hacían escala en Madrid y venían en taxi desde el aeropuerto. Hemos viajado mucho para escoger las marcas, que son casi todas exclusivas, porque cuando existen en el mercado español, ya no son interesantes para nosotras. Con el tiempo, debido a la demanda, empezamos a distribuir algunos productos más populares a tiendas *gourmet,* supermercados y grandes almacenes. Tenemos un buen suministro, y cuidamos mucho el etiquetaje, el paso de las aduanas (que son muy complicadas y estrictas), las fechas de caducidad y el precio. Vamos apuntando lo que los clientes nos piden, acudimos a ferias y viajamos constantemente. Nuestro público es muy exigente y sabe mucho. Además de las cosas que son divertidas, como los preparados para hacer repostería, conocen las nuevas tendencias, la comida ecológica,

Las complicaciones de importar productos alimenticios no hicieron mella en la determinación de Dana y Alicia, que sabían que su propuesta iba a gustar.

los alimentos sin gluten, los nuevos edulcorantes, y también procuramos tener productos bajos en carbohidratos. Cuando abrimos, había que romper el tópico, nos preguntaban si traíamos hamburguesas, cuando en Estados Unidos tienen los mejores cereales del mundo, las mejores *cookies,* las mejores salsas; había que expandir ese mensaje, y lo seguimos haciendo cada día. Muchos nos preguntan por qué no hicimos antes el proyecto de expansión por franquicias, pero no teníamos la seguridad de la central de compras, por el volumen, por las exclusividades y porque la importación es muy complicada. Ofrecemos un surtido muy amplio, desde la levadura especial para los bollitos de canela hasta la decoración para el *cupcake,* los dulces para Halloween y la salsa de arándano para el pavo, además de utensilios de cocina. Todos los meses aportamos novedades. También estamos desarrollando nuestra propia marca, tenemos proveedores que fabrican y envasan para nosotras. Las fiestas típicas atraen a mucho público.

### ANÁLISIS DE DATOS Y REDACCIÓN DEL INFORME

Después del trabajo de campo, llega la fase de extracción y análisis de los datos. Esta empieza por la revisión, codificación, transcripción y verificación de la información obtenida a través de las diferentes técnicas utilizadas. Empieza transcribiendo las grabaciones de las técnicas cualitativas, incluyendo una descripción del lenguaje no verbal, la interacción cuando hay dos o más participantes y todos los detalles que puedan ser relevantes para el objetivo de tu investigación.

En el análisis de la información cuantitativa, hay una primera fase de codificación de las preguntas y respuestas, con la asignación de códigos numéricos que a continuación se trasladan a una base de datos en tu ordenador –lo habitual es utilizar SPSS o Excel– para convertirlos en estadísticas.

El informe final es la plasmación de todo tu estudio y lo primero que analizarán los inversores antes de preguntar por la forma en que has obtenido los datos. Será, además, tu guía de cabecera. Deberás plasmar en él el objetivo con el que iniciaste el estudio, el enfoque, diseño y procedimientos utilizados. A continuación, los principales resultados de forma clara y concisa y utilizando tablas y figuras gráficas siempre que faciliten su comprensión y la toma de decisiones derivada de su consulta.

Cuando Lupina Iturriaga decidió crear Fintonic (www.fintonic.com), una herramienta *on-line* que había conocido en otros países pero que no existía en España, invirtió todos sus ahorros, pero aún le faltaba mucho para alcanzar los 1.100.000 euros que necesitaba. Y no habría logrado el apoyo de un grupo de inversores, todos españoles, por cierto, si no les hubiera presentado un estudio de mercado bien elaborado. Aun así, cuando lo puso en marcha en noviembre del 2012, después de dieciocho meses de desarrollo, me relataba: «He tenido miedo porque no sabía si iba a calar en el mercado español, hemos hecho una inversión grandísima con la expectativa de que funcione bien. Pasas estrés y muchos días sin dormir pensando si va a funcionar».

Fintonic es una herramienta web gratuita que importa automáticamente los movimientos de todas tus cuentas y tarjetas en un mismo sitio para que las veas ordenadas y sepas lo que gastas y en qué. Después te hace un diagnóstico y te da recomendaciones para ahorrar según tu perfil. La primera reticencia es dar las claves, pero utilizamos la misma seguridad que la banca *on-line*, y sólo el usuario puede ver sus movimientos. Cuando trabajaba en Nueva York, vi que allí había webs similares. Al volver a España, seguí en el sector financiero, pero quería hacer algo útil

Una de las dificultades que encuentra Lupina es la reticencia de los usuarios a dar sus claves de acceso, aunque no sirven para operar sino sólo para consultar, y ningún empleado puede ver esos datos; está todo informatizado.
© Mateo Liébana

para el usuario final; por eso decidí importar esa idea. Hemos investigado a fondo un servicio que existe en otros países para mejorarlo y adaptarlo al perfil español. Hemos estudiado el mercado español y todas las herramientas que hay en otros países. Había un nicho de mercado porque hay millones de usuarios de banca *on-line*, gente habituada a hacer compras por internet y que tendría que tener esta herramienta que les ayuda a gastar mejor su dinero.

Y como hemos hablado de la necesidad de hacer estudios de mercado específicos para afrontar nuevas fases del negocio, voy a recordar ahora la empresa de productos capilares de lujo que Miriam Quevedo abrió en el 2005 con su propio nombre (www. miriamquevedo.com). Su especial interés por llegar a diversos mercados extranjeros la obligó a adaptar su producto a diferentes gustos, como los que se encontró en Japón y Corea, donde supo responder y logró un nuevo éxito para su marca:

Tenemos unos laboratorios cosméticos, una empresa familiar que durante más de treinta y cinco años ha desarrollado productos y conceptos para marcas españolas. Después de estudiar Empresariales, tuve la idea de crear una marca propia, aprovechando ese saber hacer, con la vista puesta sobre todo en el mercado extranjero. Al definir los productos que quería comercializar, buscaba que fueran novedosos y de alta calidad, con una gran capacidad de principios activos y que estuviera destinado a un segmento de público con un poder adquisitivo

Los exclusivos champús de oro y de platino de Miriam Quevedo no sólo aportan lujo sino propiedades nutritivas. El de caviar, por ejemplo, está indicado para casos de caída del cabello.

medio-alto. Empecé con la gama facial, que lancé en el 2005, y en el 2007 nació la gama capilar, para la que decidí utilizar ingredientes lujosos. Ahí es donde nació nuestro producto estrella, la gama Extreme Caviar. Pensamos en los productos capilares como si fuesen una crema, para que actuaran a diferentes niveles, y el caviar fue nuestra primera apuesta, porque vimos que ayuda a la hidratación del cabello. Funcionó muy bien y decidimos seguir desarrollando un producto innovador para el pelo. El segundo lanzamiento incorporó oro de 24 quilates para otorgar más reflejos y luminosidad a los cabellos dorados. Fuimos la primera empresa que introdujo, en Europa, el oro para el cuidado capilar. El último producto que hemos lanzado lleva platino y diamante, y su objetivo es dar mucho volumen al pelo y recuperar la energía electrostática, dándole un brillo nuevo. A nivel internacional, España está consiguiendo un buen prestigio, estamos por encima de la media, por detrás de Francia. En el mercado extranjero partí de cero, los comienzos fueron duros, ya que no tenía experiencia. Las primeras ferias son para aprender, requieren de una inversión muy fuerte y tienes muy poco tiempo para prepararlas. Fue en la segunda donde nos tomaron más en serio y conseguimos clientes más importantes, y el 2007 fue el año del despegue. Desde entonces hemos crecido todos los años.

# 5
# La inversión y el plan financiero

El capital con el que pongas en marcha tu empresa es uno de los factores primordiales para lograr el éxito. La naturaleza del negocio que vas a emprender y las previsiones de crecimiento que hagas van a requerir una inversión inicial, pero también, posiblemente, futuras inyecciones de dinero para afrontar sucesivas etapas. Es importante que desarrolles un plan económico financiero que te permita adelantarte a esas necesidades, tanto como mantener siempre un colchón económico para los momentos delicados. Lo habitual es que tu nueva empresa, en sus comienzos y hasta que coja ritmo, no dé beneficios. Mientras, tendrás que afrontar pagos de alquileres, materiales e impuestos. Y si creces demasiado rápido y no estás preparada, si los pedidos superan ampliamente tu capacidad de producción, tu negocio podría morir de éxito, y no sería el primero.

El plan financiero es una herramienta que, en primer lugar, te dirá si tu idea de negocio es viable económicamente y si será rentable. Llegados aquí, lógicamente, ya tendrás claro si tu sueño es vivir de tu trabajo, hacerte rica con tu empresa o crear un negocio muy atractivo para venderlo en un futuro más o menos próximo. El fundador de las ópticas Yuste, de alguna forma, combinó inteligentemente estas opciones: vivió bien de su negocio, y cuando le llegó la edad del retiro, lo vendió a buen precio y se pudo permitir una holgada jubilación. Y no se olvidó de sus hijas, pese a lo que en un primer momento puedas pensar cuando leas esta entrevista que les hice después de que abrieran su propia óptica. Lo que su padre pretendía era que ellas aplicaran sus propios conocimientos

sin encontrarse nada regalado, a pesar de que llevaban años trabajando con él. De hecho, ni siquiera pudieron utilizar su propio
apellido, por lo que decidieron llamarla Kepler (www.opticake-
pler.com). Su padre no deja de visitarlas asiduamente y las asesora
en lo que puede, orgulloso, sin duda, de que sus hijas no sean
simples herederas del negocio que él creó, sino dignas fundadoras
de uno nuevo.

Ana e Isabel Yuste comenzaron con una inversión inicial de
150.000 euros que sirvieron para adecuar el local y comprar maquinaria y *stock,* además de guardar una parte para hacer frente a
gastos imprevistos. Isabel es óptica optometrista y Ana, licenciada
en Derecho, asume la labor comercial. En su primer ejercicio
superaron los 220.000 euros de facturación. Poco después se les
unió otra hermana, Cristina, que no pudo estar desde el principio
porque tenía otros compromisos laborales:

> Nuestro abuelo tuvo dos ópticas en Zafra (Badajoz) y luego
> nuestro padre llegó a tener tres en Madrid, las ópticas Yuste.
> Cuando se jubiló, las vendió a una multinacional. Nosotras
> trabajábamos con él y yo me fui a una clínica de oftalmo-
> logía y a dar clases de Optometría en el CEU, porque no
> compartía la política de la nueva empresa [explica Isabel].
> Durante dos años, por contrato, no podíamos trabajar en
> una óptica si no era con ellos. Después nos planteamos
> montar un nuevo negocio, esta vez las dos solas [añade Ana].
> Seguimos la misma política que hemos tenido siempre, de
> profesionalidad y calidad. Mucha gente asocia óptica a gafas
> baratas, pero somos el primer centro sanitario al que viene
> una persona con molestias. Y está la estética y la calidad
> del cristal. Cuesta dar a entender que, igual que la crema
> protectora es necesaria para la piel, las gafas de sol protegen
> la retina. No tenemos la capacidad económica de las multi-
> nacionales para lanzar este tipo de campañas. Cuando has
> tenido el negocio que teníamos y de pronto empiezas de
> cero, es duro, y más a nuestra edad, que no hemos dejado
> de trabajar nunca, compatibilizando con niños [dos hijas
> Ana, una Isabel], casa, etcétera. Los instrumentos ópticos
> que tenemos son de última generación, y estamos entrando
> en nuevos campos que no son muy conocidos, como la baja
> visión, para las personas que tienen una patología ocular con
> un resto visual muy pequeñito. Estamos muy contentas
> con la facturación que hemos alcanzado desde el primer

año. Nos comunicamos con los clientes por móvil y correo electrónico para recordarles las citas, seguir su evolución y comunicarles las promociones. Y tenemos ventajas para los habituales, como el pago a seis meses, que nos costó un año conseguir, porque los bancos, antes de darte esa fórmula, se tienen que asegurar de que puedes afrontarla. Abrir fue difícil, el ayuntamiento nos pedía muchísimos papeles para la licencia, porque el local antes tenía otra actividad. La única satisfacción nos la dio la Cámara de Comercio de Madrid, que nos concedió una subvención de casi seis mil euros, que nos vinieron muy bien.

## AUNQUE DELEGUES EN UN GESTOR, DEBES SABER CÓMO SE HACEN LAS CUENTAS

Elaborar un plan económico financiero te ayudará también a calcular cuáles serán tus necesidades económicas en las diferentes etapas de la vida de tu negocio, y si podrás afrontarlas con fondos propios. Si no tienes suficiente, tendrás que buscar otras vías de financiación, que revisaremos en la segunda parte de este capítulo. Pero antes vamos a repasar algunos términos que deberás aprender a controlar, aunque decidas poner tus finanzas en manos de un gestor. Lo que a continuación te cuento lo deberás aplicar en dos fases: primero, en tu plan de negocio, haciendo previsión de todos los gastos e ingresos y, segundo, en el día a día de la empresa cuando ya esté en marcha.

Los fondos propios son los que aportan los socios y los que la empresa genera —beneficios— o pierde con su actividad. Se pueden aumentar por ampliación de capital, en la que puede variar la participación de los socios en función de lo que cada uno aporte; y de la misma forma se pueden reducir mediante reparto de dividendos o incluso para la liquidación de la sociedad.

El *cash flow* o flujo de caja es la cantidad de dinero en efectivo que tienes en un momento determinado, y que puede variar mucho en función de los pagos y cobros que realices. Ten en cuenta que cuando un negocio empieza, todos los proveedores te van a exigir el pago por adelantado; tardarán un tiempo en confiar en ti y permitirte pagar a treinta o a sesenta días. Eres el eslabón débil de la cadena, porque al mismo tiempo tus clientes tratarán de demorar el pago de tus servicios, por lo que te puedes ver en una situación de insolvencia virtual que puede ser muy peligrosa para tu negocio. En este sentido, debes aprender a ser enérgica para negociar tus pagos al mismo tiempo que exiges a tus clientes, con mano izquierda, que te abonen tus facturas.

Un negocio puede ser rentable pero tener problemas de liquidez, por ejemplo por la circunstancia que te acabo de explicar. Determinar el *cash flow* te ayudará a detectar esos problemas de liquidez, y los inversores te lo pueden pedir para estimar la viabilidad de su posible inversión. También puede servir como indicativo de la rentabilidad de tu empresa.

Todas las empresas están obligadas a llevar una contabilidad y presentar sus cuentas anuales en el Registro Mercantil. La contabilidad es un registro de información de ingresos y gastos que te permite rápidamente saber si tienes *cash flow*, si tu empresa es rentable e incluso el beneficio que obtienes de cada venta de tu producto o servicio, lo que te facilita realizar previsiones para próximos ejercicios. La cuenta de resultados se obtiene restando los gastos de los ingresos.

Los gastos de explotación son los derivados de la propia actividad, desde el alquiler de un local hasta la materia prima que utilizas para fabricar tu producto o la maquinaria que necesitas para desarrollar tu labor. Los gastos se consideran extraordinarios cuando no son habituales ni necesarios para el discurrir habitual del negocio. Las comisiones bancarias y otros gastos derivados de tus movimientos de capital forman un capítulo aparte, el de los gastos financieros. Con el mismo criterio, los ingresos pueden ser de explotación, extraordinarios y financieros.

En tu contabilidad debes especificar el consumo de materiales necesarios para la labor de tu empresa, así como la amortización de la maquinaria. La amortización es una figura regulada por ley que se calcula según la vida útil de la máquina con un valor económico máximo anual y un número máximo de años en función del bien del que se trate, ya sean ordenadores, máquinas de coser o un ciclotrón como los que tienen instalados las hermanas María y Ainhoa Alfonso en el Instituto Tecnológico PET (www.petmadrid.com) para el diagnóstico precoz de cáncer y alzhéimer. Esta empresa familiar, pionera en España en la generación y comercialización de radiofármacos, nació en 1995 con un ciclotrón, y en el

María (a la izquierda) y Ainhoa Alfonso han tenido que hacer inversiones millonarias para mantener sus ventajas competitivas.

2009, ya con las dos hermanas al frente, invirtió ocho millones de euros en construir el segundo para poder afrontar los pedidos y la creciente competencia.

El Instituto Tecnológico PET (ITP) nació, en 1995, a partir de un convenio de colaboración con la Universidad Complutense de Madrid para la investigación, desarrollo e innovación en proyectos PET-TAC y nuevos radiofármacos PET. Como laboratorio farmacéutico, fabricamos y comercializamos los radiofármacos que se administran a los pacientes para la obtención de imágenes en equipos de diagnóstico médico que emplean una tecnología puntera para la detección y seguimiento de cáncer y alzhéimer. También tenemos un servicio de diagnóstico médico, con el que gestionamos el Servicio de Medicina Nuclear en el Hospital Oncológico MD Anderson Internacional en Madrid, referente europeo en tratamiento oncológico. Los inicios fueron muy duros. ITP trajo la tecnología PET-TAC a España muy pronto y al principio sólo suministraba a un hospital, por lo que tardó mucho más de lo habitual en producir beneficios. Con el tiempo, pudimos invertir en un segundo ciclotrón –la única empresa que lo ha hecho en España–, el acelerador de partículas con el que se fabrica el isótopo que, unido a la glucosa, ayuda a encontrar las células enfermas. Nos permitió multiplicar por cuatro nuestra capacidad de suministro. Una de las mayores dificultades es que el radioisótopo no es almacenable, se produce de madrugada el mismo día que es utilizado. Hoy esa dificultad se ha convertido en nuestra mayor ventaja competitiva. Esto es de gran importancia si recordamos que el destinatario final son pacientes oncológicos, con el sufrimiento y la carga psicológica que ello conlleva. Tenemos un equipo humano altamente especializado y nosotras llevamos la gestión. Desde el año 2000, recibimos subvenciones en nuestra actividad I+D+I de la Comunidad de Madrid y del Ministerio de Ciencia e Innovación, que nos ha incluido en el Programa Cenit. Poseemos la marca Madrid Excelente, la ISO 9001:2000-08 y la ISO 14001 de medio ambiente, y en el 2004 obtuvimos el Premio Pyme a la Innovación Tecnológica de Ifema y el diario *Expansión*. Nos preocupa especialmente mantener motivados a nuestros cuarenta y cuatro empleados, fundamental en una empresa de estas características; formar a un técnico de laboratorio lleva seis meses. Estamos llevando puestos de responsabilidad, así que estamos disponibles las veinticuatro horas, y en mi caso [María], soy madre de cuatro hijos y viajo a Portugal dos días a la semana; lo puedo hacer gracias a que mi marido se ocupa de la retaguardia, una auténtica conciliación. Yo [Ainhoa] también tengo mucho que agradecer a mi marido, por el apoyo continuo que recibo de él para mi intensa dedicación a la empresa.

## NO IMPORTA LA INVERSIÓN SINO CÓMO CONSEGUIRLA

Como ves, algunas emprendedoras manejan inversiones muy altas, pero esto no significa que sean millonarias ni que lo hayan tenido todo fácil. Si eres emprendedora, lucharás por obtener lo que necesitas para poner en marcha tu negocio, no importa el tamaño que tenga ni dónde tengas que buscar. Si te apasiona tu idea y sabes transmitir esa pasión, encontrarás inversores dispuestos a arriesgar su dinero por ti. En muchos casos, los fondos propios y la reinversión de los beneficios son suficientes para crear una empresa que irá creciendo contigo hasta donde seas capaz de llevarla.

La empresa de Rita Benítez Mota, y antes de ella su propio proyecto como persona, son un hermoso ejemplo de lo que acabo de decirte. Era Arqueología (www.eracadiz.es) supera los cien empleados y tienen como centro de operaciones una finca de doce mil metros cuadrados que Rita heredó de su padre. Allí recibe a más de quince mil niños cada curso de colegios de varias provincias andaluzas, y también se imparten dos asignaturas universitarias. Además se fabrican reproducciones arqueológicas que se venden en los museos andaluces, pero no sólo por el objeto en sí, sino porque reproducen fielmente, para entenderlos mejor, los procesos de fabricación de diferentes épocas de la prehistoria y la historia de Cádiz. Si Rita ha logrado construir esta empresa ha sido por determinación, llámalo cabezonería si quieres, pero es que hasta ir al colegio fue para ella una lucha. Y la ganó.

Nací en una familia humilde y me crie entre mujeres. No sabía leer porque no fui al colegio hasta los once años, tuve que insistir mucho hasta que lo logré. Mis padres querían lo mejor para mí, pero eso para ellos significaba que mis hermanos estudiasen y que yo aprendiese a ser una buena esposa. Les salí un poquito rana. Fui la primera universitaria de mi familia. Mi tía abuela me llegó a hacer un bolso de croché para esconder los libros, porque no lo entendía. Estudié Historia en la Universidad de Cádiz, y me lo pasé estupendamente, pero siempre tenía la espada de Damocles de la beca. Cuando salía de la facultad, impartía clases de alfabetización a señoras de mi barrio, y con ese dinero compraba libros a plazos en una librería de Cádiz. Empecé a excavar con el Departamento de Medieval en tercero, y cuando terminé la carrera, en 1987, tenía ya una formación, así que no tuve ningún problema para encontrar trabajo. Durante diez años compatibilicé el criar a mis tres hijos con las excavaciones, y lo pasé mal. Ahora intento que mis empleadas no sufran lo que pasé yo. En 1998 vino un profesor a una excavación y me comentó que quería traer a sus niños, y le dije que sí. Ahí se me apareció la virgen, me dije que quería hacer algo relacionado con la divulgación. Cuando pensé en la viña de mi padre para montar un laboratorio de arqueología, la gente era escéptica. Ofrecí cursos de formación al centro de enseñanza permanente del profesorado de Cádiz, y ponía a los profesores a tirar con arco, a hacer fuego; les gustaba tanto que me empezaron a traer a sus niños. No sabía ni cuánto cobrar. Invertía todo en mejorar la instalación, con ayuda de mi familia. En principio atendíamos a alumnos de primaria y secundaria –ahora pasan por aquí casi todos los centros de la provincia de Cádiz, además de Málaga, Huelva y el sur de Sevilla, unos quince

Rita Benítez volvió a dar vida a la finca en la que habían estado antiguamente las viñas de su padre. ©Santiago Bringas

mil alumnos al año–, y hace unos años firmamos un convenio con la Universidad de Cádiz para impartir aquí dos asignaturas. En los últimos años hemos ido incorporando nuevos escenarios en los yacimientos más importantes de la provincia (Baelo Claudia, Doña Blanca…). La arqueología experimental consiste en estudiar procesos paleotecnológicos y aplicarlos, desde hacer fuego con dos palitos hasta reproducir fielmente un alfar [horno] romano, como hemos hecho aquí para demostrar científicamente que no tenían cúpula, como se creía. Llevamos este descubrimiento a congresos internacionales, y lo usamos para cocer piezas y explicar a los niños cómo se fabricaban las ánforas. Hemos ido inventando nuevas vertientes empresariales para que siempre haya actividad. Así han surgido las reproducciones arqueológicas, que se venden en las tiendas de los museos andaluces, y la gestión de actividades extraescolares y escuelas de verano, que ha servido para que señoras de mi quinta, que se sacaron el título y lo colgaron en la pared del salón mientras criaban a sus hijos, ejerzan, por primera vez, en muchos casos, su profesión.

## OTROS CONCEPTOS QUE DEBES CONTROLAR

Sigamos con la cuenta de resultados porque, como ya te he explicado antes, aunque delegues las cuentas en una gestoría, te conviene conocer algunos conceptos básicos para llevar las riendas de tu negocio con solvencia. Pues bien, en la cuenta de resultados debes reflejar una serie de cifras en el orden que aquí te indico, pues así lo exige el Plan General Contable:

- Ingresos de explotación: cifra neta de ingresos, una vez deducidos los impuestos y los descuentos que hayas podido aplicar.
- Gastos de explotación: aquí sí se incluyen los impuestos que hayas pagado, además de sueldos, alquileres, gastos de luz, agua, internet, materiales, amortizaciones...
- Ingresos y gastos extraordinarios.
- Resultado financiero: ingresos menos gastos.
- Impuesto sobre los beneficios obtenidos.

Por otro lado, debes aprender a hacer un balance de situación para conocer el patrimonio de tu empresa en un momento determinado. Este balance es la suma de activo, pasivo y patrimonio neto. El activo corriente o a corto plazo lo constituyen las existencias (desde materias primas a productos terminados), los realizables (saldos de clientes, anticipos a proveedores y pagos a cuenta de impuestos) y la tesorería (lo disponible en caja y en el banco), y el activo no corriente lo forman los inmovilizados materiales (el local, el mobiliario, los equipos...), inmateriales (depósitos, patentes, el fondo de comercio...) y financieros (salarios, subcontrataciones...). El pasivo son los pagos pendientes, ya sean por créditos u otras obligaciones. También pueden ser corrientes y no corrientes, según los vencimientos sean inferiores o superiores a un año. Por último, el patrimonio neto lo forman las aportaciones de los socios y los beneficios no repartidos en dividendos. Si un nuevo socio se quiere incorporar a la empresa una vez esté en marcha, deberá pagar una cantidad adicional a su participación, que se denomina prima de emisión.

Todos estos datos servirán para elaborar la memoria anual, que siempre toma como base la del año anterior para, después de una introducción donde se describe la actividad de la empresa, presentar las cuentas del ejercicio, informar sobre la propuesta de aplicación de los resultados, indicar las normas de valoración e información (activos, pasivos, situación fiscal...) y describir los recursos humanos.

En algunos casos, entiendo que la gestión económica hay que delegarla sin ninguna duda, por ejemplo cuando el tamaño de la empresa que has creado mueve grandes cantidades en facturación –ojo, facturar mucho no significa tener muchos beneficios–, y más aún si tu profesión es totalmente ajena a los números, como me confesó Marta Sánchez-Dehesa sobre la clínica que abrió en Toledo con una inversión, entre los tres socios, de 950.000 euros. «Pensábamos como médicos, no como empresarios», me dijo al hablarme de la creación del Instituto Médico Integral (www.imitoledo.es), un edificio de seiscientos metros cuadrados que tuvieron que reformar para convertirlo en la primera clínica de la capital castellano-manchega que ofrece todas las especialidades médicas. Tienen 49 médicos, 10 consultas, laboratorio de análisis, gimnasio para fisioterapia, radiología... y reciben a unos nueve mil pacientes al mes.

> Soy ginecóloga y estaba en un centro público, pero tuve que irme y abrí una consulta privada en un centro médico pequeño. En el 2010 decidí abrir mi propia clínica, se lo propuse a mi marido y a un amigo y me apoyaron. Jugamos con la ventaja de que conocemos muy bien a los médicos que hay en Toledo y sabemos cuáles trabajan muy bien; conseguimos que se vinieran con nosotros. Están todos en la sanidad pública, excepto yo, que coordino el centro. En Toledo, es el primer centro médico grande y con todas las especialidades y sociedades médicas. Cada uno traíamos ya una cartera de pacientes muy importante, y unos pacientes trajeron a otros. Ponerlo en marcha fue complicado por inexperiencia, y la primera persona que llevó la gestión lo hizo fatal. No creímos que necesitáramos una administración. Pensábamos como médicos, no como empresarios. No entendíamos nada de ser empresarios, teníamos muchas lagunas. Un año y medio después hicimos un cambio y entraron dos personas que hacen muy bien esa tarea. Ahora funciona muy bien, y estamos planeando ampliar la clínica para ofrecer nuevos servicios. Van a abrir otros dos centros en Toledo y tenemos que estar preparados para resistir la competencia.

Marta Sánchez-Dehesa y sus socios tuvieron que delegar la gestión administrativa del Instituto Médico Integral para poder centrarse en sus pacientes.

## CÓMO ORGANIZAR LOS COSTES

Todos los gastos que tengas que afrontar deben estar justificados con facturas y responder a una necesidad de tu empresa. Pero no todos los costes son iguales. En primer lugar, tienes unos costes fijos como el alquiler y los suministros de energía, teléfono, internet... Junto a ellos están los costes variables, que van evolucionando o contrayéndose en función de la actividad de la empresa; son las materias primas, las comisiones que pagues a intermediarios, los consumibles... Para gestionar mejor tu negocio y ayudarte a justificar el precio de tu producto o servicio, es interesante que cuando puedas, calcules los costes directos, que son los imputables a determinados clientes. Así podrás establecer mejor el coste de producir cada unidad, el coste por hora de trabajo y el coste que te supone cada empleado. En función de los gastos históricos, podrás hacer una previsión de gastos futuros. Y el precio final de tu producto vendrá determinado por la suma de los costes por unidad más el beneficio que esperas obtener y el IVA.

Además de llevar las cuentas, debes controlar algunos aspectos para evitar problemas de liquidez. Para empezar, debes comparar las cifras de ingresos y gastos en el tiempo para no quedarte sin dinero con el que afrontar tus deudas; que te deban más de lo que tú debes no es una excusa seria ante un proveedor. En segundo lugar, debes asegurarte de que hay un equilibrio suficiente en tus cifras de negocio, desde el endeudamiento y la liquidez hasta la morosidad de tus clientes. El momento que todos los emprendedores esperan y que siempre hay que prever con objetividad en el plan de negocios es el *break even point* o punto de equilibrio, cuando los ingresos de tu empresa por fin alcanzan los gastos.

Para terminar con los aspectos que debes reflejar en tu plan financiero, tienes que calcular la rentabilidad. El beneficio antes de intereses e impuestos dividido entre el activo te dirá cuál es la rentabilidad económica de tu empresa. Y para calcular la rentabilidad financiera, tienes que dividir el beneficio neto entre el patrimonio neto.

Belén Martínez creó su marca de camisetas Milkteeth (www.milkteeth.es) sin dejar de lado su otra empresa, de publicidad, lo que le permitió aprovechar recursos para la creación de la página web. En su caso, la optimización de ingresos y gastos la ha llevado hasta una situación prácticamente de producción bajo demanda, pero antes tuvo que encontrar otro equilibrio, el del gasto en materias primas; en definitiva, tiene *stock* de materiales pero no de producto terminado.

> Llevo casi quince años años dirigiendo una de las sociedades de la empresa de publicidad que fundó mi padre hace cuarenta años. En el sector de la publicidad, te tienes que ajustar mucho a lo que te marca el cliente, y muchas veces no puedes hacer lo que te apetecería. Milkteeth surgió en el 2009 de una racha de trabajos muy tediosos. Tomando un café con uno de los directores de arte con los que colaboro, que además es un buen amigo, le comenté que estaría muy bien hacer algo con más libertad, que pudiésemos diseñar lo que nos apeteciese. El nombre surgió antes que la idea de las camisetas, porque el concepto es justo eso: *milk teeth* son 'dientes de leche' en inglés, porque pensábamos lo bien que estaría volver a la niñez, cuando eres totalmente libre, sin ningún tipo de prejuicios. Me apetecía transmitir esa sensación. Por la noche en casa, como soy un poco hiperactiva, a las dos de la mañana me puse a trastear y saqué mi colección de retales, que siempre he ido comprando porque me encantan las telas, y pensé que podía ponerlos sobre una camiseta blanca, porque me encanta ese color. Empecé a juguetear con diferentes tejidos y de repente,

Belén Martínez Prieto fue reduciendo costes a medida que iba encontrando proveedores mayoristas para sus camisetas y sus envoltorios.

a las tres de la mañana, di con la idea. Vi que no podía ser serigrafiada ni pintada, sino usando la misma tela. Me obsesioné con el tema, y como durante el día no tenía tiempo, por las noches, durante dos semanas, estuve buscando soluciones, hasta que me decidí por el bolsillo. Hice los primeros modelos con una modista, mezclando estampados para las diferentes combinaciones de bolsillos, que se fueron perfeccionando, y así me pasé el verano del 2009. Durante las vacaciones busqué proveedores, incluso para el envase, porque la presentación está muy relacionada con mi trabajo de publicista; al final opté por la caja de *pizza* normal. Decidí dejar el lanzamiento para esta primavera, y durante el otoño estuve creando nuevas ideas, desde el bolsillo tipo canguro a la sudadera y una línea de pantaloncitos con camiseta para niños hasta ocho años. En la página web, que gestiono desde casa, eché el resto, para enlazarla mucho con las redes sociales, que tienen un efecto multiplicador. También está en inglés. Como el cliente elige la combinación, se van haciendo bajo pedido y es muy difícil que haya dos iguales. Es muy cómodo porque no tengo que guardar material que no vaya a vender. La camiseta blanca es básica, de algodón 100 %, y es lo único que tengo en *stock*. Tengo una previsión de las tallas que más se venden. Creo que es una clave para el éxito del negocio. Los proveedores son algo vital, porque hasta que encontré, por ejemplo, al de los lazos para el envoltorio, estuve comprándolos en la mercería de la esquina y me encarecía muchísimo el coste. Todo eso lo he ido aprendiendo, y ahora ya estoy rodeada de proveedores buenísimos, incluso de tejidos, ya no los compro en cualquier sitio, aunque sí sigo buscando cuando viajo, en la tela es donde menos escatimo.

## ¿Y DE DÓNDE SACAS EL DINERO PARA EMPEZAR?

Para poner en marcha una empresa, los emprendedores tienen que tener en cuenta el dinero, un elemento fundamental para poder hacer crecer su proyecto o sencillamente iniciarlo. Cuando no cuentan con la suma necesaria, deben salir a buscar fuentes de financiación. La fuente más común es la que se conoce en el mundo anglosajón como las tres efes (*family, friends and fools,* 'familia, amigos y locos'). Pero antes puedes probar otras fórmulas que, si funcionan, te resultarán más gratificantes, sobre todo si consigues un dinero que no vas a tener que devolver. Por ejemplo, la capitalización del paro, una opción que adquirió bastante mala fama por lo complicado que era obtenerla antes de la crisis y por la letra pequeña que la acompañaba, pero que ahora se ha agilizado en sus trámites y ha abierto el abanico de posibles beneficiarios.

### CAPITALIZAR EL DESEMPLEO

Poner en marcha un negocio cuando estás cobrando el paro podía suponer en el pasado la pérdida de tu única fuente de ingresos hasta que la empresa funcionara bien. Eso frenaba el impulso de muchos emprendedores. Pero como el subsidio de desempleo es una ayuda para personas en paro con el objetivo de reintegrarlas en el mercado laboral, se creó esta figura que permite cobrar en un único pago las mensualidades pendientes siempre que el dinero se utilice justificadamente en la puesta en marcha del negocio, o bien en las cuotas como autónomo, y ahora también en la incorporación como socio a una empresa ya existente.

Según la Unión de Profesionales y Trabajadores Autónomos (UPTA), en el primer trimestre del 2014 se acogieron a esta opción más de 25.000 desempleados, lo que supone un 10 % más que en el primer trimestre del 2013 y casi un 33 % más que en el primer trimestre del 2012. Casi la mitad de los solicitantes tenían entre 35 y 44 años, pero sólo una de cada cuatro eran mujeres. En total, en el 2013, según el Ministerio de Empleo, más de 152.000 personas capitalizaron la prestación.

Para poder solicitarla, debes tener pendientes de recibir al menos tres mensualidades de tu prestación por desempleo. No te precipites en la creación de tu empresa, porque no puedes estar de alta en la Seguridad Social ni haber iniciado aún la actividad económica a la que te vas a dedicar. Además, no te la concederán si ya la has recibido anteriormente, en los últimos cuatro años. Otro impedimento se presenta cuando el trabajador ha impugnado su despido; hasta que la situación esté resuelta, la capitalización no es viable. En el plazo de un mes desde la concesión, deberás acreditar tu alta como autónoma o tu incorporación como socia trabajadora a una cooperativa o a una sociedad laboral o mercantil.

La crisis obligó a la administración a introducir mejoras en el sistema, y los obstáculos para conseguir esta prestación en un pago único se han ido allanando. Así, la última limitación era la que establecía un pago máximo del 60 % del capital que restara por percibir, y el resto se compensaba hasta su extinción con las cuotas mensuales de autónomos. El pago único era para inversión en el negocio, por lo que existía la posibilidad, si no había inversión, de trasladar el 100 % a las cuotas de autónomos. Desde el 2009, se amplió hasta el 100 % el pago único para cubrir la inversión para hombres hasta 30 años y mujeres hasta 35, y en abril del 2014 el Ministerio anunció que ampliaría esta posibilidad a todos los solicitantes.

La inversión que se considera necesaria para la puesta en marcha del negocio, y por la que te conceden el pago único, incluye los tributos (no el IVA) y gastos de constitución que tengas que pagar y la aportación que hagas como socia a una sociedad mercantil nueva o que haya sido constituida dentro de los doce meses anteriores; si es una sociedad laboral o una cooperativa, no existe esa limitación temporal. También se incluyen los gastos en asesoramiento, formación e información sobre el negocio que vas a crear.

Otra ventaja de la capitalización del desempleo es que está exenta de tributación en el IRPF. Para solicitarla, tienes que ir al Servicio Público de Empleo Estatal (el antiguo Inem), y puedes hacerlo al mismo tiempo que pides la prestación o más adelante, siempre que te queden al menos tres mensualidades, como ya hemos visto. Tienes que presentar una memoria de actividad, que viene a ser un plan de negocio resumido, incluir los gastos previstos (los que quieres cubrir con el pago único) y facturas proforma de tus proveedores.

Y te vuelvo a recomendar que no te precipites. Con la nueva ley de emprendedores, la tarifa plana de autónomos te permite pagar una cuota reducida que se va incrementando cada semestre hasta igualarse al resto de autónomos. Pero un cambio de última hora dejó fuera a los autónomos societarios, los que son socios de una empresa, por lo que quizá te interese iniciar tu actividad como autónoma y esperar a recibir la capitalización antes de dar de alta tu sociedad. Así te ahorrarás más de mil euros en el primer semestre.

Àngels Secanella fue una de las afortunadas que logró capitalizar el paro cuando las cosas no estaban tan fáciles. Lo hizo para crear con su marido Tortillas Nagual (www.tortillasnagual.com) con una inversión inicial de sesenta mil euros. Una decisión arriesgada, con una hija en camino, que los dos capitalizaran el paro. En junio del 2013 fue reconocida por la Generalitat de Cataluña como la microempresa más competitiva:

> Mi marido es de Honduras, y siempre compraba harina de maíz para hacer sus tortillas para tacos, porque aquí no se vendían. En el 2003 decidimos fabricarlas a nivel industrial, siguiendo la receta tradicional y sin perder el toque artesanal, y fuimos los primeros. Desde el 2005 también distribuimos comida mexicana. Todo empezó cuando estaba embarazada de mi hija pequeña y nos despidieron de la empresa donde trabajábamos juntos. Como nuestra situación de paro fue por un despido improcedente que se produjo a finales de noviembre del 2002, estuvimos gran parte del 2003 con juicios, trámites, gestiones y el nacimiento de la nena en abril... Fue un año muy intenso, ya que la situación fue del todo imprevista y nuestra vida cambió por completo. Al ser el despido improcedente, tuvimos que esperar a que se celebrara el juicio y finalmente cobramos una indemnización del Fogasa. Posteriormente iniciamos los trámites para capitalizar el paro. He tenido que rebuscar entre mis notas (tengo costumbre de guardar casi todo, nunca se sabe) y lo que me pidieron fue: solicitud individual, DNI, proyecto de estatutos, escrito de los

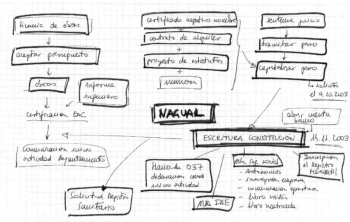

Àngels Secanella en la línea de producción de Tortillas Nagual. En la otra imagen, una hoja de la «libreta mágica» donde iba apuntando los pasos que daba para saber dónde estaba en cada momento. ©Jara Varela

socios, certificado negativo del nombre, memoria y contrato de alquiler. Entre el Fogasa y la capitalización del paro de los dos, conseguimos reunir los sesenta mil euros necesarios para realizar la inversión inicial de la empresa. Me encargué personalmente de todas las gestiones, que fueron muchas. Recuerdo ir con la nena a realizar los trámites, iba anotando todo en una libretita. Cuando me faltaba algún papel, lo anotaba bien y lo volvía a presentar… Me fue muy útil internet, y también encontré en todo este proceso a personas muy amables que me asesoraron muy bien. También durante esos meses elaboramos un plan de empresa con el soporte de Barcelona Activa, y estuvimos averiguando todo el tema de la importación de maquinaria, materias primas… Tras crear la empresa, importamos maquinaria de México y empezamos en un garaje de mi familia. Entre los dos lo hacíamos todo: fabricación, envasado, distribución… Ahora estamos en una nave industrial en las afueras de Barcelona y damos trabajo a diez personas, la mayoría mujeres, en jornada intensiva de seis horas; soy muy contraria a la jornada partida porque dificulta mucho la conciliación. Hemos llegado a muchos supermercados y exportamos a varios países europeos. Aquí gusta más el sabor del trigo y ha costado introducir nuestras tortillas.

## OTRAS VÍAS DE FINANCIACIÓN

Existen muchas vías de financiación que puedes sondear antes de recurrir a los bancos, que siguen siendo el principal prestamista, porque sólo el 20 % de las empresas obtienen el capital que necesitan de fuentes alternativas. En cualquier caso, y por muy cercanas que sean las personas que te presten el dinero, suscribe con ellas contratos de préstamo para evitar que, en caso de que Hacienda decida echar un vistazo a tus cuentas, te coloque esa entrada de dinero en la columna de los beneficios y te toque pagar impuestos como si lo fueran. Y lo mismo les ocurrirá a tus prestamistas cuando les devuelvas el capital, que no será en tal caso una ganancia sino una recuperación, y sólo tendrán que declarar los intereses. No dejes, por tanto, de rellenar adecuadamente el concepto cuando realices transferencias.

Otra vía común para reforzar la financiación de las empresas son las subvenciones que, aunque hayan quedado mermadas por la crisis, siguen existiendo, pero si no las solicitas, entonces seguro que no las obtienes. Existen subvenciones a fondo perdido y créditos blandos, y las hay desde municipales a autonómicas, estatales e incluso europeas. Algunas de ellas son específicas para mujeres, y por eso esta parte de la financiación la vamos a aparcar para dedicarle un capítulo específico en el que también hablaremos de otra fuente de financiación, los premios de emprendimiento, que no siempre llevan una asignación económica, pero sí llevan otras dotaciones que suponen un ahorro, dan mucha publicidad y te ayudarán a darte a conocer, que es una de las dificultades que te vas a encontrar cuando abras tu negocio.

## LOS INVERSORES PRIVADOS Y EL *ELEVATOR PITCH*

Los inversores privados han proliferado con la crisis, o al menos se han hecho más visibles por el aumento del emprendimiento, al que están íntimamente ligados un tipo de inversores que se denominan *business angels*, especializados en apoyar proyectos empresariales nuevos o en una fase inicial. A pesar de su nombre, este ángel de los negocios no va a cobijarte entre sus alas, sin más. Para empezar, antes de invertir en tu negocio, tendrás que convencerle con tu plan de empresa y unos datos que le garanticen que va a obtener una alta rentabilidad, porque va a arriesgar su dinero; si tu negocio fracasa, él también. Su cándido nombre responde más bien a que se trata de una figura que aparece cuando más la necesitas, cuando el banco decide no apoyarte porque, por muy prometedora que sea tu idea, a veces tienes que demostrar que funciona respondiendo a preguntas de lo más surrealistas. Con el *business angel*, no tienes que demostrarle que ya funciona, sino convencerle de que lo va a hacer, todo depende de cómo te expliques, y de que tu idea sea realmente interesante, claro. Lo que más le va a importar de tu propuesta es el público al que te vas a dirigir, el crecimiento potencial de tu empresa y del consumo en ese mercado, y las capacidades de tu equipo.

Otro concepto fundamental para la búsqueda de inversión es el *elevator pitch* o charla de ascensor. Se denomina así porque te pone en la situación ideal de encontrarte con un posible inversor en el ascensor, y eso te da la oportunidad de exponerle, en el efímero trayecto en común, una breve pero potente píldora que despierte su interés. Esta charla, en contra de lo que algunos piensan, no pretende conseguir un inversor en un par de minutos, sino lograr una segunda cita en la que explicarle, ya más calmadamente, las bondades de tu proyecto.

Esa segunda cita (con algunos tintes de *elevator pitch* para hacerlo más televisivo) seguiría un esquema similar al del programa de Televisión Española *Tu oportunidad,* que te recomiendo que veas para analizar las formas de expresión verbal y no verbal de los participantes, las reacciones de los inversores y muchos otros aspectos que te pueden ayudar a preparar tu propia charla.

La popularización del concepto de charla de ascensor, si haces un poco de memoria, está en una secuencia muy popular que seguro que has visto. Es el momento en que una Melanie Griffith con enormes hombreras y un peinado difícil de olvidar logró atraer la atención de Harrison Ford en *Armas de mujer* (1988), y obtuvo una segunda cita para explicarse.

Según adonde acudas, el *elevator* puede ser de un minuto hasta cinco. Es muy importante que lo prepares bien y que no te excedas de tiempo ni hables atropelladamente, se te tiene que entender. Y tienes que cautivar a tu audiencia, tú antes que tu idea. Ensaya ante el espejo, ante tus socios, y ordena tu discurso: preséntate, resume muy brevemente tu proyecto, describe al equipo con el que lo vas a poner en marcha, el mercado al que te diriges, cuál va a ser tu modelo de negocio, tus ventajas competitivas y el capital que necesitas para empezar. Si las tienes, utiliza una o dos cifras llamativas que apoyen tu discurso.

Una de las ventajas de que el emprendimiento esté de moda es que han proliferado los encuentros en los que los emprendedores pueden practicar su *elevator pitch,* y los inversores pueden encontrar ideas atractivas. Muchos de estos *business angels* están, de hecho, integrados en grupos desde los que a veces diversifican sus inversiones repartiendo el riesgo. Generalmente se unen por su interés en sectores determinados. La Asociación Española de Business Angels reúne a las principales redes españolas de este tipo de inversores, que puedes consultar en su web, www.aeban.es.

Una vez que consigas un *business angel,* firmarás con él un contrato privado en el que se establecerán, entre otros términos, el porcentaje que adquiere hasta que recupere su préstamo, la capacidad de decisión que va a tener sobre la empresa y el interés que va a recibir a cambio, que será mayor que el de un banco, pero te aportará una experiencia y unos conocimientos que te serán muy útiles en tus comienzos.

Mumumío (www.mumumio.com) es una de esas ideas originales que logró captar, en el 2011, la atención de varios *business angels*. Meses después de abrir, con una inversión de setenta mil euros, Isabel Ortiz necesitaba una nueva inyección económica y la obtuvo de *business angels* que anteriormente habían sido emprendedores y habían creado proyectos como Idealista y Top Rural. Eso le permitió llegar en poco tiempo a más de diez mil clientes y reducir un 50 % los gastos de envío (gracias al volumen).

> Amo la comida, y en uno de mis viajes, me pregunté por qué no podía encontrar en Madrid, el resto del año, productos como una empanada gallega o carne del Pirineo catalán. Vi un hueco en el mercado para ayudar a pequeños fabricantes a vender *on-line* y, por otro lado, a los consumidores a encontrarlos. Aunque algunos son un poco más caros por ser artesanales, a cambio se percibe la calidad. He cogido algo que a todo el mundo le gusta, que es comer productos de buena calidad, y lo he adaptado a los tiempos que corren; si no tienes tiempo de ir a comprar, lo haces por internet. Investigué mucho para elegir lo que íbamos a vender, y fui a ferias de alimentación. Ahora son los productores los que nos buscan, tenemos más de 170. No tenemos *stock*. Cuando hay un pedido, el productor lo prepara y lo envía directamente al consumidor. Lo más importante para nosotros es que llegue fresco y puntual, y eso lo hemos conseguido optimizando las rutas de transporte. Después de probar el modelo de negocio varios meses, durante el verano del 2011 nos dimos cuenta del potencial del proyecto, así que decidimos hacer nuestra primera ronda de inversión, para acelerar el crecimiento. Gracias a la experiencia anterior en otros proyectos de internet, tuvimos la oportunidad de presentar nuestra iniciativa a varios *business angels,* que decidieron creer no sólo en la empresa sino en el equipo. Podríamos hablar de las tres efes, los conocidos como *family, friends and fools.* Y es exactamente lo que ocurrió en Mumumío. Con una aportación pequeña, pero interesante para hacer crecer el proyecto, conseguimos cerrar dos rondas de financiación durante los veranos del 2011 y el 2012. ¿Qué aporta un inversor? Experiencia, consejos, contactos… Siempre

Isabel Ortiz no duda en incluir a sus *business angels* en su lista personal de *family, friends and fools.*

es interesante contar con personas experimentadas que puedan aportar no sólo capital, sino buenos consejos que te ayuden a prosperar en tu negocio, tanto por tiempos como por forma. No he sentido la soledad del emprendedor, cada día hablo con clientes, inversores, productores, y me he sentido arropada.

Si las cosas funcionan como has previsto, los resultados llegarán, pero no tengas prisa, como recomienda Eduardo Gismera en su novela *Dharma. La vida tras un despido* a través de uno de sus personajes, que advierte a otro mientras siembran un huerto: «Dentro de un rato, cada una de estas semillas quedará sepultada bajo tierra, ahí en el surco. Al sembrarla, imaginarás que un día cada grano será una bella mata llena de fruto, pero si a cada momento levantas la tierra para comprobar qué tal va la siembra, para asegurarte de que aún sigue ahí, esta nunca brotará».

## Seis claves para saber a quién pedir dinero

Si tienes clara la naturaleza de tu negocio, el modelo de funcionamiento, el sector en el que te vas a desenvolver y las características de tu público objetivo, estos términos que a continuación te explico te ayudarán a entender mejor el mundo de las finanzas y saber a quién tienes que acudir para pedir dinero.

El capital semilla se llama así porque se invierte en el inicio para ayudar a una nueva idea a convertirse en empresa. La fuente puede ser desde propia a un *business angel*, pero la diferencia con los préstamos habituales es que aquí no hay aún plan de negocio, sino que, precisamente, ese primer capital se va a utilizar para realizar el estudio de mercado, investigación y desarrollo de lo que será el producto… El capital se mide en acciones de la futura empresa.

En el capital riesgo sí existe ya un plan de negocio que el inversor puede valorar, por lo que en realidad puede resultar menos arriesgado. El nombre se debe a que la cantidad aportada suele ser mayor que en el caso del capital semilla. Este término se utiliza fundamentalmente en empresas tecnológicas, y hay compañías dedicadas a este tipo de inversiones, que gestionan para sus clientes, a los que no se puede denominar *business angels* porque estos gestionan sus propias inversiones, no las delegan; en todo caso, participan en grupos de coinversión.

La coinversión es precisamente el tercer término de los que he separado en este apartado. Esta figura consiste en agrupar a inversores, ya sean públicos o privados, para participar juntos en determinadas empresas. De esta forma, diversifican el riesgo al no colocar necesariamente grandes cantidades en algunos proyectos, pues estos grupos les permiten tener muchas pequeñas inversiones en un número mayor de empresas. Además, a mayor número de inversores, mayor diversidad de perfiles que pueden aportar experiencia y contactos. Su preparación te puede venir bien, pero no olvides lo que aconseja Sarasola: «Quiero alguien que se suba a mi barco, no alguien que me proponga otra embarcación».

Si tu necesidad de inversión es pequeña pero necesitas facilidades para poder devolverla, tu alternativa puede ser el microcrédito. Esta idea de Muhammad Yunus, por la que ganó el Premio Nobel de la Paz en el 2006, se puso en marcha por primera vez en Bangladesh para dar una alternativa de trabajo a mujeres sin recursos. Fue todo un éxito que no tardó en extenderse por todo el mundo. A España llegó en 1999 para ayudar a crear empresas. La introdujo la Fundación Internacional de la Mujer Emprendedora (Fidem), que dos años más tarde creó el Programa de Microcréditos para Emprendedoras y Empresarias. El único requisito es que la actividad se haya iniciado dentro del año anterior a la solicitud. El capital máximo que se concede son 15.000 euros, para cubrir hasta el 95 % de la inversión necesaria para poner en marcha el negocio (nunca te dan el 100 %). Otra opción es el préstamo participativo, que es una forma de coinversión similar a los créditos tradicionales pero con mayor plazo de amortización y de carencia. Con este tipo de préstamo evitas que las cosas se puedan torcer en el control de la empresa, porque el contrato impide que terceras personas puedan tomar el control de la sociedad.

Y terminamos con el *slow money* que, como su nombre indica, no se invierte en busca de una rentabilidad rápida ni grande, sino fundamentalmente para apoyar proyectos sostenibles que apoyen el tejido económico del entorno cercano a la empresa.

En agosto del 2012, me acerqué a la plaza de España en Cádiz para buscar el local en el que Ana Sánchez diseñaba y vendía la ropa de su marca, AS by Ana Sánchez (www.asbyas.com), con la que al terminar el verano debutó en el Ego de Cibeles. Junto con una socia, ya había creado anteriormente un festival internacional de moda, el South, que cada año consigue llenar por unos días, durante el mes de junio, todas las plazas hoteleras de la capital gaditana. Para esta nueva aventura, había recibido un microcrédito para emprendedores de 25.000 euros para el que, entre otras ventajas, no necesitó un aval.

En el 2011 empecé a preparar el lanzamiento de mi marca en solitario, que presenté en septiembre del 2012 en el Ego de Cibeles. Alquilé un local como oficina y taller de trabajo, y antes del verano lo abrí al público como *showroom*. Al principio, tenía también ropa de otros diseñadores, pero decidí reducirla porque necesitaba dedicación plena. El concepto de mis colecciones es la estampación digital sobre seda. He estado años buscando un proveedor que tuviera un material bueno y lo imprimiera a buen precio. Lo encontré en China. El resto de la producción se hace en Andalucía, porque creo que hay que proteger la industria española. Me he centrado mucho en pañuelos y prendas muy básicas, con patrones que funcionan. Los estampados de mi primera colección eran imágenes de edificios que hizo mi novio, que es fotógrafo, y en cada temporada pretendo trabajar con diferentes artistas. También me va conociendo la gente

Ana Sánchez en el luminoso *showroom* que tenía en el centro de Cádiz.
©Santiago Bringas

y me encargan vestidos de fiesta y ropa a medida. Me gusta vivir en Cádiz, tengo mucha luz, vivo enfrente del mar y me muevo en bicicleta. Pero no hay mucho público, ni dinero. A veces pienso en situarme en otro sitio, o mantener aquí una base pero con vistas afuera. De vez en cuando doy un salto a Berlín, a Londres o a París, para captar ideas. Voy a apostar muy fuerte por la web para vender fuera de España, y quiero ir a alguna feria internacional.

Las ventas de As by Ana Sánchez se realizan fundamentalmente por internet, lo que en el 2014 le permitió mudarse temporalmente a Londres.

## EL *CROWDFUNDING*

De todas las nuevas fórmulas de financiación que hemos visto hasta ahora, el *crowdfunding* es seguramente la más popular, porque permite que cualquiera se pueda convertir en inversor, a cambio, eso sí, de un beneficio mínimo. Se utiliza en muchas actividades diferentes, no únicamente emprendedoras. O no estrictamente empresariales, porque hacer una película o grabar un disco no dejan de ser otras formas de emprendimiento.

El funcionamiento del *crowdfunding* puede ser complejo. Consiste, como indica su nombre, en una multitud de inversores que hace pequeñas contribuciones. Existen numerosas plataformas *on-line* que facilitan el control de estas inversiones y la remuneración, habitualmente en especie, una vez puesto en marcha el proyecto. En España, por ejemplo, están partizipa.com, fandyu.com y verkami.com. Y para toda Europa, el emprendedor español de origen indio Sanyu Karani ha creado una variante, denominada OpenFunding, que pone en contacto a emprendedores e inversores a través de su web Econet. Esta iniciativa ha sido premiada por la Comisión Europea.

Otras ideas similares han ido surgiendo en el panorama emprendedor para ayudar a crear empresas facilitando su financiación. Por ejemplo, empresas como sociosinversores.es y redes sociales de emprendedores como Invierteme.com y Rock The Post.

## LOS SOCIOS CAPITALISTAS

«Aunque te tiente aceptar el capital venga de donde venga, mi consejo es que elijas con cuidado con quién te casas –dice Kike Sarasola–. Selecciona al que realmente crea en tu filosofía, en tu concepto, al que desee invertir en lo que eres, no invertir en cambiar tu empresa». Eso, si puedes elegir. Pero no lo olvides, nunca te precipites. Existe, para empezar, una confusión entre los socios capitalistas y los socios trabajadores, de los que hablaremos en otro capítulo. De momento, quédate con esta idea: el socio capitalista invierte su capital y recogerá los frutos cuando toque, puede incluso que en el contrato que firméis le cedas algún poder de decisión o simplemente que te apoyes en su experiencia en determinadas áreas para mejorar la gestión de tu empresa. El socio trabajador, por un lado, es socio, por lo que también recogerá los frutos en su momento, pero hay que diferenciar el reparto de beneficios del sueldo que, cuando podáis, os asignéis. Y su poder de decisión, también regulado, esta vez en los estatutos de la empresa, se debe ceñir al área en la que está especializado. De ahí que, como veremos, conviene que los socios trabajadores tengan perfiles diferentes y complementarios.

Existe otra alternativa, que es el socio industrial, que no aporta capital sino un valor de su propiedad, como puede ser, por ejemplo, el local en el que se va a desarrollar la actividad o una patente que sea útil a la nueva sociedad. No le corresponden acciones ni derecho a voto, pero tiene derecho a una participación en los beneficios y, en su caso, en la liquidación de la empresa. Puede ser muy útil si además aporta contactos y experiencia.

El socio va a ser tu compañero de viaje, no hagas socio a alguien a quien no te apetece tener cerca, es casi como casarse. Muchos expertos recomiendan emprender en solitario, «mejor solo que bien acompañado», dice Fernando Trías de Bes en *El libro negro del emprendedor*. Y es que según el autor, a veces es el miedo a emprender en solitario lo que nos impulsa a buscar socios: «Los emprendedores noveles tienden a iniciar su negocio con otros socios en un porcentaje mucho más elevado que cuando se trata de una segunda o tercera iniciativa empresarial».

No siempre va a ser fácil elegir a tus socios, y es probable que, en el caso de que necesites dinero, sean ellos los que elijan. Pero si bien te recomiendo no asociarte con alguien con quien no sientes afinidad simplemente porque piensas que puede aportar valor a tu empresa, ten también mucho cuidado con tus seres queridos, ya sean familia o amigos. Cualquier relación, por buena que sea, podría acabar mal si las cosas no funcionan como esperaba cada una de las partes. Para elegir socios, debes tener en cuenta, antes que la afinidad, el grado de compromiso con tu proyecto.

Cuenta Sarasola que cuando su primer hotel funcionaba cada vez mejor, en el 2004, él quería abrir otros cinco casi de una tacada, y sus socios se mostraron «reticentes». «Nos reunimos y escuché sus argumentos; su opción era la cautela, evitar endeudarnos y concentrarnos en dar pequeños pasos. Proponían abrir sólo otros dos y esperar a ver los resultados». A medio camino entre dos de sus consejos, saber escuchar y ser osado, el empresario asegura que escuchó sus argumentos, «me pareció coherente y muy lúcido y así se lo hice saber, pero decidí no modificar mi posición al respecto. Tenía claro que el que pega primero pega dos veces −o muchas más, en realidad−». Su intención era adelantarse, evitar que la competencia le quitara la iniciativa, ahora que veían que su modelo era bueno y empezaban a copiarle. Finalmente abrió cuatro nuevos establecimientos, «y fue la decisión correcta; hemos crecido con deuda, hemos sufrido, pero en ese momento nos convertimos en marca reconocida. Y no hubiera sido posible con un crecimiento más lento».

Y así se lo hizo ver en la entrevista conjunta que hice al hotelero y a dos emprendedores que habían lanzado un producto novedoso, Fidiliti (del que hablé en el capítulo 1) con el que habían ganado unos 90.000 euros en varios premios de emprendedores, pero que necesitaban una cantidad sensiblemente mayor para afrontar su internacionalización y estaban buscando esa financiación. «Ahora bien, no hay que perder de vista los tiempos y los factores externos. No se trata de crecer rápido por sistema –dice para advertir que los tiempos han cambiado–. A veces lo más sabio es optar por un período de mesura. Así lo entendimos cuando comenzamos a atisbar síntomas claros de que la crisis económica sería grave. Afortunadamente, contábamos con el instinto y la lucidez de Rosalía Mera, que nos hizo ver la necesidad de barajar un par de cambios y afianzar lo conseguido hasta ese momento».

Si tienes un socio capitalista, te conviene firmar un pacto que regule la venta de acciones para evitar que, cuando las venda, caigan en manos de competidores o de otros inversores que no sean de tu interés. En el mismo documento te conviene añadir una cláusula por la cual, si un socio mayoritario vende su participación, el resto puedan venderlas también al mismo precio y en las mismas condiciones.

Unos meses después de lanzar Trip4real (www.trip4real.com), tres importantes socios inversores entraron en la empresa de Gloria Molins con una aportación total de 150.000 euros. Uno de ellos, el famoso chef Ferran Adrià, llegó con la condición de crear conjuntamente un proyecto para fomentar el microemprendimiento.

> Trip4real es una plataforma *on-line* que pone en contacto a viajeros que no se conforman con la oferta turística de sus destinos con habitantes de ciudades españolas que comparten sus aficiones en forma de actividades. Así, surgen microemprendedores que muestran la auténtica vida de esos lugares. La web está enfocada a que el visitante pueda conocer los lugares que como turista no conocería. Tenemos desde aficionados, como el que ofrece *tours* fotográficos, a profesionales que organizan, por ejemplo, una visita a unas viñas con clase de yoga y cata de vino. Tenemos más de 25 categorías de actividades en 30 ciudades, con precios entre

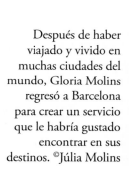

Después de haber viajado y vivido en muchas ciudades del mundo, Gloria Molins regresó a Barcelona para crear un servicio que le habría gustado encontrar en sus destinos. ©Júlia Molins

15 y más de 1.000 euros y una duración entre 1 hora y más de 3 días. Validamos las actividades antes de publicarlas y los usuarios también pueden valorarlas. No cobramos por ponerlas en la web, sólo una comisión del 18 % por cada venta. Casi todos los ingresos se van en *marketing*, plataforma web y equipo humano. El objetivo es consolidarnos en España, y ya estamos estudiando salir al extranjero. Primero 2 ciudades de Europa y después 5 o 6 ciudades del mundo, con mucha fuerza en Iberoamérica, aprovechando nuestra ventaja en el mercado hispanohablante.

### GASTA LO JUSTO, PERO NO TE PASES

No puedo cerrar este capítulo sin hacer una advertencia: puedes comenzar con una inversión mínima siempre que esté bien reflejada y justificada en tus planes financieros, pero esa es sólo la primera fase. Cuando empiecen a llegar los ingresos, deberás dedicar los beneficios a reinvertir para dar a tu negocio el esplendor que se merece. Además, llegado ese momento, ya habrás adquirido alguna experiencia para saber cómo y en qué reinvertir ese dinero.

Cuando hablo de una inversión mínima, no me tomes al pie de la letra. Tu inversión debe ser suficiente para dar una imagen cuidada y atractiva. La primera impresión es la que cuenta, y si espantas a un potencial cliente, será muy difícil hacerle volver, por mucho que mejores con el tiempo.

Si tu canal de venta es exclusivamente *on-line*, tienes una ventaja al no tener que pagar el alquiler de un local, pero debes hacer una web atractiva, no te limites a adaptar una plantilla de blog. Es tu escaparate, no lo olvides. Hay muchas posibilidades de hacer una web barata, atractiva y útil, y también puedes recurrir a especialistas y empezar poco a poco, con una web sencilla, no te va a costar tanto y será una de tus mejores inversiones.

Ana Cánovas decidió dedicarse a la venta por internet de utensilios de cocina de calidad como alternativa a un trabajo que no le permitía pasar tiempo con sus hijos. Consiguió un crédito ICO de seis mil euros, toda la inversión que hizo para poner en marcha Cacharros de Cocina (www.cacharrosdecocina.com), y lo utilizó para el desarrollo de la web y la compra de ordenadores. Empezó en el 2005, y en el 2009 facturó 60.000 euros Reinvirtió los beneficios en mejorar la funcionalidad de la web. Tiene más de 5.000 clientes registrados.

Viví ocho años en Suiza, y trabajaba en una multinacional como *controller* financiero, y cuando regresé a España, estuve un año en otra gran empresa, también del sector de alimentación y bebidas. Mis dos hijos eran pequeños y quería llevarlos a la guardería antes del trabajo, pero se me hacía muy difícil conciliar los horarios. Decidí dedicarme al comercio por internet y trabajar en casa. La idea de los cacharros de cocina me llegó haciendo un curso para aprender unos menús para cuando tuviera invitados, porque no tenía ni idea de cocinar. Cada utensilio que usaba la profesora, todo el mundo le preguntaba dónde lo había comprado, y vi esa oportunidad de ofrecer un producto de calidad, que en España solemos usar. Me empecé a reunir con proveedores internacionales en hoteles, porque no tenía oficina. A todos les pareció una idea fantástica, porque no había nada igual en internet; el medio les daba poca confianza, pero mi experiencia les sirvió de garantía y me apoyaron bastante. Estuve varios meses negociando con los bancos, diseñando la página, creando el catálogo –más de 800 productos– y contratando los seguros y la pasarela de

Ana Cánovas empezó con una inversión pequeña, pero se preocupó de tener una web atractiva, y en cuanto tuvo beneficios los reinvirtió para mejorar su escaparate.

pago. La web tiene todos los requerimientos de seguridad, que implican una inversión importante. El nombre resultó muy útil para aparecer bien posicionado en los buscadores, y es fácil de recordar. Tanto, que me lo fusilaron, y me sentó fatal, pero ahora no me importa porque cuanta más competencia haya en internet, más gente entrará y luego será cuestión de comparar. En octubre del 2005 hicimos el lanzamiento y desde el principio funcionó muy bien. Con el tiempo, he podido optimizar el *stock,* ya sé qué productos rotan más y lo que ocupa mucho espacio lo encargo sobre pedido directamente al proveedor. De este modo, me he podido replegar a casa. He tenido muy pocas devoluciones, sólo dos en cinco años, y algún cliente que no ha querido pagar cuando el envío era contra reembolso, pero es un riesgo que tengo que asumir. Con la crisis tuve que reducir costes y optimizar la inversión. Me estoy dedicando mucho a la comunicación en internet, que es donde está mi público, y he creado un blog muy divertido sobre cocina (www.locosporlacocina.com), y un *newsletter* que envío a los clientes. También estoy en las redes sociales y soy muy interactiva con los clientes.

## Tu lugar de trabajo

Empezar trabajando en tu casa puede ahorrarte los gastos de alquiler, pero no te podrás desgravar los gastos domésticos a no ser que hagas un nuevo contrato con tu arrendador (si vives en una casa de alquiler), y entonces pagarás una parte de la renta mensual con IVA. Yo te recomiendo que, si puedes, busques otro espacio de trabajo para separar tu vida laboral de tu vida personal, relacionarte con otros profesionales y obligarte a cumplir un horario. Por ejemplo, un espacio *coworking* es una alternativa mucho más barata que un centro de negocios o una oficina propia, y no supone más gastos que la tarifa que elijas (ni luz, ni internet…). Además, podrás utilizar su sala de reuniones para recibir a tus clientes y proveedores, en lugar de recibirlos en el salón de tu casa o acudir a una cafetería.

Las incubadoras de empresas son otra posibilidad interesante, pero no siempre de fácil acceso. Las hay de iniciativa pública y privada. Los viveros de empresas ofrecen un espacio de trabajo con un precio por debajo del de mercado, y muchas veces se los llama incubadoras porque ayudan a acelerar el crecimiento de las empresas que utilizan sus instalaciones. Muchos incluyen una fase de preincubación, en la que te ayudan a realizar tu plan de negocio, y a veces incluso una posincubación que consiste en un seguimiento y asesoramiento para asegurar la continuidad de la empresa.

Consuelo Guerra, Mónica Medina y Raquel Velázquez se conocieron en la Facultad de Ciencias del Mar de la Universidad de Cádiz (UCA), donde comenzaron su proyecto para comercializar las algas comestibles que pueblan las marismas y el mar de la provincia. Crearon Suralgae (www.suralgae.com) con una inversión de 100.000 euros, destinada a acondicionar la nave de 150 metros cuadrados que la Junta de Andalucía les cedió durante tres años en el Centro de Apoyo al Desarrollo Empresarial (CADE) de San Fernando. Pudieron permitirse esa alta inversión gracias a dos préstamos participativos, uno denominado Melkart concedido por la Consejería de Innovación Ciencia y Empresa de la Junta de Andalucía, y otro del Ministerio de Industria, Turismo y Comercio dentro del Plan de Reindustrialización de la Bahía de Cádiz. Además, han ganado numerosos premios por su labor emprendedora.

Recolección de la
lechuga de mar.
©Suralgae

Nos conocimos estudiando Ciencias del Mar. Antes de
terminar, en octubre del 2007, empezamos el proyecto
montando la empresa, y tardamos tres años en sacarla adelante. No teníamos ni idea de cómo hacerlo, pero nos apoyó
el CADE (Centro de Apoyo al Desarrollo Empresarial) de
Cádiz. Íbamos al ritmo que nos dejaba la administración,
porque, por ejemplo, al ser una actividad nueva, tardaron
un año en darnos el permiso para la extracción de algas. En
enero del 2010 nos instalamos en una nave que nos cedió
gratuitamente la Junta de Andalucía para tres años, y en
julio empezamos a comercializar. Hasta entonces, fuimos
dándonos a conocer por medio del boca a boca, dando a
probar el producto a la gente. Al principio, por ser jóvenes
y trabajar en un sector principalmente masculino, había
poca confianza en nosotras, nos daban como mucho un año.
Nuestro objetivo principal son los restaurantes y las tiendas,
nos hemos movido mucho por el mundo de la hostelería y la
restauración, y ahora son ellos los que nos buscan. El precio
lo establecimos fijándonos en nuestra competencia, que está
en Galicia, pero nos dimos cuenta de que cuando lo bajába-
mos, ellos también lo hacían, así que al final optamos por
olvidarnos de ellos y basar el precio en la calidad, el trabajo y
el trato que damos. Además, hay muchas clases de algas, pero
las que trabajamos nosotras sólo se encuentran aquí. Hemos
hecho unas estimaciones sobre lo que podríamos llegar a
crecer, pero siempre nos fijamos en que primero cubramos
gastos y luego obtengamos beneficios. Después ya veremos.
De momento, no cultivamos algas, directamente las reco-
gemos en esteros. También estamos trabajando en la futura
comercialización de una planta que crece en las marismas.

Hemos empezado por el aspecto gastronómico, y tenemos un cocinero que nos propone recetas que publicamos en nuestro blog, vendemos productos como los picos de algas y estamos pensando en vender precocinados. Queremos enfocar también las algas a sectores como la cosmética, la ganadería, la agricultura… Además, estamos investigando un tipo de alga que tiene celulosa, por lo que podríamos intentar hacer textiles.

# 6

# Apoyos externos para tu proyecto

Una de las ventajas de que el emprendimiento esté de moda es que a pesar de la crisis, si sigue habiendo algún tipo de ayudas, no pocas de ellas están destinadas a los emprendedores, y hay algunas específicas para emprendedoras, tanto desde el ámbito público como privado. Los formatos de estas ayudas son de lo más variado, aunque muchas consisten en concursos de emprendedores a los que durante la competición van prestando apoyo. Y en los últimos años, han surgido redes sociales profesionales que están revolucionando la forma de comunicarse y respaldarse entre las mujeres para lograr el lugar que les pertenece en la toma de decisiones en todos los niveles de la sociedad.

Las subvenciones públicas son el primero de los recursos que puedes explorar. En mis entrevistas a emprendedoras, siempre les pregunto si han recibido algún tipo de apoyo público. Las respuestas son de lo más variado, aunque son muchas las que me cuentan que lo han intentado sin conseguirlo, y no muchas menos las que han renunciado a intentarlo porque pensaban que estaban concedidas de antemano o simplemente que sería imposible obtenerlas. ¿Cuáles de ellas crees que se equivocan? Evidentemente, las que no lo intentan, porque ellas seguro que no conseguirán una subvención. Preparar la solicitud para una ayuda te llevará tiempo, pero merece la pena. Y eso que también existe un grupo minoritario de mujeres que han conseguido una subvención pero no han llegado a obtener el dinero porque, simplemente, la caja se había quedado sin fondos.

Lo que no debes hacer es fiar el futuro de tu proyecto a la concesión de una ayuda; si llega, mejor, pero tienes que tener recursos alternativos. De hecho, no pocas subvenciones requieren que la empresa ya esté en funcionamiento, muchas veces al menos un año. Otras consisten en la devolución de tasas e impuestos previamente abonados. Las hay a fondo perdido y otras que tienes que devolver, pero con unas condiciones más asequibles que las que te puede ofrecer el banco.

Uno de esos casos de emprendedoras que no pidieron una subvención al empezar es el de Phonelearning (www.phonelearning. com), «Ni pienso pedirla», me dijo Nadine Bogner. De padre alemán y madre española, ya había creado antes una agencia de traducción, y de los beneficios pudo invertir 112.000 euros en la nueva empresa, una escuela de inglés por teléfono, no presencial. Con la crisis llegó a tener un recorte de un 80 % de su facturación, pero cuando hablamos, en el 2011, ya estaba empezando a recuperarse. Y es que la necesidad de aprender idiomas para irse al extranjero ha beneficiado a empresas como la suya.

Estudié traducción y abrí una agencia en el 2000, pero tres años después, me alcanzó la crisis del cierre de dos franquicias de escuelas de idiomas. Para salvar a mi plantilla, decidí crear un nuevo negocio, otra forma de enseñar inglés. Pensé que sería rápido, pero me llevó dos años y medio desarrollar el método, basado en Siberia, donde los niños, cuando debido al mal tiempo no pueden ir a la escuela, aprenden con el profesor por radio con un método, y a veces ni siquiera tienen materiales didácticos, son técnicas de repetición, de imitación, de memorización. Me costó dos años más arrancar. Toda la inversión ha salido de mi bolsillo, empecé la primera empresa con 1.470 pesetas (8,83 euros de hoy), y todo lo que gané lo invertí en esta. La idea de enseñar idiomas por teléfono surgió porque me di cuenta de que en España todo el mundo necesita el inglés pero nadie tiene tiempo para ir a clases, y una de las principales carencias era que la gente tiene un buen nivel de gramática pero no de pronunciación ni de conversación. Sumé esos factores para crear un servicio que resultara útil, y la respuesta era el teléfono, porque todo el mundo tiene un móvil, que te da esa flexibilidad de hablar desde cualquier sitio. A partir de ahí desarrollé un sistema que

Nadine Bogner empezó su primera empresa con el equivalente a menos de nueve euros, y con los beneficios abrió Phonelearning, sin necesidad ni interés en pedir ayudas públicas.

conjura la excusa «hoy no me da tiempo a ir a clase». En el 2008 íbamos creciendo poco a poco, pero cuando empezó la crisis, muchas empresas tuvieron miedo y cancelaron los contratos. Tuve que despedir a la mayoría de los profesores. Al cabo de un año y medio, las empresas volvieron a apostar por el idioma. Ahora estamos empleando a uno o dos profesores nuevos cada mes, y hemos alcanzado el 50 % de la facturación que teníamos en el mejor momento. Están entrando muchos alumnos para aprender alemán y estamos empezando a ofrecer inglés desde nivel cero. Quiero ofrecer más idiomas, y tengo un plan de franquiciado para salir al extranjero. Es mucho más fácil arrancar una empresa con dinero, lo que yo he hecho es una barbaridad, pero ahora estoy muy orgullosa. La próxima empresa que abra empezará con un buen capital.

## RECURSOS LIMITADOS

En otros casos, es verdad que ciertas subvenciones pueden ser tan pequeñas, que realmente no merezca la pena solicitarlas, como me contaba Alejandra Díaz-Aguado sobre sus Huertos y Frutales de La Vera (www.huertos-ecologicos.com), que creó en mayo del 2009 para aplicar en la comarca cacereña una forma de

Alejandra Díaz-Aguado delante de uno de los naranjos ecológicos
de su huerta. ©Cynthia Estébanez

agricultura ecológica que había aprendido durante los ocho años
que vivió en California: «Las ayudas a la agricultura ecológica son
tan limitadas, que no merece la pena gastar la gasolina para pedirla (trescientos euros por hectárea cultivada por año)». Con los que
sí contó fue con otros agricultores de la zona que se unieron a su
proyecto, y con la ayuda de los vecinos del pueblo. Vende por teléfono e internet a toda la Península la producción de sus cultivos
y la de esos otros agricultores a los que entusiasmó con su idea:

> Trabajaba en California como profesora de fotografía en la
> universidad, y tenía un huerto en el que cultivaba para mí,
> aunque mucha gente se interesó por mis tomates. Volví a
> España porque mi abuela enfermó, y decidí dedicarme aquí
> a la agricultura ecológica. Fue difícil encontrar una tierra que
> sirviese para un cultivo tan específico, porque no sólo aplica-
> mos conceptos orgánicos, sino que tratamos de aprovechar la
> tierra como está, cultivando bajo los árboles en lugar de abrir
> surcos. Y regamos con agua directa del deshielo del Alman-
> zor, donde recogemos las setas. He reunido a quince agri-
> cultores ecológicos. Algunos han dejado de cultivar tabaco
> para dedicarse a esto. Varios pensionistas del pueblo también

han logrado dar salida a sus pequeñas cosechas particulares. Tenemos cuarenta productos de huerto y cuarenta frutales. Antes de dar a luz no tenía vida personal. El huerto requiere muchísimo trabajo. Ahora llevo a mi niña a todos lados. Mi sueño es seguir trabajando en lo que más me gusta. Dinero no ganamos, pero ¡qué bien comemos!

El sector económico, el entorno e incluso la comunidad autónoma en la que vives pueden influir en tus posibilidades de conseguir una subvención. Andalucía, por ejemplo, es una de las que más ayudas conceden al emprendimiento, pero la crisis ha hecho mella también en estas ayudas. Cuando Gina Sales abrió su empresa, ya había empezado la recesión y no dudó en pedir las subvenciones disponibles. Y tuvo suerte a medias. Le concedieron dos, pero una no llegó. Decidió crear Proyecto Vinilo (www.proyectovinilo.com) después de tener a su primera hija. Le ayudó su pareja con muchos de los diseños y la programación de la página web, y eso le ahorró una buena cantidad. Pero tenía que invertir en la compra de un plóter y en los primeros metros de material:

Estudié Historia del Arte, y cuando vine a Málaga trabajaba en una galería de subastas. En el 2007, después de tener a mi primera niña, tuve la necesidad de replantear mi vida profesional, me sentía desaprovechada. Mi pareja es motero y de joven recortaba vinilos para su moto, y pensé en desarrollar esa idea a nivel profesional. No se trata de sustituir los cuadros que tiene la gente en casa, sino de crear un modelo de decoración diferente; primero pensé en las habitaciones de los niños, y vi que también podía decorar desde el salón hasta la cocina y la nevera. Mi pareja es ingeniero en diseño industrial y me ayuda con los diseños y la web. La empresa empezó a funcionar por internet en mayo del 2008, y la principal inversión fue un plóter pequeño para cortar los vinilos. Empecé en la época de más crisis, pero pensé que cuando pasara todo, estaría bien posicionada. La Consejería de Empleo de la Junta de Andalucía me ayudó a hacer el plan de empresa y después me dio una subvención de seis mil euros. Trabajaba en casa, pero enseguida se quedó pequeña, y con esa ayuda alquilé un local y contraté al primer empleado. Un año más tarde tuve que cambiar a otro local más grande, y cuando nació mi segunda hija contraté a una mujer menor de treinta años, por lo que me concedieron otra ayuda que no cobré porque no

Gina Sales posa en su oficina ante uno de los vinilos que comercializa.

tenían fondos. Y así seguimos ampliando, con proyectos de decoración para empresas, rotulación e imagen corporativa. Ofrecimos el producto a tiendas y ahora son ellas las que nos buscan. Al principio estuve comparando proveedores, y como no tenía dinero para comprar bobinas de vinilo, compraba por metros y me salía más caro. Con el tiempo he ido creando un almacén y ya tengo un proveedor fijo. Este material es muy versátil, se puede colocar en cualquier sitio. Por ejemplo, decoramos coches de novios, porque como el vinilo es muy limpio, luego se quita fácilmente y no deja restos.

Si quieres consultar todas las subvenciones que hay, sólo tienes que ir a la web de la Dirección General de Industria y de la Pequeña y Mediana Empresa (http://www.ipyme.org), seleccionar el canal servicios y una vez ahí, las Guías Dinámicas de Ayudas e Incentivos para Empresas. Puedes elegir por comunidad autónoma, por sector o el documento completo, con casi ochocientas páginas. Lo bueno de esta guía, además, es que es dinámica de verdad, porque se actualiza automáticamente para que tan sólo aparezcan las ayudas en vigor. También puedes consultar la web del Centro de Información y Red de Creación de Empresas (www.circe.es) para informarte y poder hacer trámites por vía telemática.

Te cuento esto antes de aclarar que en este capítulo no voy a detallar todas las ayudas para emprendedores que hay en España, porque harían falta otros dos tomos como este. Sí intento dar ideas y facilitar tu iniciativa, y voy a destacar algunos de los organismos que las ofrecen por su especial interés. Creo que lo especialmente valioso de este capítulo, y de todo el libro, aparte de la información, son los ejemplos que lo ilustran, esas mujeres que ya dieron el paso en su momento y en las que te puedes apoyar ahora para darlo tú.

## Subvenciones y ayudas estatales

Muchas veces la iniciativa de emprender se toma desde el desempleo. Ya hemos hablado de la capitalización del paro, pero hay otra fórmula de ayuda a desempleados que decidan convertirse en trabajadores autónomos. Este programa está gestionado por el Servicio Público de Empleo Estatal, y en las comunidades autónomas que tienen las competencias delegadas, por su correspondiente servicio. El máximo que se concede son diez mil euros, y las condiciones pueden variar según el organismo que lo gestione. A causa de la crisis, en algunas comunidades es bastante complicado acceder a esta subvención.

Las ayudas no tienen que ser necesariamente económicas, siempre que aborden áreas que te resulten interesantes para tu crecimiento profesional. Por ejemplo, la Fundación Biodiversidad, del Ministerio de Medio Ambiente, ofrece formación gratuita para emprendedores rurales, y la mayoría de las cámaras de comercio ofrecen asesoramiento personalizado a través del Programa de Apoyo Empresarial a las Mujeres (PAEM) del Ministerio de Sanidad, Servicios Sociales e Igualdad.

El PAEM ofrece apoyo en cualquier etapa del proyecto emprendedor, desde el inicio a la consolidación, e incluso ayuda a modernizarlo si se ha quedado obsoleto. Si tu idea es viable, después de ayudarte a redactar tu plan de negocio, te ponen en contacto con entidades financieras colaboradoras de la Secretaría de

Estado de Servicios Sociales e Igualdad para acceder a sus líneas de microcréditos sin aval. Además, en su web (www.e-empresarias. net) podrás acceder a más información y hacer consultas que se comprometen a responder en menos de cuarenta y ocho horas.

Si necesitas algo más que un microcrédito para empezar, puedes contactar con la Empresa Nacional de Innovación, más conocida como Enisa (www.enisa.es), para solicitar un préstamo participativo. Esta empresa pública depende del Ministerio de Industria, Energía y Turismo. Su línea para emprendedores concede entre 25.000 y 300.000 euros con dos años de carencia y un máximo de seis años de vencimiento para empresas con menos de dos años. Además, tiene otra línea para menores de cuarenta años (edad máxima de los socios mayoritarios) con un máximo de 75.000 euros, un año de carencia y un máximo de cuatro años de vencimiento cuando los socios aportan entre el 15 y el 30 %. Enisa tiene también ayudas para crecimiento, consolidación e innovación de las pymes.

Más conocidos son los créditos ICO, del Instituto de Crédito Oficial (www.ico.es), que delega en un buen número de bancos la tramitación, estudio y aprobación de las operaciones en las condiciones que previamente establece. Tanto delega, que puede ocurrir que un banco te deniegue un crédito ICO y otro te lo conceda, así que no desesperes, ahora que por fin han abierto el grifo, aunque sea tímidamente. También ocurre que el propio banco añade un margen al tipo de interés en función del plazo de amortización, lo que supone una diferencia de lo que pagas según quién te lo conceda.

Entre las líneas ICO, puedes consultar la llamada Empresas y Emprendedores 2014, pensada para autónomos y empresas que realicen inversiones productivas dentro de España o tengan necesidades de liquidez.

Un ICO de veinte mil euros que obtuvo sin dificultad complementaron los ocho mil que Blanca Rabena Camuñas tenía ahorrados cuando empezó a diseñar los zapatos de Titabonita (www. titabonitashop.com), con los que ganó el premio de emprendedoras Yo Dona-Madrid Emprende en el 2012. El nombre de su empresa, por cierto, es el que utiliza su padre para referirse a ella; todos los demás la llaman Tita. Los zapatos que diseña tienen en común tres

Blanca Rabena, ganadora de la segunda edición del premio Yo Dona-Madrid Emprende, recibió un crédito ICO de 20.000 euros para lanzar los zapatos Titabonita.

tachuelas en la parte de atrás y un trébol dentro del pie izquierdo para dar buena suerte a quien no se levante con el derecho.

Creé Titabonita con el apoyo de mi novio. Con el banco no he tenido casi problemas, me han ayudado en todo, y me dieron casi veinte mil euros con un ICO. Diseño zapatos, bolsos y guantes, los fabrico artesanalmente en España y los vendo en mi web, en otras tiendas *on-line* y en *pop up stores*. Quería ser diseñadora, pero me gusta mucho comer y la ropa no siempre me sienta bien. Y los zapatos siempre me caben. Estoy buscando nuevos fabricantes para estar cubierta cuando crezca, porque he tenido malas experiencias. Para mi primera colección, el productor me dijo que no estaría a tiempo si quería cuñas y tacones, así que elegí una de sus hormas de bailarinas y diseñé cuatro modelos. Aun así, se retrasó dos meses. Hago un máximo de trescientos pares según el modelo, no más de tres por número. Una amiga mía gestiona las redes sociales y ha conseguido que la gente nos conozca. De momento, le pago con zapatos. Mi primera tienda la abriré fuera de España. Hay más mercado en Estados Unidos y Canadá y se valora el *made in Spain.* Ahora estoy aprendiendo a desconectar, hay una hora a la que cierro la oficina mental.

## El misterioso depósito empresa

Sólo me he encontrado una vez a una emprendedora que había optado por el depósito ahorro empresa, que venía a ser, según me contaba, como la cuenta vivienda pero con una empresa, y con una letra pequeña que te quita el hipo. Para empezar, de todos los tipos de empresas que existen en España –y que veremos en el capítulo 9–, con el depósito empresa sólo puedes optar por la sociedad limitada nueva empresa. Bien es cierto que de lo que ahorres en esa cuenta, te desgravarás un 15 % de una base máxima de 9.000 euros al año durante no más de cuatro años. Eso significa que el máximo de ahorro deducible son 36.000 euros, que puede estar bien para un negocio pequeño, pero tampoco es un gran capital. Sí puedes ahorrar hasta 300.000 euros, pero la deducción no alcanzará a toda la cantidad, y tienes que aportar un mínimo de 1.800 euros y comprometerte a crear la empresa cuando venza el plazo.

Después de comprar un local, Concha García optó por abrir un depósito ahorro empresa con su marido, y montó Un Pie en Versailles (www.unpieenversailles.com) después de sólo dos años. Es un concepto de zapatería inspirado en las tiendas de París en la forma de decorarlas y de presentar el género, pero con un producto 100 % español. Invirtió 54.000 euros y pidió una línea de crédito al banco, pero cuando le cambiaron las condiciones, multiplicando el interés, prefirió recurrir al préstamo de un hermano. Después de leer su experiencia, seguro que buscas otras fórmulas de ahorro antes de entrar en uno de esos laberintos burocráticos que los legisladores españoles, seguro que cargados de buenas intenciones, han sembrado con resultados muy diferentes de los esperados:

> Soy doctora en Biología Molecular, pero investigar no era para mí, me gustaba más el mundo comercial. Trabajé para una multinacional hasta que vi que no ascendía por ser mujer, y decidí irme. En mi puesto viajaba mucho a París, y me encantaban las tiendas. Aprovechaba para comprar zapatos a mis hijos, porque aquí todo tiene suela de goma. Echaba de menos una tienda donde pudieras tener el mismo zapato desde niña hasta abuela. Decidí abrir en Madrid una zapatería con diseños que fabrican para mí en Villena (Alicante), todo de

Concha García el día de la inauguración de Un Pie en Versailles.

piel, incluida la suela, que va biselada. Vienen muchas clientas extranjeras, que valoran mucho el zapato español y les parece barato. Queremos ser una tienda como las de antes, conocer a nuestros clientes, porque es lo que mejor funciona. En la web tenemos también venta *on-line* y si crecemos, será con marca propia, en principio no contemplo franquiciar. El local lo habíamos comprado ya y dos años antes había abierto un depósito ahorro empresa, que es como una cuenta vivienda, tienes que ir metiendo dinero, te desgrava cada año, pero al final te lo tienes que gastar en montar la empresa con una serie de condiciones. Tienes que demostrar que te has gastado el dinero en la empresa, te lo desgravas de tu IRPF y luego ese dinero pasa al capital de la empresa, y tienes que crearla como sociedad limitada nueva empresa (SLNE). Es una regulación del 2003. En teoría te puedes constituir por vía telemática, entre 24 y 48 horas; en la práctica, te tiras tres o cuatro meses, renuncias a la vía telemática y lo haces vía gestoría; estás obligado a la vía telemática, pero puedes renunciar. Y el nombre de la empresa tiene que ser el de uno de los socios con un código de dígitos y al final SLNE, y yo no quería una persona jurídica con el nombre de una persona física. Lo puedes hacer si en el momento de firmar la escritura pagas también el cambio de denominación social.

Al final te gastas lo mismo que en montar una SL, pero te permite tener un dinero ahí, tienes que tener claro que quieres montar una empresa, o luego tendrías que devolver todo lo que te has ahorrado fiscalmente. Y tienes unas condiciones: tienes que disponer de un local, que en mi caso ya lo tenía (puede ser alquilado), tienes que tener a una persona contratada dos años, y tienes que demostrar que todo ese dinero te lo has gastado en activo mobiliario e inmobiliario de la empresa, no te sirve para el *stock* de producto. Y me lo gasté en acondicionar el local porque era mío, en uno de alquiler no me habría gastado ese dinero.

## LOS MERCADOS EXTERIORES

Otra entidad pública que apoya a las nuevas empresas, en este caso del sector tecnológico, es el Centro para el Desarrollo Técnico Industrial (CDTI), a través de las ayudas Neotec. Y para aquellas emprendedoras que pretenden internacionalizar su negocio o consolidarse en el extranjero, el Instituto de Comercio Exterior (Icex) tiene unas ayudas específicas denominadas IcexNext (icexnext. es). El Icex acude además a numerosas ferias internacionales como aglutinador de pymes que quieren explorar el mercado internacional. Algunas comunidades autónomas tienen a su vez organismos de apoyo a la internacionalización, y otras los han perdido a causa de la crisis, como ocurrió en enero del 2013 con Promomadrid. Para entonces, la escultora y diseñadora holandesa Marre Moerel (www.marremoerel.com) ya llevaba diez años en Madrid, donde empezó a crear y cocer sus piezas de cara al público en un primer local de tan sólo dos metros cuadrados. Su primera inversión fue de cinco mil euros. Hoy sus lámparas iluminan algunos de los más modernos establecimientos del centro de Madrid. A ella sí le dio tiempo a obtener ayudas de Promomadrid para llevar sus diseños a ferias de Francia e Italia.

Empecé a estudiar escultura en Róterdam (Holanda) y tuve la oportunidad de irme a Inglaterra de intercambio dos semanas. Pero me quedé allí, terminé la carrera e hice un máster de Diseño en Londres. Más tarde regresé a la escultura, y mi trabajo actual es una mezcla de ambas disciplinas, siempre preguntándome cuál es la diferencia entre ellas. De Londres me

La escultora y diseñadora
Marre Moerel en su estudio
de la calle Luna, en Madrid.
©Jose Luis Santalla

fui a Nueva York, donde trabajé diez años como asistente de
un artista y trabajaba en mi estudio por las noches. En el 2002
me vine con mi pareja a Madrid, porque le salió un trabajo en
España. Una vez aquí, tenía ganas de crear mis propias obras
sin depender de nadie. En España podía hacerlo, es un país
con mucha cerámica. De hecho, pensaba que sería fácil encontrar fábricas que produjeran mi obra. Pero después de probar
varias, elegí una de Portugal. Abrí mi taller como estudio de
cara al público. La primera tienda tenía unos dos metros cuadrados, con un alquiler que podía afrontar. Más tarde, ya con
la fábrica, empecé a producir cantidades muy pequeñas. Poco
a poco fui creciendo y me trasladé a una tienda de unos treinta
y cinco metros cuadrados. Todo ha ido creciendo de manera
orgánica, sin planear nada. Luego me trasladé al local actual,
de dos plantas. Utilizo la cerámica porque es barata, ecológica
y fácil de trabajar. Es el material que más me gusta y me permitía trabajar sola, sin dificultades con el idioma, pero no fue
fácil porque venía de Nueva York, donde había tiendas de todo
tipo de diseño, y aquí no había tal mercado. No hay día que
no quiera ir a trabajar, porque me encanta, es una forma de
vivir. Las colecciones las voy renovando, aunque algunas piezas
se siguen vendiendo muy bien después de mucho tiempo.
Otras son caras porque son experimentales y sólo las compran
coleccionistas y entendidos. También hago pequeñas esculturas

de porcelana y oro. La competencia de China es dura, pero a la gente le gusta ver piezas personalizadas, que rompen con la rutina. Lo que más vendo son esculturas abstractas, floreros y lámparas. Los interioristas son mis mejores clientes. En este barrio al menos diez locales tienen mis obras. También he ido a ferias en Francia e Italia, donde he conseguido clientes de otros países. Vivo mi trabajo y no me gusta hacer planes.

Cuando la idea sobre la que te planteas emprender requiere un registro de patentes, las inversiones que vas a tener que hacer se multiplican. Puede resultar terriblemente injusto, porque el precio es tan alto, que hay innovaciones que no ven la luz por una balanza en la que pesa, por un lado, el tamaño de la inversión y, por el otro, el riesgo de comercializar tu idea con la posibilidad de que te la copien sin que puedas hacer nada para protegerla. Cuando Ana Hernando presentó C'Up (www.yourchoiceontop.com) ya llevaba invertidos 95.000 euros, sobre todo en patentes, realización de moldes y *stock*, por suerte para ella, con apoyos del Ministerio de Industria y de Avalmadrid. Escultora de profesión, dio el salto al gran consumidor con esta taza que se puede utilizar en dos posiciones diferentes, en función de la cantidad que se quiera consumir.

El 1 de enero del 2010 soñé con una taza que valía para distintas cantidades de café, tan sólo dándole la vuelta. La diseñé utilizando el mismo lenguaje que en mis esculturas, aplicado a un objeto útil. El salto ha sido de hacer un número limitado de piezas a poder hacer millones. Ha sido difícil porque tengo que pensar de otra manera, los costes, los proveedores... Desde la ventanilla única del emprendedor de la Comunidad de Madrid me ayudaron con el plan de empresa, y fundí en vidrio los beneficios de las dos últimas esculturas públicas que vendí. Recibí dos subvenciones del Ministerio de Industria para la ampliación de Modelos de Utilidad fuera de España, en el 2011 y el 2012, y la financiación para el proyecto recibió el apoyo de Avalmadrid, a través de su plan de ayuda al emprendedor en el 2011. Doy trabajo a doce empresas en España. Al ser una producción artesanal, la fábrica sólo tiene capacidad para hacer mil al mes. He aprendido a moverme en las redes sociales y ya hay interesados en distribuirlo en México y Estados Unidos. Tengo otros diseños pendientes de desarrollar, y también contemplo la posibilidad de que participe un inversor y así yo podré volver a mi desarrollo plástico, que lo echo mucho de menos.

Ana Hernando con dos de sus tazas, iguales pero en diferente posición
para tomar el café solo o con leche.

## LAS COMUNIDADES AUTÓNOMAS

Como ya hemos visto, cada comunidad autónoma establece
ayudas a emprendedores que van evolucionando, a veces sin distinguir género y otras específicas para mujeres. No sólo apoyan
la creación de nuevas empresas, sino también su crecimiento e
internacionalización, y no sólo con dinero, sino también con formación, asesoramiento y seguimiento. Muchas utilizan el apellido
«emprende», como Andalucía Emprende, Euskadi Emprende,
EmprendeRioja y Catalunya Emprén. Y otras suman a este esfuerzo su correspondiente Instituto de la Mujer. Más originales
son los nombres de las entidades autonómicas de apoyo a la internacionalización, exportación y presencia en ferias internacionales,
como Extenda (Agencia Andaluza de Promoción Exterior) y el
Instituto Valenciano de la Exportación (Ivex).

Por resaltar un ejemplo positivo, EmprendeRioja, desde su creación en enero del 2009 hasta el 31 de diciembre del 2013, apoyó a 1.623 personas en la creación de nuevas empresas. Casi la mitad eran mujeres, lo que supone un muy buen dato si tenemos en cuenta que en España sólo es mujer uno de cada tres autónomos, y en el mundo sólo lo es uno de cada cinco emprendedores. Este programa tiene ayudas a fondo perdido y apoyo para obtener financiación gracias a sus convenios con entidades como Enisa, Iberaval, Microbank y el Banco Europeo de Inversiones (BEI).

De vuelta a Andalucía, en Granada encontré a una diseñadora de moda que vende sus prendas en muchos países, ha desfilado en las semanas de la moda de Moscú y la República Checa y ha sido premiada dos veces por la Junta de Andalucía por su iniciativa empresarial y exportadora. Se llama Pilar Jiménez Torrecillas y creó Pilar Dalbat (www.pilardalbat.com) en el 2001 con 4.000 euros que le prestó su padre. La primera vez que hablé con ella, en el 2009, había cerrado el año anterior con una facturación de 370.000 euros.

> En mi casa siempre he visto coser y bordar, y me habría gustado estudiar Bellas Artes o Diseño de Moda, pero mi padre me dijo que primero hiciera una carrera. Por eso estudié Económicas. Tuve la suerte de completar mis estudios en Gales y en Francia. En París entré en contacto directo con la moda: viajaba por Europa localizando colecciones para una empresa que las compraba y las vendía en otros mercados. Cuando acabé mis estudios, cogí mi mochila y me fui con una amiga a recorrer el sudeste asiático un año y medio. Fue un viaje decisivo. En India está el origen de la marca, Dal Bat, que es la comida del pueblo, y el *prêt-a-porter* tiene mucho que ver con eso, porque lleva la moda y la tendencia a la gente de la calle. Allí conocí a grandes artesanos y descubrí el color. Al regresar a Granada, empecé a hacer mis primeros trabajos como diseñadora, al principio sólo complementos. Mi padre me prestó cuatro mil euros y estuve vendiendo puerta a puerta dos años. Poco a poco fui avanzando hasta llegar a hacer colecciones completas de *prêt-a-porter*. Con el tiempo, dejé de producir en India y lo traje todo aquí, ahora se hace todo en Andalucía, en talleres propios, y cuando hay mucho trabajo, en otros subcontratados. Enviamos nuestras

Pilar Torrecillas empezó produciendo en India pero ahora el 100 % de sus colecciones se hace en Andalucía, donde ha recibido varias subvenciones.

prendas a nuestros clientes en todo el mundo. Como es una empresa pequeña, estoy implicada en muchas áreas, pero cada vez puedo dedicarme más al diseño. Tenemos una tienda propia en Granada y proveemos a unos cien puntos de venta multimarca en España y Portugal. Al poco tiempo de empezar conté con la ayuda de Extenda, la Agencia Andaluza de Promoción Exterior, que me ha ayudado a salir fuera de España, subvencionándonos y apoyándonos en la participación en ferias internacionales, acercándonos a otros mercados y asesorándonos. Ahora vendemos en otros países de la Unión Europea, en Japón y en Oriente Medio. También tuve una subvención de la Consejería de Turismo, Comercio y Deporte para la contratación de espacio y realización de catálogos en ferias nacionales. También quería, con el apoyo de la Junta de Andalucía, abrir tiendas en todas las capitales andaluzas en una primera fase, y después en el resto de España, pero de momento ese proyecto está parado hasta que la crisis pase del todo.

## FONDOS EUROPEOS

Más allá de nuestras fronteras, existen otras ayudas que provienen de la Unión Europea. Es el caso de los Fondos Estructurales, cuya asignación financiera tiene como objetivo disminuir las diferencias de desarrollo económico y empresarial entre los países que forman parte de la Unión Europea. Se trata del Fondo Europeo de Desarrollo Regional, el Fondo Social Europeo, el Fondo Europeo de Orientación y Garantía Agrícola, el Instrumento Financiero de Orientación Pesquera y el Fondo de Cohesión.

Las ayudas europeas no se piden sólo para exportar, sino especialmente para emprender aquí, por ese objetivo de enriquecer el tejido empresarial nacional. Y pueden contribuir a que se produzcan historias tan inspiradoras como la de un grupo de mujeres de un pueblo de León que perdieron su trabajo cuando ya habían pasado de los cuarenta años. En el 2004, Luci Abajo Lera, Encarna Ares Fernández, Carmen Ares Dios, Visi Ares Astorgano y Marisa Rodríguez Rodríguez, todas entre 42 y 47 años, constituyeron Del Monte de Tabuyo (www.delmontedetabuyo.com), una empresa de platos precocinados. Tres años más tarde, tras una inversión de quinientos mil euros, comenzaron su actividad, que incluye un restaurante en el que se pueden degustar sus recetas a partir de productos que cultivan con criterios sostenibles. Pudieron afrontar la inversión gracias a una subvención de los fondos europeos para el desarrollo rural.

Desde que hablé con ellas la primera vez, en el 2009, sus hijos, que han terminado la universidad, se han quedado en el pueblo y también han emprendido aprovechando el entorno, complementando la actividad que ellas hacen. La evolución del restaurante también les ha ayudado a seguir innovando, y ahora ofrecen además ensaladas en conserva. Hace tres años dieron trabajo a otra vecina del pueblo, de su misma quinta, y les han concedido una nueva ayuda europea, de quince mil euros, tras la ampliación de las instalaciones que hicieron para recibir a otros emprendedores rurales y compartir conocimientos con ellos.

> Tabuyo del Monte es un pueblo de León con la riqueza forestal que dan seis mil hectáreas de pinares y montes de donde se extraían madera, carbón, resina, piñones... Los usos han cambiado y ya no somos competitivos en esas explotaciones, pero tenemos otra riqueza: las setas. Cuando cuatro de nosotras perdimos nuestro trabajo, cosiendo sujetadores en casa para una marca de lencería, Marisa, que es la enfermera del pueblo, nos animó a montar un negocio con las setas, que hasta entonces sólo beneficiaban a los intermediarios. No era

De izquierda a derecha, Marisa, Visi, Carmen, Encarna y Luci delante del restaurante que sirve de laboratorio de ideas a Del Monte de Tabuyo. A su lado, uno de los deliciosos platos que han creado, arroz cremoso con rebozuelos y trufa blanca.

fácil para cinco mujeres montar un negocio en el medio rural. Finalmente creamos una cooperativa y una sociedad limitada y nos dedicamos a transformar las setas silvestres de nuestro monte. Los años 2007 y 2008 fueron fatales porque llovió muy poco, pero nos sirvieron para animarnos a complementar las setas silvestres con el cultivo, natural y ecológico, de setas, puerros, espárragos, peras, frambuesas, ruibarbo… Todo ello para envasar nuestras recetas y surtir nuestro restaurante, donde ofrecemos un menú degustación ecológico. Cocinamos recetas propias, que innovamos continuamente; no envasamos el producto al natural, sino elaborado: mermelada de frambuesa al cacao, puerros en escabeche de frambuesa y eneldo… Eso es lo que nos diferencia. Nuestros platos llegan a muchas provincias gracias a la venta *on-line*. Los principios fueron complicados; tuvimos que investigar hasta en las hijuelas para poder escriturar las fincas que compramos. Por suerte, nos dieron una ayuda de cien mil euros de los fondos

JUAN RAMÓN GÓMEZ GÓMEZ

Leader de la UE para el desarrollo rural, pero antes de recibir el dinero teníamos que pagar las facturas y presentarlas. Y vivimos situaciones machistas cuando en los bancos nos preguntaban adónde íbamos y qué opinaban nuestros maridos. El Centro para el Desarrollo Tecnológico Industrial, que depende del Estado, nos dio un crédito al 0 % de interés, y fue como un balón de oxígeno para ir haciendo frente a los otros créditos. Las cuestiones burocráticas a veces se dilatan excesivamente, y la falta de coordinación entre las administraciones te puede llevar a instalar una rejilla que exige Sanidad para que luego Industria te la haga cambiar de sitio. Una vez que empezamos, todo el mundo se ha sentido orgulloso de que en Tabuyo del Monte estemos estas cinco locas que nos hemos liado la manta a la cabeza a estas alturas de la vida. Hemos ido a contar nuestra experiencia a muchos sitios, para que otras mujeres vean que es posible. El restaurante es un complemento que proporciona ingresos rápidos para poder ir haciendo frente a los créditos y quedar libres de cargas más pronto. Cuatro somos autónomas, y Marisa continúa como funcionaria porque su nómina actuó como aval.

En el 2010, la Comisión Europea creó una versión para emprendedores de su exitoso programa Erasmus, que ha tenido un enorme éxito en el intercambio de estudiantes y profesores entre países de la Unión Europea desde que se puso en marcha a finales de los años ochenta. El Programa Erasmus para Jóvenes Emprendedores promueve el intercambio de experiencias entre personas que quieren crear una empresa o lo han hecho en los últimos tres años y, por otro lado, pequeños y medianos empresarios de acogida que se prestan a transmitirles su experiencia y ayudarles a mejorar sus competencias y habilidades sobre el terreno dentro de sus propias empresas. A la vez que entran en contacto directo con las tareas de gestión y dirección y practican otro idioma, los jóvenes participantes pueden aportar ideas frescas y una nueva visión del mercado a sus experimentados anfitriones. Y como ambas partes suelen trabajar en sectores afines, al terminar el período de intercambio pueden mantener el contacto para hacer crecer su clientela al compartir sus redes de contactos, lo que les permite acceder a nuevos mercados de una forma natural.

Cuando me habló de este programa, Sara Martínez, técnico de proyectos de Mita (www.mitaong.org), me dijo que «España es el segundo país que más emprendedores envía al extranjero». En sus tres primeros años fueron más de novecientos los españoles que viajaron a otros países europeos con el Erasmus para emprendedores. Las estancias, de uno a seis meses, están subvencionadas con el pago de los billetes de ida y vuelta y ayudas de entre seiscientos y mil cien euros al mes, según el nivel de vida del país de destino. Los participantes deben inscribirse en www.erasmusentrepreneurs.eu, en la pestaña «cómo participar», y adjuntar una carta de motivación, un currículum y el plan de negocio. Tanto los nuevos emprendedores como los anfitriones tienen que acudir a un punto de contacto local que hará de intermediario, y cuando se acuerde el intercambio lo tienen que firmar las cuatro partes (emprendedor, anfitrión y los puntos de contacto de cada uno), y deben fijar los objetivos, los cometidos que debe cumplir cada uno y el tiempo de duración. Si la empresa a la que quiere acudir el emprendedor no está en el listado, puede solicitar su inclusión en su punto de contacto local.

## AYUDAS LOCALES

Ya en el entorno más cercano, también puedes explorar entidades locales y provinciales que te puedan apoyar en tu iniciativa emprendedora. No es necesario vivir en una gran ciudad para encontrar estos programas de ayuda. La única diferencia está en los recursos que puedan dedicar al apoyo de nuevos negocios. La mayoría de las veces, más que una ayuda económica lo que hacen es proveer recursos como los viveros de empresas. En las grandes ciudades sí hay organismos específicos con más recursos, como Madrid Emprende y Barcelona Activa. Pero si buscas ahí donde vives, seguro que encuentras algo. La fotógrafa Inma Fiuza (www.inmafiuza.com) abrió su estudio en el 2003 con una inversión de sesenta mil euros para la que contó con una subvención para creación de nuevas empresas de la Sociedad para el Desarrollo Empresarial de la Diputación de Bizkaia. Eso le permitió especializarse en un estilo muy personal:

> Estudié Fotografía en la Politécnica de Barcelona y me quedé allí trabajando cuatro años, pero mi padre tenía mucha morriña y quería que volviera. Monté mi estudio en Bilbao,

La fotógrafa Inma Fiuza recibió una ayuda de la Diputación de Vizcaya.
©Javier López Favián

aunque me costó decidirme porque aquí había un concepto de fotografía muy clásico. Empecé a trabajar a mi estilo, haciendo bodas diferentes, sólo en blanco y negro. Lo que más me gusta hacer son retratos, y soy una privilegiada porque hago muchísimos. Lo que pretendo es sacar la belleza de las personas, reflejarlos como ellos se ven. El estudio empezó a ser rentable a los cuatro años. Mi marido me echa un cable con el tema de las facturas, porque soy muy desastre. Y cuando necesito apoyo para fotos, tengo un equipo de *freelances*. Ahora quien me llama sabe que está encargando un concepto de fotografía diferente. Antes hacía muchas fotos para revistas, pero cuando nació mi hijo Mateo me costaba más viajar. Ya he recuperado el ritmo, y en el 2013 creé Little Fiuza, fotos de recién nacidos que han tenido una acogida bestial.

## LAS VENTAJAS DEL ASOCIACIONISMO

Uno de los fenómenos más interesantes que han surgido en los últimos años es una forma de asociacionismo femenino de apoyo profesional que, desde mi punto de vista, supone un revulsivo del papel de la mujer en el mundo laboral y en el emprendimiento. Me gusta hablar de nuevo feminismo porque uno

Pilar Roch (sentada) y María Gómez del Pozuelo revisan algunos detalles
rodeadas de algunas compañeras.

de los objetivos que persiguen es ganar notoriedad en todos los
ámbitos para estar al lado del hombre en la toma de decisiones,
y no para ocupar su lugar ni relegarlo. Y tienen grandes e inte-
resantísimos argumentos para demostrar que los hombres y las
mujeres no somos iguales en todo, y que las mujeres pueden ser
mejores en ciertos cometidos profesionales, pero que lo mejor
que puede tener una empresa es una mezcla de perfiles y géneros
que la enriquezcan y la saquen del anquilosamiento de seguir
haciendo las cosas como hace cuarenta años.

Womenalia.com nació en octubre del 2011 con la ambición
de convertirse en una herramienta para que las mujeres alcan-
cen sus objetivos profesionales. Esta red social profesional fue
conocida en sus inicios como el LinkedIn de las mujeres, por su
formato, objetivos y contenidos, aunque en poco tiempo adquirió
una identidad propia y se fue configurando con nuevas áreas para
hacerse más útil y al mismo tiempo necesaria para las mujeres.
Pilar Roch, una de sus fundadoras, me explicaba hace un tiempo:

> Teníamos claro que tenía que ser una red social al uso.
> Womenalia no es más que una herramienta para hacer que
> las mujeres alcancen de una forma más eficaz sus objetivos

profesionales. La sección de emprendimiento es muy potente, se visita mucho, y también hemos comprobado que a las usuarias les gusta mucho interactuar en grupos. El proyecto está ideado por mujeres y está diseñado a imagen y semejanza de la mente de una mujer, que funcionamos con muchas cajitas y vamos abriendo unas y cerrando otras. Creo que la web se entiende bastante bien porque abarca 360 grados.

Ese mismo día también hablé con su directora general, María Gómez del Pozuelo, y aquí te muestro un extracto de lo que me contó:

El mundo económico y empresarial necesita el valor femenino en este momento. Se ha demostrado que las empresas participadas por un 50 % de mujeres son un 18 % más rentables, y tiene mucho sentido, porque nosotras somos las que tomamos un 87 % de las decisiones de compra. Empezamos este proyecto desde cero en el salón de mi casa, y poco a poco hemos ido creciendo. El objetivo principal de Womenalia es que cualquier mujer pueda alcanzar cualquier meta que se proponga en la vida. Sólo hay un 20 % de emprendimiento femenino en el mundo, y seguimos teniendo el 80 % de las cargas familiares, ya sean hijos o mayores. Hay muchas mujeres que no pueden realizar sus metas o sus sueños profesionales por todo esto, porque tienen muchas trabas, muchas responsabilidades, y no tienen a nadie que las acompañe y les haga creer en esto. Y ¿qué hemos hecho? Pues unir a todas estas mujeres en una red para ayudarnos unas a otras y proporcionarles todos los contenidos necesarios para su carrera profesional y para emprender, y una serie de productos y servicios para ahorrarles tiempo y dinero en su día a día. Womenalia se diferencia del resto de redes sociales en tres cosas: los contenidos, los eventos *off-line* y porque cuidamos muchísimo la dinamización de grupos y los debates, porque intentamos que nuestro muro no sea una plataforma de corchos de publicidad, sino que sea todo contenido generado por Womenalia y por las womenalias.

Esta red social no se ha quedado en España sino que ya ha empezado a expandirse por el mundo, con el objetivo de llegar a las veinte millones de usuarias en cinco años: «Entonces podremos pedir a los gobiernos y a las grandes corporaciones que nos ayuden a cambiar esto», me explicó Gómez del Pozuelo. Exportar esta red social no es sólo traducir sus contenidos, sino llevar a otros países las ideas que aquí se generan y, por qué no, traer aquí las que puedan estar funcionando fuera, como en Estados Unidos, uno de los primeros destinos en los que ya ha desembarcado Womenalia. Desde encuentros de *networking* y concursos de emprendimiento hasta un congreso de emprendimiento que en España celebró su tercera edición en junio del 2014 con cerca de 1.500 asistentes y está dando mucho que hablar. Este formato, que Gómez del Pozuelo conoció en Nueva York, mezcla actividades con ponencias y mesas redondas en una jornada de doce horas que no se hace larga en ningún momento: «El objetivo es que cualquier asistente, cuando salga por la puerta ese día, sienta que puede conseguir cualquier meta que se proponga en la vida, sea pequeña, mediana o grande. Y que depende de ella, cada una escribe el guion de su vida. Hemos cambiado a muchas mujeres en ese sentido, tenemos unos testimonios brutales de anteriores ediciones. Nosotras no las cambiamos, les damos las herramientas y ellas son las que cambian su vida», me explicaba orgullosa la directora general.

Desde España también hemos exportado otra red profesional femenina, ahí es nada. Ellas[2] (www.ellas2.org) está enfocada a un público más específico, la emprendedora tecnológica, y no es en este caso una empresa sino una asociación sin ánimo de lucro. Sus fundadoras, Begoña Miguel y Patricia Araque, me explicaron por qué decidieron crearla:

> Las mujeres nos incorporamos de manera masiva a internet, pero como usuarias. Y no podíamos quedarnos fuera del sector tecnológico, o de lo contrario quedaremos de nuevo como ya ha ocurrido en otros momentos de la historia, relegadas a un papel de consumidoras y no de creadoras, algo que acentuaría la brecha de género en el futuro y que nos dejaría fuera de grandes oportunidades para construir un mundo mejor y más equilibrado. Es necesario que las mujeres creen empresas y establezcan sus propias reglas para hacer un mundo más igualitario. Desde Ellas[2] tratamos de dar respuesta a las necesidades de las emprendedoras conectándolas entre sí. Nuestra misión es ser catalizadoras del cambio social, movilizando, dotando de visibilidad y proporcionando el soporte y los recursos necesarios a una

potente red de mujeres emprendedoras que entienden la independencia económica y la tecnología (y especialmente los *social media*) como herramientas fundamentales para alcanzar la realización personal y profesional y hacer del mundo un lugar mejor. El porcentaje de emprendedoras de base tecnológica en España no llega a un 4 % según datos del informe GEM. Considerando que el sector tecnológico (según informes del Ministerio de Industria) en los últimos años está incrementando su contribución al PIB y que será responsable de una parte importante del crecimiento de nuestra economía a corto, medio y largo plazo, nos parece que las mujeres no podemos quedarnos fuera de la construcción de esa parte del futuro de la economía. Esta industria está llena de oportunidades y al mismo tiempo necesitada de talento. La incorporación de las mujeres al emprendimiento tecnológico soluciona ambos problemas: acerca las oportunidades a las emprendedoras y renueva el talento existente en la industria con la fuente natural de ese talento, la otra mitad de la población, las mujeres. Pusimos en marcha Ellas 2.0 (hoy Ellas²) con el objetivo de conectar, inspirar, educar y dotar de visibilidad a las emprendedoras en tecnología en España, y con el paso de los años, el movimiento se ha extendido a todo el mundo hispano a un lado y otro del Atlántico. Estamos en un momento maravilloso y dulce del proyecto, creciendo por encima de nuestras expectativas en todo el mundo hispano (España, Latinoamérica y la comunidad latina en Estados Unidos).

Rachida Justo, profesora del Instituto de Empresa especializada en emprendimiento femenino, opina que «las mujeres tienen mucho que aportar en el mundo como emprendedoras», y este tipo de redes «tienen un valor añadido por ser específicas para mujeres, creo que muchas se sienten más cómodas para contactar entre ellas». Aunque en sus estudios ha comprobado que existen pocas diferencias entre mujeres y hombres a la hora de fundar un proyecto empresarial, piensa que «las mujeres tienen menos confianza en sí mismas, con un lado positivo porque escuchan más a sus equipos. Se preocupan menos de ganar dinero y más del bienestar de sus empleados, la calidad de su producto y el impacto social de su empresa. Y por último, prefieren crecer lentamente y de forma controlada».

## MENTORIZACIÓN

Una figura muy interesante para apoyar a las emprendedoras que están empezando es la del mentor. La mentorización aún no está recogida en el diccionario de la Real Academia Española y es de las pocas palabras que aparecen en este libro que me aparecen subrayadas en rojo en la pantalla de mi ordenador. Pero prefiero usarla antes que el *mentoring* que intenta imponerse junto a tantos otros anglicismos. También podría optar por un derivado de las definiciones de mentor que da el diccionario: consejero, guía, maestro, padrino. Pero entonces poca gente sabría realmente a lo que me estoy refiriendo.

La mentorización consiste en la tutela que ejerce un empresario con experiencia sobre un nuevo empresario para ayudarle a dar los pasos oportunos en los momentos oportunos, y evitar así el fracaso de su proyecto. Suele ofrecerse en el período de transición del plan de negocio a la vida real, y existen redes de mentores que ofrecen su ayuda de forma gratuita. El proceso funciona con reuniones periódicas en las que las dos partes comparten el día a día de la empresa para estudiar las actuaciones necesarias. El mentor puede despejar tus dudas y enseñarte a ver las dificultades como retos, además de motivarte, mostrarte tus debilidades y fortalezas y compartir su red de contactos. Te guiará para que aprendas a gestionar tu empresa y que adquieras las habilidades necesarias para tu trabajo. Los mentores habitualmente no pueden invertir en las empresas a las que asesoran, para evitar conflictos de intereses.

La Comisión Europea ha organizado una red europea de mentores para promover el empresariado femenino. Participan 17 países y 170 mentores. En España, esta labor recae en la Red Española Cameral de Mentorización a Empresarias (Recame), que coordina el Consejo Superior de Cámaras, aunque no participan todas las cámaras de comercio.

Laura Ibáñez no estaba pensando en emprender cuando empezó un máster en el Instituto de Empresa. Pero las ideas empezaron a brotar en su mente y no sólo creó su propia empresa, sino que acabó convirtiéndose en mentora para ayudar a otros emprendedores. En sólo seis meses, Cocinario (www.cocinario.es) ya tenía 2.400 usuarios y más de 900 recetas publicadas. Su web surgió

Además de haber creado su red social de recetas de cocina, Laura Ibáñez es mentora de otros emprendedores.

para compartir su pasión por la cocina con otros aficionados, pero enseguida empezó a pensar en abrir nuevas redes verticales para abarcar otras aficiones.

Me gusta la cocina y me apetecía compartir las cuatro recetas que me salían bien. Cuando vi que había más gente que buscaba lo mismo, decidí crear una plataforma con funcionalidades similares a las de las redes sociales para seguir a otros y marcar lo que te gusta y así ir haciendo tu recetario particular. Soy ingeniera industrial y estuve trece años en una empresa. Me promocionaron bastante rápido, pero en el 2011 empecé a desarrollar mi idea en mis ratos libres, porque veía que no estaba aprovechando mi vida al máximo en el plano profesional. En el 2007 hice el máster en el Instituto de Empresa y me metí en el mundillo de emprendedores. Entré muy activamente en un grupo de antiguos alumnos que organizaban sesiones prácticas de emprendimiento para ayudar a gente que estaba con proyectos, y terminé liderando el equipo. Gracias a eso, en el IE tiraron de mí para ser mentora. Mediante el *mentoring* a emprendedores intento ayudarlos y acompañarlos a recorrer, de manera razonada y estructurada, el camino desde la idea de negocio al negocio en sí. En ese camino establecemos hitos y utilizamos diferentes herramientas con el fin de acelerar el avance del proyecto y detectar cuanto antes si hay posibilidades de negocio real o no. En Cocinario hemos hecho una herramienta muy fácil de usar, puedes incluso elegir ingredientes para que te lleguen avisos con las recetas que los usen. Con las sugerencias de los primeros usuarios hemos desarrollado la versión 2.0, y después el *site* móvil. He buscado gente fuerte en tecnología de internet, y desde que empecé con la idea me empecé a formar en *marketing* digital y redes sociales, de los que me ocupo directamente.

## SI QUIERES PRESUMIR DE IDEA, CONCURSA CON ELLA

Los concursos de emprendedores son otro recurso para ti si tienes una buena idea, crees en ella y sabes transmitir tu pasión. Por lo general, tendrás que presentar un breve plan de negocio (una o dos páginas), y las primeras fases suelen consistir en un *elevator pitch* de un minuto.

Uno de los más veteranos que conozco es la competición de emprendedores ActúaUPM (actuaupm.blogspot.com), que ya ha cumplido once ediciones y reparte cada año más de cuarenta mil euros en premios. Es iniciativa de la universidad Politécnica de Madrid (UPM), por lo que requiere que al menos uno de los miembros de cada equipo tenga alguna vinculación con la UPM, ya sea como estudiante, investigador o profesor. Para mí, lo más valioso de este concurso es la formación a la que acceden todos los aspirantes que pasan la primera selección, que son muchos: formación en gestión empresarial, asesoramiento individualizado, posibilidad de acceso a tutores expertos, red de contactos y ayuda en la búsqueda de financiación a través de iniciativas propias y externas. Lo cuenta el propio Arístides Senra, responsable de Innovación y Creación de Empresas en la UPM y cofundador de ActúaUPM:

> Yo cofundé ActúaUPM en el 2004 y se trató precisamente de poner en marcha lo que fue mi proyecto de fin de carrera en el 2002. Empecé a trabajar en la empresa privada y en el 2004 me llamaron porque había conseguido financiación. Tuve la oportunidad de acceder a una beca predoctoral en el centro de creación de empresas del MIT (Instituto Tecnológico de Massachusetts); de hecho, aquí seguimos su modelo. Me siento especialmente orgulloso de haber

evaluado más de 1.800 ideas de negocio, y de que se haya asesorado a más de 600 equipos. La verdad es que da un poco de vértigo echar la vista atrás. En la primera competición estábamos un profesor y yo, me acuerdo de ir por las escuelas repartiendo folletos. Se presentaron 60 ideas, en el 2012 fueron 474. Personalmente estoy muy orgulloso. Me ha gustado conocer a gran cantidad de gente interesante. Lo más bonito ha sido conocer a muchos profesores, investigadores y estudiantes a los que de otra forma no habría podido conocer. Con más o menos acierto pero con muchas ganas de hacer cosas innovadoras, de cambiar el entorno. Es una historia de esfuerzo, superación y conocer a gente brillante. Cuando empezamos, pensaba que nos íbamos a comer el mundo, pero tuvimos un par de años difíciles, fue complicado encontrar patrocinadores. Hoy tenemos grandes patrocinadores, que están bastante contentos porque además les interesan los proyectos que salen de aquí. La competición se ha convertido en un referente, y en el 2012 pusimos en marcha un foro de inversión, porque cada año vienen más inversores que quieren conocer lo que se está haciendo en esta competición.

A veces, hay emprendedoras que arrasan en los premios, se llevan uno detrás de otro. En el caso de Belén González Dorao no me extraña nada. Su idea de instalar la primera cámara oscura que hubo en España como atracción turística ya suponía una innovación, pero hacerlo en Cádiz tiene más mérito aún. No sólo por que se trate de una ciudad con una de las mayores tasas de paro de España, sino porque creó un nuevo recurso turístico en un lugar que vive fundamentalmente del turismo y necesita alimentarse de nuevas ideas para no estancarse en el pasado y seguir atrayendo nuevos visitantes. Una cámara oscura, me explicaba Belén, «es como si estuvieras dentro de una gran cámara de fotos, están las lentes, el espejo, y en la pantalla circular en la que se refleja el exterior incluso se puede poner un papel para revelar». Lo más sorprendente es que la imagen que se ve en la pantalla está en movimiento, en tiempo real, y en una ciudad como Cádiz, rodeada de mar, es un espectáculo ver los barcos de vela navegando, las gaviotas volando y las sábanas tendidas en las azoteas jugando con el viento. La Torre Tavira (www.torretavira.com), donde instaló su primera cámara oscura, se eleva cuarenta y cinco metros en el centro del

Belén González Dorao en la
terraza que se sitúa a media
altura del edificio, con la Torre
Tavira detrás.
© Santiago Bringas

casco antiguo, y desde el siglo XVIII sirvió de torre vigía oficial del puerto de la ciudad, para controlar sobre todo la llegada de naves desde América. Recibe a más de setenta mil visitantes cada año y después de ella ha seguido montando otras por toda España, ya que se hizo con la patente nacional.

Aunque me encanta vivir en Cádiz, desde pequeña he salido mucho, me gusta viajar y conocer a gente nueva. Estaba trabajando en una planta de construcción de plataformas petrolíferas cuando mi hermano se fue de viaje de novios a Escocia en 1992, vio una cámara oscura y me trajo un folleto; para mí fue como cuando ves al amor de tu vida. Y en unas vacaciones que tenía en febrero me fui a Edimburgo para verla, y empecé a investigar para saber cómo funcionaba; busqué un óptico que me fabricara las lentes, y al regresar a Cádiz empecé a buscar localizaciones para instalarla. Nunca había subido a la Torre Tavira, porque estaba cerrada al público. Cuando subí tuve otro flechazo, no me podía imaginar que hubiera unas vistas tan espectaculares; es una torre vigía desde la que se controla todo el casco antiguo, y el mar alrededor, parece que estás en el puente de mando de un barco. Yo no tenía ningún tipo de formación como empresaria, seguí en mi trabajo porque necesitaba ingresos, e hice un curso mientras redactaba el proyecto, hasta que por fin me puse a buscar financiación. Mi familia se volcó, mi madre me avaló el *leasing*, mi hermano se hizo cargo de la imagen corporativa; me quedé con lo puesto y empecé a invertir. Presenté el proyecto al ayuntamiento, que es el propietario de la torre, y tuve la suerte de que el concejal de Urbanismo era un apasionado de la fotografía del siglo XIX, y sabía lo que era una cámara oscura, que es como estar dentro de una cámara de fotos, con un sistema de lentes. Ahora, cuando monto otras similares, ya tengo algo que enseñar, pero en esa época era algo intangible. Al ser un edificio público, salió a concurso y lo gané, y el 22 de diciembre de 1994 abrí. A medida que fue consolidándose la empresa, fui contratando a gente. El objetivo de la sesión es que la gente disfrute, les enseñamos todo Cádiz y les contamos su historia, anécdotas, curiosidades…, todo apoyado por el material de las dos salas de exposiciones y la subida al mirador. Vamos girando todo el sistema óptico los 360 grados y vamos dando una vuelta completa. El movimiento dentro de la cámara fascina al público, veleros en la bahía, gente tendiendo la ropa, pájaros volando y el movimiento de las palmeras. El idioma lo dictan los visitantes, hablamos español, francés, inglés y alemán. Reinvierto casi todos los beneficios, y guardo algo en previsión por si vienen vacas flacas. Tengo una patente para toda España, y como ingreso extra y puntual empecé a montar otras cámaras oscuras en 1998 por todo el país, además de la de Lisboa y la que la Diputación de Cádiz regaló a La Habana.

Con este currículum, insisto, no es de extrañar que Belén haya ganado premios locales como el Poseidón, que otorga el Club Caleta de Cádiz a las iniciativas que contribuyen a mejorar la ciudad; otros autonómicos como el de Andalucía de Turismo en 1996 y el Meridiana del Instituto Andaluz de la Mujer en 1999, y alguno muy lejos de su tierra, como el premio Mujer Emprendedora que le dio en 1998 la Fundació Internacional de la Dona Emprenedora, de Barcelona. Y así unos cuantos más, pero quizá el que más supuso para ella fue el que le dio el Patronato Provincial de Turismo de Cádiz:

Es el rey de la promoción en la provincia, y el premio que otorga todos los años tiene mucha repercusión aquí. El perfil del premiado siempre había sido hombre mayor de sesenta años, casi siempre de cadenas hoteleras. Cuando

Marta Cosío recibió 18.000 euros del primer premio de la Fundación Botín
en el 2012. El segundo premio está dotado con 12.000 euros y el tercero,
con 6.000 euros. ©Ruido Interno / Fundación Botín

me lo dieron a mí fue un poco transgresor, porque fui la
primera mujer, y no es que tenga dieciocho años, pero me
salí del rango de edad y lo mío es oferta complementaria,
que me hizo mucha ilusión porque creo que eso denota un
cambio que está habiendo en el turismo.

Los grandes empresarios también ponen su granito de arena
para fomentar el emprendimiento, y generalmente lo hacen en
su tierra de origen. Así ocurre, por ejemplo, con la Fundación
Botín, que cada año convoca el concurso Nansaemprende para
contribuir al desarrollo socio-económico del valle del Nansa y
Peñarrubia (Cantabria), con una dotación económica de 36.000
euros. En el 2012, la ganadora fue Marta Cosío con su Panadería
del Nansa, que había comprado en el 2011 con una inversión
de 65.000 euros. Era la tercera edición y recibió 18.000 euros y
formación técnica para elaborar el plan de empresa.

Esta panadería lleva abierta desde antes de 1940, y al jubi-
larse los dueños surgió la oportunidad de comprarla. Había
otros interesados, pero optaron por nosotros porque queríamos mantener el sistema de elaboración del pan tradicional,
en uno de los pocos hornos de leña que quedan en Cantabria. El primer mes contamos con la ayuda de los anteriores
propietarios, que nos enseñaron todo lo que conlleva dirigir

Susana Calabuig (a la izquierda) y Marta Ibáñez volvieron a Valencia para formar parte del Proyecto Lanzadera, porque era uno de los requisitos. Estuvieron diez meses en la incubadora de empresas.

y trabajar en una panadería. Confiaron mucho en nosotros, ya que hasta tres meses más tarde no conseguimos el dinero para la compra. Al hacernos cargo del negocio, decidimos diversificar la gama de productos. Los primeros doce meses no íbamos a casa ni a cenar. Ahora hacemos tres tipos de pan y tenemos una sección de repostería que esperamos ampliar con la producción de un dulce típico. Los clientes están encantados de que la panadería no cerrara. Cada vez son más y hemos ampliado la zona de reparto. El futuro más inmediato es acometer unas obras en el obrador, renovar la maquinaria y habilitar una zona de degustación.

Con muy parecido objetivo nació el Proyecto Lanzadera, una apuesta personal de Juan Roig para apoyar el talento emprendedor en Valencia. En este caso, el premio consiste en un programa de diez meses en una incubadora de empresas, doscientos mil euros de financiación y apoyo en tecnología, *marketing* y comunicación. Hiphunters (hiphunters.com) inició su actividad en noviembre del 2012 gracias a que sus impulsoras, Marta Ibáñez y Susana Calabuig, fueron seleccionadas para esa edición.

Hiphunters es una plataforma de moda que pretende ser una referencia para los consumidores que quieran comprar pequeñas marcas europeas del segmento *premium* y de lujo. Nosotras nos llevamos una comisión por venta. De momento, agregamos contenido de las mejores tiendas, pero queremos eliminar intermediarios, y el siguiente paso es vender directamente estas marcas, a las que proporcionamos nuestra plataforma tecnológica para que tengan visibilidad *on-line*. La idea surgió porque yo buscaba estas marcas en internet y no las encontraba –explica Marta–. Hablé con Susana y empezamos a crear la web a mediados del 2012. Inicialmente era una red social, pero el sistema era demasiado complejo. Ahora lo principal es la tienda, que tiene como apoyo la revista y la comunidad. Ese mismo año 2012 nos presentamos a la primera edición del Proyecto Lanzadera, nos seleccionaron y eso nos ha permitido impulsar el negocio. Toda la plataforma es en inglés y hemos lanzado el producto en España y en Londres, porque el mercado británico *on-line* es mucho más grande que el español.

## NOTORIEDAD INTERNACIONAL

Una iniciativa que ha cobrado mucha importancia muy rápidamente es el Spain Startup (www.spain-startup.com), que reconoce a las mejores empresas en diversas etapas de su desarrollo y cuenta con un jurado internacional de expertos. Su impulsora fue María Benjumea, una de las mujeres más conocidas del emprendimiento español desde que fundó Infoempleo: «Creé Spain Startup para impulsar el ecosistema emprendedor en España. La idea era poner en relación el talento y las ganas de los emprendedores con inversores en busca de productos rentables y empresas o corporaciones que crean en el valor de la innovación. Entre todos ellos y en ese territorio común, hacen más fuerte el tejido emprendedor». Uno de sus retos es lograr que aumente el porcentaje de proyectos liderados por mujeres, y es que en el 2013 sólo lo eran el 23 % de los 2.000 que se presentaron.

Durante los tres días que dura la competición, los emprendedores que han logrado llegar a la final tienen la oportunidad de presentarse ante los más de 350 inversores internacionales y más de 30 empresas que acuden en busca de proyectos innovadores. En las primeras ediciones, los finalistas han logrado más de treinta millones de euros de financiación, y en el último año han creado más de cien puestos de trabajo.

Ya hemos hablado en este capítulo de Womenalia, que convoca alternativamente en Madrid y Barcelona el Womenalia Startup

Day, al que llegan preseleccionadas diez empresas que tienen la oportunidad de hacer su *elevator pitch* ante un foro de inversores de talla internacional. Una de ellas es seleccionada ganadora y obtiene apoyo en medios por parte de la red y otros beneficios para apoyar a la empresa durante un año. Cristina Fernández, una de las fundadoras de Embutishop (www.embutishop.com), que comercializa embutidos artesanales de diversos puntos de la Península, fue finalista en la edición de marzo del 2013. Poco después, me explicaba: «Plataformas como Womenalia me han permitido relacionarme con otras emprendedoras que de otra forma me habría sido imposible conocer. Además, me ha dado acceso a valiosa información para mi idea de negocio, y consejos a las dudas que me iban surgiendo. Me he sentido entendida y apoyada por otras mujeres que pasan por dificultades similares a las mías».

Cristina pidió una excedencia en su trabajo para poner en marcha esta empresa que lleva a toda España y a otros países los embutidos artesanales de pequeños productores.

> Nuestra tienda *on-line* de embutidos artesanales de toda España abrió en octubre del 2012. Son pequeñas marcas de productores que no habían llegado a internet y nosotros les hemos abierto un nuevo canal de venta. Mi familia lleva tres generaciones fabricando embutido en León. La idea surgió porque yo vivía en Madrid y cada vez que volvíamos del pueblo llevábamos embutidos para repartir entre amigos, y nos preguntaban dónde podían comprarlos. No pensábamos volvernos a vivir a León, pero cuando empezamos a poner en marcha la web me quedé embarazada de mellizos. Ya teníamos un niño y nos pareció muy duro estar en Madrid con el negocio tan lejos. Hemos tenido muy buena acogida. Hemos mimado mucho la imagen y el nombre es muy pegadizo. Para vender en otras tiendas *on-line* y en el extranjero hemos creado nuestra propia marca, en la que envasamos una selección de nuestros embutidos favoritos. Lo hemos hecho así porque no nos interesa que otros vendan directamente el producto de esos artesanos a los que nos ha costado tanto llegar.

Me dejo para el final el premio que convoca la revista que me hizo entrar en el mundo de las emprendedoras. El premio Yo Dona-Madrid Emprende ya ha cumplido tres ediciones con un

Cristina Fernández González fue finalista en el Startup Day
de Womenalia de marzo del 2013.

gran éxito de participación y proyectos innovadores. La ganadora
de la última edición, Marta Fernández Cuevas, me confesó que
había estado a punto de no presentarse, no confiaba en este tipo
de convocatorias. Su Pillow Bra (www.pillowbra.com) es un sujetador terapéutico que le supuso una inversión de 72.230 euros en
patentes, materiales, página web y tienda *on-line*.

> Hace cuatro años, una amiga me dijo que tenía muy bien
> el escote. La razón era un sujetador para dormir que yo
> misma había fabricado a mano con espuma de cojines. Me
> dijo que tenía que patentarlo, mi marido me animó y así
> empezó todo. Pillow Bra no sólo evita, previene y corrige la
> formación de arrugas, sino que, además, es una prenda de
> tratamiento que gracias a su diseño disminuye las molestias
> en espalda, cuello y hombros provocadas por la presión del
> peso de los senos. Como es un top, no requiere del mismo
> ajuste que un sujetador. El secreto está en la almohadilla,
> que rellena la zona sin separar los pechos. En septiembre del
> 2009 empecé a fabricar prototipos a mano, y en diciembre
> presenté la patente. Contacté con una persona que me pro-
> puso venderlo en una plataforma *on-line*, pero yo no quería
> que fuera una moda pasajera, sino que se convirtiera en un

Marta Fernández Cuevas ganó
la tercera edición del premio
Emprendedoras Yo Dona-Madrid
Emprende con el sujetador antiedad
que diseñó.

producto de necesidad para todas las mujeres. Además, ella
quería fabricarlo en China, y la calidad de las pruebas que
me traía era muy mala. Estuve a punto de dejarlo, no sabía
cómo sacarlo adelante. El proceso del premio Yo Dona ha
sido muy productivo, intercambias muchas ideas, ves qué
formas de colaborar puedes tener con las otras participantes... La verdad es que era un poco incrédula al principio.
Para mí ha sido una verdadera experiencia ver que de verdad se valoran las ideas, el trabajo, el esfuerzo, y ha sido
una satisfacción tremenda, todavía lo estoy asimilando. Y
me permite llegar a un público al que no llegaría en dos
o tres años. Los primeros modelos se hicieron en lycra y,
después, presenté el modelo de encaje, que ha gustado
muchísimo. Había demanda de algo más sexy. También
hay uno específico de lactancia, y tengo previsto lanzar la
almohadilla separada con forro para centros de fisioterapia
y de belleza. También puede servir para uso personal, yo
me la llevo a la playa.

Muchas empresas de diferentes sectores organizan ahora sus
propios concursos de emprendedores, sólo tienes que buscar en
internet para ver los requisitos, plazos y premios que entregan.

# 7
# Las estrategias de tu negocio

El plan estratégico es otro elemento importante para definir los objetivos de tu empresa y decidir de qué forma y con qué recursos vas a alcanzarlos. Debes empezar por hacer un análisis del sector y de tus competidores (un nuevo análisis DAFO como el que vimos en el capítulo 2) para aprovechar tus ventajas cuando llegues al mercado. Carmina Valverde Pinilla, socióloga y especialista en investigación de mercados y experiencia de cliente, va más allá y recomienda hacer un estudio de mercado, tanto si vas a abrir un nuevo negocio como si quieres diversificarlo con nuevos canales de venta o lanzar un nuevo producto: «Los resultados que obtengas marcarán el camino para tomar las decisiones más acertadas».

En un análisis previo debes observar aquellos factores relevantes de tu entorno que pueden influir en la obtención de los objetivos que te has marcado y en tu capacidad de generar beneficios: desde factores políticos debidos a marcos legislativos que puedan afectarte, hasta los demográficos que puedan cambiar la media de edad de la población y aumentar o disminuir tu mercado. También son importantes los factores económicos (crisis, tipos de interés...), los tecnológicos que puedan mejorar tus capacidades o dejar tu propuesta obsoleta, e incluso los medioambientales.

«Lo primero que se estudia es la situación general del mercado –explica Carmina Valverde–, todos los aspectos del entorno socioeconómico que puedan facilitar o impedir el lanzamiento y desarrollo de tu negocio. Ten en cuenta que pueden existir leyes a las que tengas que adaptar la calidad del producto para poder entrar en ese mercado. Igualmente necesitas conocer las perspectivas de crecimiento del país o región en la que ubiques tu negocio, la renta disponible y el gasto por habitante». En cuanto al tamaño del mercado, aconseja centrarse en «número de clientes, volumen de ventas, evolución y productos que se ofertan. Te recomiendo que realices un análisis documental de las diversas fuentes disponibles a nivel regional, nacional e internacional: institutos estadísticos, administraciones e instituciones públicas, asociaciones empresariales y profesionales, registros empresariales oficiales, embajadas…».

Cuando Regina Bosch empezó a preparar el lanzamiento de su negocio de fabricación de implantes dentales, el aprovechamiento de recursos y experiencia de la empresa familiar suponía un ahorro de costes, pero tuvo que considerar varios factores que encarecían por otro lado su puesta en marcha. Al aplicar a la industria sanitaria una maquinaria que se utilizaba originalmente para fabricar ejes para motores de coches, optó por abrir una nueva nave industrial separada de la empresa de su familia. Invirtió 200.000 euros en el edificio y la maquinaria necesaria para poner en marcha Medical Precision Implants (www.mpimplants.com) en el 2008. El primer año facturó 30.000 euros y en el 2010 alcanzó los 15.000 de beneficio antes de impuestos. Nacida en España pero de nacionalidad alemana, habla cuatro idiomas y eligió el inglés para el nombre de su empresa con el objetivo de introducirse en otros mercados:

Mi familia tiene una fábrica de ejes para los motores eléctricos que llevan los automóviles, desde limpiaparabrisas a asientos ajustables. Yo estuve trabajando allí desde el 2005, pasé por todos los departamentos. En el 2007 estábamos un día tomando café cuando llegó el director de producción; le habían puesto un implante dental, lo había visto y opinaba que nosotros podíamos fabricarlo con nuestra maquinaria. La idea me llamó mucho la atención, empecé a hacer estudios de mercado y vi que era un sector muy atractivo, aunque con mucha competencia. En el sector del automóvil cada año tienes que bajar el precio un 3 %, cosa que en el sector médico no ocurre. En agosto del 2008 me puse en marcha. Al principio pensé en la posibilidad de fabricarlo en la empresa familiar, pero los implantes requieren un ambiente mucho más higiénico. Entonces levanté una nueva nave en una parcela

Regina Bosch tuvo que tener en cuenta factores legales
y esperar a los permisos para poder producir sus implantes dentales.

cercana. Sigo vinculada a la otra fábrica, voy todos los días, sobre todo porque está mi familia y comemos juntos. Además, compartimos algún empleado y nuestros conocimientos. Estuve buscando apoyo externo pero era muy difícil, y fueron mis padres los que me apoyaron económicamente. Para la maquinaria sí conseguí un crédito. La experiencia del sector del automóvil ha sido muy útil para todo lo que son sistemas de calidad, mediciones, ensayos, sistemas de trabajo, y nos ha dado una estabilidad muy grande. Los permisos y la máquina que compré tardaron unos meses en llegar, y hasta enero del 2009 no empezamos con las pruebas. En marzo fuimos a nuestra primera feria, en Alemania, y conseguimos los dos primeros clientes. Siempre viajo con el responsable técnico, y al ser un hombre los clientes se dirigen a él, pensando que es el director. Lo que sabemos hacer muy bien es mecanizar, y empezamos fabricando el equipo original de esos clientes: ellos nos entregan el plano de lo que quieren y nosotros lo producimos con su marca. Hacemos la parte metálica, la que no se ve, y las herramientas para colocarla. Poco después, nos pusimos a desarrollar, con un equipo externo, nuestro propio implante, que ha funcionado fenomenal; los dentistas en España son muy reacios a cambiar, pero una vez que lo prueban les gusta. También producimos implantes de trauma, para unir huesos rotos, pero sólo por encargo. Con los implantes propios aposté por penetrar bien en el mercado español antes de expandirme fuera, y ya hemos empezado a salir a otros países, principalmente Portugal. Para equipo original trabajamos desde el principio con clientes de Alemania y Francia, pero nuestro mercado principal sigue siendo el español. Seguimos aumentando la producción, en el 2011 instalamos otra máquina y hemos creado una sala blanca, más aséptica que la primera, para hacer un producto más completo, asumiendo partes del proceso que antes teníamos subcontratadas.

## COMPETIDORES PRESENTES Y FUTUROS

Además de los factores externos, debes analizar los internos de tu mercado, empezando por tus competidores, sin olvidar la posible entrada de otras empresas y de productos o servicios sustitutivos del que tú ofreces. Si, por ejemplo, el tamaño de tus competidores es mucho mayor que el tuyo, define las ventajas que tiene tu empresa, como la cercanía al cliente y la atención personalizada. Es muy importante tener en cuenta la capacidad de negociación de tus clientes y de tus proveedores, que pueden influir en tus beneficios.

En tu estudio de la competencia, Carmina Valverde advierte: «No basta solamente con que te hagas pasar por un cliente o que investigues sus webs para conocer sus productos y precios. Lo realmente importante es conocer la organización desde varios puntos de vista: el cliente, el proveedor, el empleado, directivos…». Para esto, recomienda recurrir a llamadas o visitas como cliente misterioso (*mystery shopping*), entrevistas personales con sus proveedores y sus empleados y recolección de información en cámaras de comercio y asociaciones empresariales… «Recoge toda la información necesaria que te permita conocer en profundidad aspectos relacionados con su modelo de negocio: política de precios, distribución, temas administrativos, política de atención al cliente, trato a proveedores, política de recursos humanos, desarrollo profesional, etcétera. Este conocimiento en profundidad de la competencia junto al conocimiento de cómo percibe el cliente el servicio te ayudarán a posicionar mucho mejor tu negocio».

El conocimiento que Nuria Blázquez obtuvo del sector vino, fundamentalmente, de sus trabajos previos a la creación de Zenit Detectives (www.zenitdetectives.es). En este caso, no necesitaba hacer de cliente misterioso porque tenía la información de primera mano y pudo aplicar en el 2005 todo lo que había aprendido a la que era su gran ilusión: su propia agencia, desde la que poder abordar los casos de principio a fin.

En 1996 me enteré de que se podía estudiar para detective privado, y me pareció una carrera atractiva. Cuando terminé, me contrataron en una agencia de investigación, después trabajé como autónoma, y en el 2005 monté mi agencia. En los comienzos se cometen algunas imprudencias, pero lo más importante es tener mucha ilusión y entusiasmo, que te guste y entiendas que esta profesión tiene un rigor y un saber hacer, y que todos los días vas aprendiendo. Mis primeros empleos me gustaban, pero me perdía la atención y trato con el cliente y, muchas veces, el resultado de la investigación. Además, me interesaba enfocar mi profesión tal y como yo la entiendo. Quería innovar, porque existen dos tipos de detectives, los antiguos y los que venimos de la universidad, y hay grandes diferencias. Sabía de investigación pero no sabía ser empresaria. Empecé con pocos medios, con la sensación de abismo, porque no tenía clientes y tenía que darme a conocer. Me tuve que financiar y aguantar meses sin ingresos hasta que empecé a ver la luz, generar ingresos que podía reinvertir en medios técnicos, cambiarme a una oficina un poco más grande, contratar personal. Los números me dan urticaria, pero todos los días me pongo con ellos. Aquí el boca a boca es importante. Acepto todo tipo de casos en toda España, pero estamos especializados en temas laborales; las grandes empresas no tienen un problema, tienen unos cuantos. Cuando cuentan con nuestros servicios descubren el ahorro que les supone. En los tres últimos años hemos aumentado la cifra de negocio a pesar de la crisis. El fraude no para, incluso ha aumentado. Este trabajo tiene muchos momentos gratos y satisfactorios pero también otros muy duros y desagradables. Dejar a alguien sin trabajo es duro, aunque lo hayas pillado haciendo competencia desleal. El detective no es el malo de la película, sólo se encarga de contar la verdad; yo le doy el resultado de la investigación al cliente, sea o no favorable a sus intereses. Esta profesión es un modo de vida, pero eso no significa que no tenga vida

Nuria Blázquez no necesitó espiar a su competencia porque ya conocía el sector y su funcionamiento cuando abrió su agencia de detectives.

personal. Durante el embarazo me llegué a plantear si iba a ser una buena madre, tengo dos hijos y afortunadamente, mi marido es muy colaborador. En la agencia me encargo principalmente de asesorar al cliente, planificar y coordinar la investigación y gestionar los recursos humanos y técnicos. Hacemos seguimientos respetando la ley, sabemos perfectamente cuándo podemos grabar a alguien. En ocasiones viene algún cliente pidiendo alguna ilegalidad, y directamente le indicamos que no es viable. A veces tenemos que parar y pasar la información a la policía para que continúe la investigación, por ejemplo si hay un delito penal.

## ESTABLECER EL PRECIO DE TU PRODUCTO O SERVICIO

El tercer elemento que debes considerar en este análisis estratégico es el ciclo de vida de tu negocio, si se trata de un mercado emergente, está en ascenso o es ya maduro. Cuando el mercado esté en una fase inicial, será fácil entrar en él, habrá aún pocos competidores y los clientes serán más accesibles, pero para el empresario será una apuesta más arriesgada por no conocer el comportamiento futuro de ese mercado; además, sus precios serán altos, encarecidos por la distribución y puede tener problemas de *stock* si los pedidos superan su capacidad de producción.

En los mercados en fase de crecimiento aumenta el número de competidores y se reduce la incertidumbre de comportamiento futuro, mientras que la demanda crece con una clientela más exigente. Un mercado maduro es el menos recomendable para nuevos emprendedores porque se trata de mercados saturados con márgenes más reducidos. Y en la fase de declive, te puedes imaginar que sería un suicidio entrar, cuando la mayoría de los competidores buscan la forma de salir.

Establecer el precio es en muchos casos una de las partes más complicadas a la hora de crear un negocio. En el precio de venta hay que imputar todos los gastos antes de añadir el margen de beneficio, como ya vimos en el capítulo 5. Por eso, Carmina Valverde explica que el precio «no sólo se define una vez, hay que redefinirlo constantemente. Determinar el precio muchas veces no es sólo una cuestión de costes, margen e impuestos. En muchas ocasiones, el cliente percibe en el producto un valor añadido por el que está dispuesto a pagar por encima de lo que tú has valorado». Precisamente, saber cuánto está dispuesto a pagar el cliente por lo que le ofreces es fundamental en este punto, y «tampoco se puede definir solamente mirando a la competencia». Tus clientes pueden estar valorando opciones que tú no te planteas a no ser que les preguntes, «por ello es fundamental conocer los hábitos de consumo, comportamientos y necesidades que existen en el consumidor y establecer un precio a partir de su opinión. En este caso, una encuesta te ayudará a comprender qué funcionalidades aporta tu producto, servicios añadidos por lo que pagar un plus». Preguntar al cliente por los precios puede ser delicado, y Valverde sugiere «que definas una tabla con las características del producto, y junto a ella una casilla en blanco donde el cliente indica lo que esté dispuesto a pagar y por qué; es importante que lo razone en profundidad. Esta técnica te va a permitir conocer si el cliente está dispuesto a pagar por encima de tu precio inicial o por debajo según las características del producto. Otra forma es que tú establezcas unos intervalos de precios en torno a los cuales el cliente indique qué está dispuesto a pagar».

Cuando Elisa Errea estableció los precios de sus servicios de consultoría sobre el mundo del vino, no se fijó en la competencia porque su intención no era competir por precio sino por calidad. En diciembre del 2013 ganó el accésit del premio de emprendedoras Yo Dona-Madrid Emprende con The Wine Studio (www.thewinestudio.es), que nació con una inversión de 13.500 euros y en su primer año ya dio beneficios. Ofrece cursos de enología

Elisa Errea decidió competir por calidad y no por precio en sus servicios de consultoría.

desde 285 euros (nivel 1) a 1.175 euros (nivel 4). Algunos los imparte en inglés, opción que eligen muchos españoles para enriquecer el vocabulario técnico, y porque el nivel 4 sólo se imparte en ese idioma.

Creé mi empresa para apoyar al mundo del vino desde dos frentes. Por un lado, imparto cursos del Wine & Spirit Education Trust (WSET), que opino que es la formación que hay que tener en este sector. Por otro lado, ofrezco consultoría estratégica a las bodegas, detectando y atendiendo sus necesidades. Llegué al sector en 1998 de casualidad, y en diez años pasé por los departamentos de relaciones públicas, formación, *marketing* y enología de Codorníu. Cuando destinaron a mi marido a Bruselas, tenía ganas de un cambio. Aproveché para rematar mi formación y diseñar mi proyecto. Tenía la intuición de que iba a funcionar. Pensaba trabajar para bodegas medianas, pero también me han llamado clientes grandes. Presentarme al premio Yo Dona me ayudó mucho, porque me hizo poner por escrito el plan de negocio y conocer a gente que me dio buenas ideas, desde el enfoque a la política de precios. No he buscado competir por los precios. Algo que me planteé desde el principio fue ir a la excelencia. Por eso monté los cursos, que no son baratos. No es el precio de un máster pero es una formación que cuesta un dinero y mucha implicación por parte del alumno. A mí me permite no tener que ahorrar en los vinos que compro para esos cursos. Quiero hacerlo bien. Algunos de mis alumnos abrirán sedes fuera de Madrid para impartir ellos los cursos. Ya he llegado a acuerdos con otros consultores, con cuatro grupos de bodegas y una empresa de distribución.

## TU NICHO DE MERCADO

La estrategia para entrar en el mercado es importante para definir el espacio que vas a ocupar en él. Analizando, de entre todos los elementos que acabamos de ver, los que pueden influir en la consecución de tus objetivos, decidirás la estrategia más adecuada, y si debes ganar tu posicionamiento con innovación, precio, *marketing* u otras técnicas más o menos agresivas. De tu cadena de valor, es decir, los pasos que sigue tu empresa desde la planificación y la fabricación hasta la distribución del producto o servicio, y que van añadiéndole valor, elige aquellos eslabones en los que más te diferencies de tus competidores y explótalos como referentes de lo que ofreces. Por ejemplo, el *made in Spain*, la capacidad de *stock* o la atención al cliente. No por ello descuides el resto de eslabones de la cadena, o podrías debilitar el conjunto.

«Es importante detectar el nicho de mercado al que irá dirigido tu producto –explica Carmina Valverde–, lo más importante es establecer un comportamiento de compra, hábitos de consumo, estilos de vida, edad, sexo, raza y perfiles económicos que definan a los distintos clientes y que sean acordes a tu producto o negocio. También debes determinar el nivel de gasto que el cliente hará en tu producto para que tu negocio sea viable». Como ya hemos visto en capítulos anteriores, es igualmente importante detectar las necesidades de tus potenciales clientes para tratar de que tu producto o servicio sea la respuesta que buscan. «También debes conocer los usos percibidos de los clientes sobre tu producto, puede ocurrir que en un mercado distinto tu producto sea aceptado como solución a un problema que tú no tenías previsto».

Incluso el lugar en el que establezcas tu negocio y los puntos de venta son importantes en tu estrategia: «¿Qué distancia están dispuestos a realizar para comprar tus productos? ¿Preferirán adquirirlos en un centro comercial, en una tienda cercana a su hogar o en su lugar de trabajo? También pueden demandar el producto vía *on-line*».

Desde que en un viaje a Italia con su marido se preguntó por qué Valencia no tenía una alternativa de naranja al *limoncello*, Alejandra Domingo empezó a dar su propia respuesta hasta que en diciembre del 2010 lanzó el *arancello* Federica (www.arancello-federica.com), tras una inversión de veinte mil euros. En junio del 2014 ya había alcanzado la facturación de todo 2013. En su estrategia de lanzamiento, combinó su propuesta de consumo como licor, «acompañante ideal para los postres», con su uso como el nuevo ingrediente de los cócteles más originales. Un acierto tras el que nacieron el *limoncello* Celestino y, más recientemente, la crema de naranja Cafello. En el 2015 promete seguir innovando con nuevos productos.

> Llevo trece años trabajando como abogada y dirijo el departamento de derecho de familia en un despacho en Valencia. Hace cinco años, tenía la ilusión de crear una empresa con la que pudiera aportar algo a la sociedad a través de proyectos de responsabilidad social corporativa (RSC). La idea nació de un viaje con mi marido a la costa Amalfitana, la cuna del *limoncello*. Mi familia siempre ha estado muy relacionada con las naranjas y me planteé, con tantas que hay en Valencia, por qué no existía un licor representativo. Da un poco de vértigo lanzarse a una actividad empresarial sin experiencia, pero me he rodeado de gente que me ha asesorado bien y he ido midiendo cada paso. Me propuse un proyecto que no requiriera mucha inversión inicial, y al tener un trabajo vocacional que no pienso dejar, tengo la espalda cubierta. La primera bodega con la que contacté se convirtió en mi socio tecnológico, y comenzó a desarrollar el licor con los parámetros que le di: artesanal y con ingredientes naturales. Hicimos unas doce pruebas hasta encontrar la receta. Al tratarse de un producto *gourmet*, que tiene que gustar también por la vista para que la gente lo compre como regalo, la imagen fue otro requisito importante.

Alejandra Domingo creó una estrategia para situar su licor de naranja no sólo en las tiendas de licores, sino en las barras de los bares que sirven cócteles originales.

La etiqueta es obra de Eva Armisén, una artista que me gustaba mucho desde que mi marido me regaló un cuadro suyo. A ella le gustó el proyecto y se involucró. El nombre surgió porque buscaba algo impactante, que tuviera personalidad y alguna reminiscencia italiana. El lanzamiento fue en febrero del 2011, sobre todo en la Comunidad Valenciana, aunque el momento fuerte fue en abril, en el Salón del Gourmet de Madrid, donde surgió mucho negocio. Actualmente estamos en muchas ciudades de España y en más de quince países, en tiendas *gourmet* muy prestigiosas. No he hecho un lanzamiento masivo porque quiero controlar dónde se vende. Es un producto de calidad que puede ayudar a vender la marca España y la Comunidad Valenciana. Enseguida me planteé proponer usos alternativos al chupito, desde sangría a mojitos y otros cócteles. Tomé la idea de una tienda de Suiza, que creó un Federica bar, y lo mezclé con las propuestas de amigos y blogueros, que han probado un montón de mezclas diferentes, incluso con postres. Tengo colaboradores que me ayudan bastante, sobre todo mi marido.

## LANZAMIENTO INTELIGENTE

En definitiva, conocer bien tu mercado y tus competidores presentes y futuros te ayudará a tener un plan de negocio más completo en el que definir tu estrategia de lanzamiento. También debes conocer bien la tecnología que utilizas y las que puedan evolucionar y afectar a tu negocio.

> Tu empresa es el resultado de tus decisiones y estas lo serán de las herramientas en que te apoyas [explica Carmina Valverde]. La mejor herramienta puede ser la opinión de tus primeros clientes. Mi consejo es que cuando lances tu producto o servicio, monitorices la opinión de tus clientes para conocer desde el inicio qué valoran y qué mejorarían. De esta forma te aseguras de que tus esfuerzos se dirigen en la línea de lo que demandan. Puedes realizar una sencilla encuesta *on-line* con herramientas como Typeforme o SurveyMonkeys, que te permiten colgar en tu web la encuesta o enviarla por *e-mail*. Es fundamental que los impliques, que sepan que sus opiniones mejorarán realmente el servicio. Para ello, debes tener previsto hacerles un pequeño regalo o descuento en la próxima compra, por su participación en la mejora de tu servicio. Y muy importante es que posteriormente les comuniques qué mejoras has introducido gracias a su aportación a tu proyecto. Los implicarás de tal forma que se sentirán parte de tu marca.

El club de calidad Rusticae (www.rusticae.es) es un interesante ejemplo de estrategia de negocio. Se podría decir que sus clientes son los hoteles a los que llevan usuarios, y también las empresas que posicionan producto en esos hoteles como forma de publicidad. Pero Carlota Mateos e Isabel Llorens lanzaron esta empresa en 1996 con el usuario final de los hoteles como su cliente, y de este modo se aseguran de que la calidad de los establecimientos que forman parte del club no se resienta. En el 2009 recibieron el premio Fedepe a su labor emprendedora y publicaron un libro, *Pioneras*, en el que cuentan su experiencia.

> Antes de crear Rusticae, éramos ajenas al mundo del turismo, Carlota trabajaba en Inglaterra y yo estaba estudiando [explica Isabel]. Durante un año gestionamos el hotel de mis padres en Asturias, un hotel con encanto donde la

Carlota Mateos (a la izquierda) e Isabel Llorens han posicionado Rusticae como un referente para hoteles, clientes y marcas que quieren llegar a ellos de una forma diferente.

atención al cliente era muy mimada y se respiraba tranquilidad [cuenta Carlota]. Vimos que hacía falta un club que aglutinara hoteles como aquel, y pensamos que lo podíamos hacer nosotras. En 1996 lo pusimos en marcha. Creamos un modelo de negocio como el que nos habría gustado que nos plantearan. El hotel que nosotras llevamos y otros similares necesitaban el apoyo de una marca, una identidad, porque no podían meterse en el saco roto del turismo rural, donde se mezclaban con otros que no eran del mismo perfil. Nuestro objetivo era llegar a ser el principal club de calidad de este tipo de hotelería en España. Y lo que ha pasado es que a lo largo de estos años nos hemos ido especializando mucho en el mundo de las experiencias. Somos una red de hoteles pero no nos pertenecen, ellos nos pagan una cuota anual y nosotros tenemos una serie de servicios, desde el *marketing* a una central de compras fundamentalmente dedicada a los productos de baño. También hacemos un estricto control de calidad; cada año pedimos a algunos que salgan del club porque no han alcanzado los niveles que exigimos. La calidad es nuestra razón de ser y lo que ha hecho que nos hayamos posicionado como una empresa de éxito. Al principio, vendíamos la idea sin tener nada, partiendo de cero, y fue muy complicado, porque podía parecer que vendíamos humo. Costó mucho posicionarlo, fue lento, pero pudimos hacerlo con una buena campaña de comunicación. Con el tiempo, hemos reformulado la misión de la compañía, porque nos dimos cuenta de que no estábamos vendiendo habitaciones sino momentos únicos e irrepetibles. Lo que nos ha permitido esta mutación es poder crecer de una manera mucho más amplia en los años que vienen. Nos hemos convertido en una empresa que se identifica con todo lo que está en el lado bueno de la vida, sean hoteles, restaurantes o experiencias de cualquier tipo. También nos interesa el medio ambiente, y otra vía de crecimiento son las tarjetas regalo. Además, ofrecemos un máster para formar a directores de hoteles, que pusimos en marcha con la Universidad Europea de Madrid, y damos formación a nuestros clientes. En el 2002 empezamos la internacionalización y llegamos a Portugal, Marruecos y el Cono Sur. Siempre hemos querido empatizar con el cliente, y lo hemos logrado mediante alianzas con marcas de calidad, combinando la publicidad con la prueba de un producto, desde un *whisky* o un queso a un cosmético: lo posicionamos en las habitaciones para que el cliente pueda probarlo, como obsequio, y el anunciante llega así a su público objetivo.

## HACER CRECER TU NEGOCIO

La forma de hacer crecer tu empresa viene determinada a veces por la creación de nuevas líneas de negocio, otras por su expansión geográfica y también puede deberse a un plan de crecimiento por tamaño.

En el caso de Gloria Garrastázul, busca el crecimiento de su empresa diversificando su clientela y la forma de llegar a ella. La agencia Capacero (www.capacero.com) se dedica a la ilustración. Puedes comprar obras suyas en su tienda *on-line*, lucir un bolso con sus dibujos o cenar en un restaurante gaditano decorado por ella. Desde el 2007, recibe encargos de empresas tanto españolas como europeas, como la editorial McGraw Hill, Tous y la Once. Al empezar obtuvo una ayuda para equipamiento informático del Instituto Andaluz de la Mujer. Un año más tarde recibió el premio Andalucía Joven en la modalidad de Arte.

Estudié Medicina en los noventa, pero me gustaba muchísimo dibujar, y uní las dos disciplinas desarrollando la ilustración técnica científica. Cuando empecé a tener encargos

Gloria Garrastázul ilustra libros, exposiciones y hasta restaurantes, cualquier formato en el que pueda desarrollar su creatividad.
©Santiago Bringas

me fui a Valencia a hacer un máster en creación digital. Mi primer encargo de ilustración científica me llegó porque hice unos bocetos de quirófanos y los colgué en mi web, y me llamaron sin saber que era médico, que es una baza muy grande porque así pasa un filtro especializado. También hago ilustración infantil, juvenil y adulta y trabajos para agencias de publicidad, desde cartelería hasta personajes para ser animados por otros, papelería corporativa, logotipos, marcas, mupis... Normalmente entrego el trabajo impreso, me encargo también de la imprenta si el cliente quiere. Tengo también clientes particulares, aunque bajaron con la crisis. La web ha sido crucial, y ahora llego a mucha gente a través de las redes sociales. Al principio tenía que viajar para ir a reuniones, la tecnología es lo que me ha permitido trabajar desde Cádiz. Contraté una asesoría para que me llevara las cuentas, porque intenté llevarlo yo pero... Fue lo mejor que hice. En el futuro me encantaría tener un agente y dominar un poco el inglés para ampliar mi mercado. No lo he hecho todavía porque mi inglés no es fluido.

## INTERNACIONALIZACIÓN

Un paso muy importante para cualquier empresa es su salida al mercado internacional. Se trata, generalmente, de un nuevo reto una vez superada la etapa del lanzamiento en España, aunque a veces las empresas nacen con una vocación internacional desde sus inicios. La estrategia no es la misma en ese caso, como tampoco lo es si lo que buscas es crear una estructura en el extranjero o tan sólo abrir tus canales de venta *on-line* a los envíos internacionales. El manejo de idiomas es uno de las pocas exigencias que comparten esas opciones, además de los requerimientos legales que tu producto o servicio tenga en cada país.

El Icex detalla en su página web (www.icex.es) los requisitos que deben cumplir las empresas que quieran exportar grandes volúmenes, y los pasos que deben seguir según la naturaleza del producto y los países de destino. Cuando se trata de una pequeña empresa que vende *on-line* y puede recibir un pedido de un determinado país, el único precepto que debe cumplir es que el producto sea legal en el país de destino y se cumpla la normativa de envío (especialmente si se trata de alimentos, medicamentos o arte). Una vez que la web empieza a funcionar, la diferencia entre vender a un comprador a quinientos kilómetros o a cinco mil es pequeña, siempre que esté dispuesto a pagar los gastos de envío.

Cuando eliges a qué países quieres exportar, tienes que dividir el mundo en grandes áreas, entre las que la Unión Europea es el mercado más receptivo y con menos obstáculos, seguido de Latinoamérica, con la que nos unen la cultura y el idioma. A partir de ahí, la naturaleza de tu negocio es la que va a ayudar a determinar si es más fácil o más difícil exportar al mercado árabe, al asiático o al anglosajón. Siempre debes conocer algo de la cultura y la idiosincrasia del país de destino para ahorrarte malos tragos como puede ser que tus productos queden retenidos en la frontera.

Paracuidarte (www.paracuidarte.tk) es una empresa que importa prótesis y prendas adaptadas para mujeres operadas de cáncer de mama. Cuando Mar Martínez Otero escogió una marca de prestigio que importa desde Alemania, no se imaginaba que acabaría haciendo de intermediaria para vender a terceros países.

> Hace unos años pedí una excedencia de mi plaza de enfermera en un hospital y empecé a trabajar con una empresa alemana de productos médicos que distribuye en España productos pensados para la mujer operada de cáncer de mama. Asesoraba a profesionales y a asociaciones y descubrí que había muchísima falta de información, que las mujeres, una vez que se operaban, no sabían adónde acudir, ni conocían las diferencias

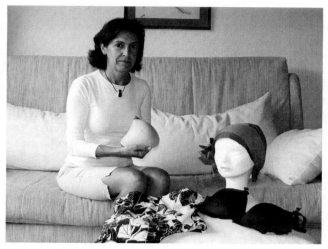

Mar Martínez Otero ha vendido a clientas extranjeras
gracias a su página web. ©Juan Ramón Gómez

entre unas prótesis y otras. Entonces me independicé y
decidí dedicarme a vender esos productos como autónoma.
Mi idea resultó muy innovadora y no ha sido fácil convencer
a algunos de mis antiguos compañeros, que han terminado
creyendo en mí por lo que cuentan sus pacientes. Lo que
hago es contactar con hospitales para dejar mis tarjetas y
que las mujeres, cuando son operadas, me llamen. La vía tradicional es a través de farmacias y ortopedias, y la diferencia
es que yo ofrezco un trato más individualizado, porque soy
más enfermera que comercial y soy capaz de ponerme en el
lugar de la clienta. Y lo más importante es que la mujer no
se tiene que desplazar, voy yo a su domicilio; cuando están
recién operadas, a veces no tienen ánimo para salir, es algo
impactante cuando de repente se ven saliendo del quirófano
sin el pecho. El cambio de cara cuando se prueban las prótesis y vuelven a verse en el espejo con su silueta recuperada
es muy gratificante. Otra ventaja, al no mantener un local, es
que puedo tener precios más ajustados, porque uno de mis
objetivos es que se pueda comprar una prenda adaptada al
mismo precio que las que no lo están. Empecé en enero del
2011 y me ha ido mejor de lo que esperaba. Al principio tenía
la idea de ofrecer exclusivamente las prótesis externas, y he
ido descubriendo productos que pueden ayudar muchísimo,

como la lencería para el posoperatorio, porque el pecho es una zona muy delicada, y la cicatriz es dolorosa. No tengo almacén, sólo tengo en *stock* determinadas prendas, sobre todo para el posoperatorio, porque requiere una entrega más inmediata. Llevo un muestrario para que la clienta se pueda probar, y luego vuelvo para entregarle el pedido. Voy yo misma a recogerlo al almacén, soy desde transportista a contable, e incluso diseñé la web. Si decido contar con alguien más, deben ser enfermeras, porque tienen que entender muy bien el trabajo y no tratar a una mujer con un problema tan especial como a quien va a comprar unas muletas. La calidad de la marca que vendo ha sido un apoyo también, incluso he tenido clientas que han contactado conmigo desde Israel y Argentina porque allí no se vende y me han encontrado como distribuidora en su web.

La Secretaría de Estado de Comercio selecciona cada año una serie de países con los que fomentar las relaciones económicas y comerciales en sus Planes Integrales de Desarrollo de Mercados (PIDM), con el objetivo de diversificar mercados para que nuestras exportaciones dejen de depender de la UE y vayan cada vez más a países emergentes. A través del Icex, por un lado, trata de mejorar las exportaciones españolas hacia sus mercados, por otro trata de atraer a sus ciudadanos a nuestros destinos turísticos, y en tercer lugar canaliza inversiones españolas en sus mercados, especialmente en los sectores de energía, tecnologías de la información, transporte, productos agroalimentarios y bienes de consumo.

También puedes explorar los grupos de países emergentes que han surgido en los últimos años por sus similitudes en ciertos factores socioeconómicos, fundamentalmente su dinamismo económico y un crecimiento acelerado. Algunos de ellos se han reunido en torno a sus siglas, otros son apuestas de economistas, pero todos ellos son mercados interesantes para exportar: los BRICS (Brasil, Rusia, India, China y Sudáfrica), los minibrics (Bangladesh, Corea del Sur, Egipto, Filipinas, Indonesia, Irán, México, Nigeria, Pakistán, Turquía y Vietnam), los TIMBI (Turquía, India, México, Brasil e Indonesia), los MIKT (México, Indonesia, Corea del Sur y Turquía), EAGLES (*Emerging and Growth-Leading Economies*) y CIVETS (Colombia, Indonesia, Vietnam, Egipto, Turquía y Sudáfrica).

María Eugenia Rubio Aguilera creó Entic Designs con una clara vocación exportadora, apoyada en su experiencia y en su dominio de varios idiomas.

María Eugenia Rubio Aguilera apostó por la exportación desde que ideó Enticdesigns (www.enticdesigns.com). Cuenta con la ventaja de dominar idiomas, nada menos que inglés, francés, italiano y catalán. Desde el 2006, diseña, fabrica y comercializa un producto del siglo XIX, la baldosa hidráulica, que ha modernizado con nuevos diseños. Se trata de un suelo decorativo que ha vuelto a ponerse de moda y se sigue fabricando con la misma técnica que en sus orígenes. Las baldosas se producen una a una con un molde de latón, en el que cada espacio se rellena con el color que quiere el cliente. Invirtió treinta mil euros en sus inicios gracias a un crédito ICO, y cuenta con el apoyo de IcexNext para sus exportaciones. Gracias a pequeños distribuidores, ya está en Australia, Rusia y Estados Unidos, además de varios países europeos.

Trabajé en exportación de muebles hasta que paré para ser mamá. Cuando intenté volver, era un poco difícil. Una de mis hermanas me habló de las baldosas hidráulicas y, como soy inquieta y tenía ganas de moverme, decidí recuperar este producto. Me gusta mucho la decoración y me centré en esto porque vi que tiene muchas cosas positivas, es un material de gran calidad, con una historia romántica que viene de su invento al final del siglo XIX, y es personalizable con infinidad de combinaciones. Me fascinó, y a medida que he ido investigando, me ha ido gustando más. La baldosa tiene tres capas, y se fabrica al revés, empezando por la cara vista, una cara intermedia que absorbe la humedad de los pigmentos y la base. Es más barata porque no necesita horno, que fue lo que la convirtió en un invento revolucionario, sólo necesita una prensa hidráulica. Tiene una curación de veintiocho días, que es donde están nuestros plazos de entrega, para entregarla perfecta. Me fui a Marruecos a buscar un fabricante, pero importar desde allí era un quebradero de cabeza, sobre todo con un producto artesanal. En el 2005 encontré una fábrica en Córdoba. Les faltaba un toque de modernidad, que yo les he aportado con nuevos diseños y una nueva visión comercial. Lo más duro fue el proceso de creación de la imagen y la web, no conseguía plasmar lo que quería. Sabía que el producto iba a funcionar por tendencia decorativa, por calidad y porque el cliente sabe que se han hecho una a una y especialmente para él. Y no son tan caras. Intento dar prioridad a la exportación, porque la cosa aquí está muy difícil. Estoy dentro del programa IcexNext como empresa exportadora.

## HAZ DE TU IDEA UNA FRANQUICIA

Crecer rápido es peligroso, porque se puede crear una burbuja que al estallar haga desaparecer todo lo que has creado. Por eso, si quieres crecer, debes también crear una estrategia. La franquicia es hoy en día una forma de crecer rápida y segura, porque te requiere una inversión mínima y te proporciona unos rendimientos interesantes. De hecho, a veces las empresas nacen con vocación de convertirse en franquicias. Otras veces son los propios clientes los que se interesan por abrir negocios que les han gustado y en los que ven futuro. Y hay también emprendedores que renuncian a esta forma de crecer, generalmente por miedo a perder el control de un negocio que han cuidado mucho.

Para convertir tu negocio en franquicia debes crear una estructura sólida y conocer bien el sector en el que has emprendido. El contacto con tus franquiciados será fluido al principio, y deberás poner tu empeño en mantenerlo cuando el grupo crezca. Lo más común es diseñar el plan de franquicia con la ayuda de una asesoría especializada, que te ayudará a establecer las condiciones de los asociados, redactar los contratos y elegir a los franquiciados, quizá el punto más delicado.

Como franquiciador, antes de firmar la entrada de un nuevo asociado debes ofrecer un precontrato durante cuya vigencia, entre uno y tres meses, comenzarás a trasladarle información y le expondrás claramente las exigencias del contrato final, tanto el canon de entrada como la cuota mensual y los proveedores con los que puede trabajar. Por lo general, la franquicia tiene mejor perspectiva para ti y mayor capacidad para retener a los franquiciados si al mismo tiempo eres fabricante y distribuidora del producto que vendes. Si sólo eres una intermediaria, no le estás dando ningún valor al franquiciado. Si no es tu caso, al franquiciar al menos podrás adquirir fuerza de compra y un mayor poder negociador con tus proveedores para mejorar los precios.

Cuando ya hayas firmado el contrato con un franquiciado, le debes entregar un manual que incluya toda la información necesaria, incluidos sus derechos y obligaciones. También tienes que darle asesoramiento continuo, formación para él y sus empleados, información sobre tus inversiones en *marketing* y publicidad para que sepa dónde se invierte el dinero de sus cuotas. En definitiva, cuídalo y también cuida del cliente final y de tu marca haciendo una supervisión de los establecimientos, porque cualquier error repercutirá en la imagen de tu marca.

De madre alemana, Verónica Morales echaba de menos las salchichas que había comido en ese país. En octubre del 2009 dejó su trabajo en la televisión para abrir un restaurante de salchichas y hamburguesas en una caravana *vintage*, un remolque Airstreamer de 1970 que trajo de Estados Unidos y al que cambió los ejes para poder circular en Europa, porque el concepto de Sal & Chichen (www.salchichen.com) es un restaurante móvil. En la actualidad, tiene un franquiciado en un local comercial y está esperando que se relaje la ley de venta ambulante para poder atender a todos los interesados en abrir un establecimiento en alguno de sus otros formatos, caseta, caravana y carrito:

> Trabajé mucho tiempo en la tele, hasta que decidí reinventarme y puse en marcha mi empresa. Siempre he pensado que en España no había salchichas buenas, y decidí traerlas. Mi madre

Verónica Morales está pendiente de solventar las restricciones a la venta ambulante para poder abrir más franquicias de Sal & Chichen.

es alemana, y un amigo suyo decía que allí tampoco había salchichas buenas, así que encargó a tres cocineros con estrella Michelin que crearan una. Hicieron once intentos hasta que dieron con la fórmula y, ya que estaban, también crearon la hamburguesa. Tener ese producto al alcance me facilitó las cosas, y lo que me tuve que plantear fue cómo venderlo. Por más que a mis amigos les encantaba, no sabía cómo iba a reaccionar el público, y los precios de los traspasos para montar un local eran demasiado altos. Pensé en algún medio móvil, como es habitual en el norte de Europa. Tenía que ser algo bonito para atraer a la gente, y me traje una caravana de Estados Unidos de 1970; sólo tuve que cambiarle los ejes para poder homologarla y le pulí el aluminio del exterior. Tiene la ventaja de poder desplazarse, la engancho a un todoterreno y ya está, y gracias a eso me he movido por España y Portugal y he trabajado en eventos importantes. Me han asesorado buenos amigos, como un cocinero que me ayudó a elegir un pan con el gramaje adecuado. Me presenté a los centros comerciales y estuve instalada en uno casi un año. Mientras, seguía buscando otros espacios hasta que di con mi ubicación actual, en la explanada que Renfe tiene en Nuevos Ministerios. Y si me sale algún evento, tengo otra para no dejar ese lugar desatendido. Esta caravana me sirve de presentación. Es un negocio perfectamente franquiciable, tengo la exclusiva para España de estas salchichas y hamburguesas y el proveedor tiene capacidad de producción de sobra. La carne se prepara en Alemania y viene congelada, porque no tiene conservantes, aditivos ni nada artificial, hasta la tripa es natural. Los nuevos espacios pueden ser móviles o no, quiero traer más caravanas y he diseñado una caseta de acero inoxidable con una imagen similar. También hay carritos para interiores, e incluso he pensado en un local fijo con la caravana dentro.

Crecimiento, diversificación, exportación… Siempre márcate objetivos para el futuro, no te acomodes en el presente porque ese será el inicio del fin de tu empresa. La ilusión, las nuevas ideas, son fundamentales para mantener tu ilusión y la atención de tus clientes. Y para que veas que todos tenemos que plantearnos bien el futuro, en cualquier sector, te pongo aquí el ejemplo de Carmina Valverde, a quien ya conoces por las aportaciones que ha hecho a este capítulo y que ha emprendido su propio negocio de investigación de mercados y experiencia de cliente. Cuex (www.cuex.es) es la plasmación de su experiencia en grandes empresas en un proyecto personal.

Soy socióloga y siempre he trabajado para otras consultoras de investigación. Los clientes finales para los que he realizado estudios han sido grandes marcas a nivel nacional e internacional. Manejan, incluso en tiempos de crisis, grandes presupuestos y tienen muy arraigada la cultura de la investigación. Todo surgió cuando personas de mi entorno comenzaron a fundar sus negocios como nuevos emprendedores. Muchos de ellos, con grandes ideas y pocos medios, venían de empresas grandes donde estaban acostumbrados a realizar investigaciones, por lo que me pedían ayuda o yo les sugería la necesidad de realizar una investigación previa sobre sus ideas de negocio o productos antes de lanzarlos. Así empecé a asesorar a los «emprendedores» de mi entorno, les ayudaba a diseñar sus investigaciones con técnicas apropiadas y ajustadas a sus presupuestos. Esto me hizo darme cuenta del nicho de mercado importante que representaban las nuevas empresas, lo que me animó a hacerme *freelance*. A medida que iba creciendo mi cartera de clientes, comencé a pensar en crear una marca. Pero si quería crecer y tener mi estilo propio, debía dar el paso hacia la visibilidad. Para esto debía definir claramente las líneas estratégicas de mi negocio y la filosofía en la que se sustentaría. Todo adaptado a las demandas de mis nuevos clientes: emprendedores o pequeñas empresas ya consolidadas que se animan a

Carmina Valverde ayuda a las empresas a desarrollar sus estrategias de negocio, como tuvo que hacer con la suya propia cuando la creó.
©Santiago Bringas

preguntar al mercado sobre cómo mejorar sus servicios, dónde ubicar su nuevo negocio o la aceptación de una innovación entre los consumidores. Para mí era importante transmitir que la investigación no es algo que solamente realicen las grandes empresas con grandes presupuestos. Entonces realicé mi propio sondeo, el objetivo era conocer la opinión u «objeciones» que las pymes y emprendedores tienen para «no decidirse» a contratar o realizar una investigación de mercados. Está muy generalizada la idea de que la investigación es cara, que sólo es para grandes empresas, que para ello hay que contratar a grandes consultoras o que las técnicas no se adaptan a las pequeñas empresas y menos aún a los emprendedores innovadores. O la más peligrosa de las ideas: «Yo sé perfectamente lo que quiere mi cliente». Con el objetivo de enfrentar estas ideas preconcebidas nació Cuex, con el claro enfoque de acercar la investigación a pymes y emprendedores. Mi estrategia se apoya en transmitir, bajo una imagen de marca profesional y moderna, la idea de que yo soy una autónoma, por lo tanto flexible y con menos costes que una empresa, lo que me permite ser más barata. Además transmito que soy consultora con más de diez años de experiencia y que cuento con una red de expertos, también *freelances*. Esta estrategia de equipo me permite ofrecer calidad, precio adecuado y experiencia en todos los servicios.

# 8
# *Marketing* y comunicación para darte a conocer

Si bien es cierto que la comunicación y el *marketing* van muchas veces de la mano y comparten contenidos y estrategias, dejando una frontera muy difusa entre ambas disciplinas, conviene que las distingas. Según el perfil de tu negocio, necesitarás más de una o de otra, y los especialistas que te pueden ayudar no son los mismos.

A grandes rasgos, la comunicación va dirigida a los medios con el objetivo de conseguir apariciones en prensa que den notoriedad a tu empresa y te ayude a atraer clientes. El *marketing*, por su parte, consta de muchas herramientas variadas en función del medio utilizado pero destinadas siempre a llegar directamente a tus clientes potenciales. Y está más cerca de la publicidad que de la comunicación.

## UNAS PAUTAS SOBRE COMUNICACIÓN

Si quieres aparecer en los medios de comunicación, lo primero que tienes que hacer es explorar los que hay en el mercado, ya sea en quioscos, internet, radio o televisión, y seleccionar los que puedan estar interesados en hablar de ti. Después tendrás que buscar una persona de contacto que se ocupe, dentro de cada medio, de escribir en la sección en la que tu empresa quedaría enmarcada. Es una buena idea llamar por teléfono y presentarte brevemente. Los periodistas están habitualmente muy ocupados, y más en esta época en que los ERE han dejado las redacciones muy reducidas, pero hay que seguir escribiendo los mismos contenidos que antes.

Es posible que no te hagan mucho caso, pero intenta hacer ese primer contacto antes de enviar un correo.

Redactar y enviar una nota de prensa puede ser fácil si lo haces con cuidado, no te precipites. Escribe frases cortas y claras, tal como te gustaría verlas en una noticia sobre tu empresa. Ordena la información empezando por lo más importante, utiliza un título llamativo y termina con un texto que repetirás en todas tus notas de prensa futuras, recordando qué hace tu empresa y a qué público se dirige. Termina indicando una persona de contacto, un teléfono y un correo electrónico. Y si puedes ofrecer fotos de calidad, ponlo por escrito. Una nota de prensa no debe ser demasiado extensa —entre una página y una página y media— y, salvo que sea por razones importantes, no es conveniente que te hagas demasiado presente en las bandejas de entrada de tus destinatarios, porque podrías obtener el efecto contrario. Una nota cada quince días o cada mes es más que suficiente, siempre que tengas algo que contar.

Si haces el envío por correo electrónico, ten mucho cuidado con las cuentas a las que lo diriges, no hagas envíos masivos en los que todos los receptores puedan ver el resto de direcciones a las que lo has remitido. Puede resultar bastante molesto y, mucho peor, violar la ley de protección de datos. Además, si pones a muchos destinatarios en copia, puedes llegar directamente a las bandejas de correo no deseado, de donde es muy difícil que tu mensaje sea rescatado. Muchos sistemas de protección de correo también te considerarán *spam* si envías archivos adjuntos muy pesados, si adjuntas archivos en formato pdf y si incluyes dos o más enlaces en el cuerpo del mensaje.

Después de enviar las notas de prensa, es conveniente, al menos hasta que tengas una relación fluida con los medios, que llames para preguntar si ha llegado, si necesitan algo más. Tú misma irás viendo las necesidades en cada caso.

Para establecer una relación con los periodistas, es una buena idea hacer un primer contacto mediante una convocatoria de presentación, una especie de rueda de prensa en la que expliques qué es tu empresa y respondas a las preguntas de los asistentes. La convocatoria se haría siguiendo los mismos pasos de la nota de prensa y llamando personalmente para que cada invitado te confirme o no su asistencia.

Dicho esto, te propongo una alternativa inteligente, siempre que te lo puedas permitir: ponte en manos de especialistas. Una agencia de comunicación te puede ayudar por un precio muy competitivo, con la ventaja de que ya tienen los contactos y saben cómo redactar tus notas de prensa y a quién enviarlas. Y te darán cuenta de todas las repercusiones que tengan.

A Isabel Salvadores y Lucía Sánchez-Dehesa las conocí hace ya unos cuantos años, cuando empezaba a entrevistar a jóvenes emprendedoras y ellas ya representaban a algunas con perfiles interesantes. Su agencia, MyOwnPress (www.myownpress.es), está especializada en marcas de cosmética nicho, decoración y estilo de vida. Llevan la comunicación en España de empresas internacionales, dos de las cuales las describen como su mejor agencia en el mundo. Pero eso no las convierte en un recurso caro para otras empresas jóvenes que están empezando. Ellas pueden preparar desde un lanzamiento a un plan continuado en el tiempo. Cuando, después de entrevistar a varias de sus clientas emprendedoras, les llegó el turno a ellas, subrayaron que no habían conseguido ninguna ayuda desde que empezaron, en el 2007, a pesar de ser mujeres menores de treinta y cinco años.

> Trabajábamos juntas en un departamento de comunicación [recuerda Lucía]. Al tener a mi segunda hija, quería administrarme mi tiempo, y le propuse a Isabel montar una agencia de comunicación especializada en cosmética nicho y decoración. Empezamos haciendo todo en casa. Gracias al apoyo de los periodistas, nuestras marcas empezaron a salir en los medios y entonces supimos que nos iba a ir bien [explica Isabel]. Nos involucramos mucho con los clientes, queremos que nos vean como parte de su estructura. Nos encanta nuestro trabajo, nos apasiona lo que hacemos, y yo creo que se refleja en el resultado. No nos dio miedo crear la empresa aunque ya había crisis, y de hecho, no hemos dejado de crecer. Al principio reinvertíamos todo, y nuestros clientes son nuestra mejor publicidad. Una marca británica con presencia en ochenta países dice que somos la mejor agencia de las dieciséis que trabajan para ellos. Ha traído su segunda marca a través de un distribuidor, pero le ha exigido en una cláusula del contrato que la prensa se la lleváramos nosotras. Está muy bien ser la referencia mundial de una marca que está creciendo como

Isabel (a la izquierda) y Lucía en su oficina, donde tienen muestras de los productos de sus clientes. ©Tamara Arias

la espuma. Algunas veces nos contratan sólo para eventos de lanzamiento, pero pensamos que lo ideal es plantear la comunicación a largo plazo, porque es cuando se recogen los frutos. Nuestra primera empleada llegó como becaria del máster de Yo Dona y quedamos encantadas, así que la contratamos aunque nos supuso un gran esfuerzo. Ahora ya somos cinco, y tenemos clarísimo que vamos a seguir creciendo.

Comunicar tu empresa es muy importante para lograr el éxito. La mayor dificultad que la mayoría de las nuevas empresas se encuentran es, precisamente, llegar a su público objetivo, que sus potenciales compradores se enteren de que ha nacido una nueva respuesta a sus necesidades y acudan a su establecimiento o web para conocerlo y, con suerte, comprar. Como dice Kike Sarasola en *Más ideas y menos másters*, «deberás encontrar la manera de ser visible, de estar en el escaparate». Y añade: «Estar en los medios no sólo aumenta la clientela, sino que te convierte en interesante ante los ojos de posibles socios inversionistas». Y aquí te planteo una de las grandes paradojas que me he encontrado en mi trabajo al escribir sobre emprendedoras: ¿por qué la mayoría de mis entrevistas son a mujeres de Madrid y Barcelona? No pocas personas me lo han planteado, y es cierto que puede parecer desinterés de mi parte por buscar nuevas ideas en otras partes de España. Pero tengo que decir que he dedicado bastante tiempo a buscar mujeres en todas las provincias, y he logrado a entrevistar a emprendedoras de casi toda España, pero también me he encontrado con una respuesta muy sorprendente: no.

La peor respuesta que una emprendedora puede dar a un periodista es esa. Decir no es renunciar a aparecer en una publicación, cualquiera que sea su difusión y su alcance, a cambio de nada. Muchas veces me han preguntado por el coste de la entrevista, como si les fuera a cobrar algo, la revista o yo mismo, por su aparición. Es el problema de confundir a un periodista con un comercial. Otras veces simplemente han dicho que no, me pareció que por un temor causado por el desconocimiento. Y no salieron. ¿Las conoce alguien ahora? No lo sé, lo dudo. Pero te insisto, no las imites.

Para que veas lo que puede hacer una aparición en prensa, te voy a presentar a las hermanas Marta y Nuria Sánchez, que abrieron juntas una tienda para vender los bolsos que diseña Nuria: Ensanchez (www.ensanchez.com). Tras una de sus apariciones en prensa, una lectora de fuera de Madrid consiguió su teléfono y las llamó para pedir que le enviasen un bolso que salía en la foto detrás de ellas. Le preguntaron si sabía el tamaño que tenía, porque la perspectiva podía engañar, cuáles eran los materiales, el precio... Le daba igual, simplemente lo quería. Como ellas, son muchas las emprendedoras que me han llamado después de aparecer en prensa para contarme el impacto que la entrevista había tenido. Una de ellas me llamó varios días después, había estado disgustada porque no se habían registrado visitas en su web, hasta que descubrió que en realidad se había colapsado el servidor porque no estaba preparado para tantas visitas simultáneas. Pero vamos a ver la historia de Ensanchez:

> Estudié en el Centro Superior de Diseño y Moda de la Universidad Politécnica de Madrid [recuerda Nuria Sánchez]. Me especialicé en piel porque Loewe participaba en la escuela y todo lo relacionado con la piel lo impartían sus profesionales; era una oportunidad que debía aprovechar. Cuando terminé, empecé a diseñar mis bolsos y comencé a trabajar en una revista como estilista; estuve allí cinco años. La que me animó a montar algo por nuestra cuenta

Una aparición en prensa puede suponer nuevos clientes y ventas, como suele ocurrir con los bolsos de las hermanas Sánchez, Nuria (delante) y Marta.

fue mi hermana, que trabajaba como profesora de inglés y estaba un poco saturada de la enseñanza. Encontramos este local en un momento en que la zona estaba comenzando a resurgir, y montamos la tienda para vender, en principio, nuestros bolsos. La tienda es el campamento base y tenemos como satélites unos trabajos que vamos a seguir haciendo porque nos gusta y nos enriquece a nivel profesional. Trabajamos con un taller madrileño especializado en piel [sigue Marta], ahora que el *made in Spain* ha perdido tanto terreno frente a los productos de China. La gente aprecia las buenas materias primas y la buena fabricación, y estamos muy pendientes de la producción. Cuando abrimos, discutíamos sin parar. El local llevaba un par de años cerrado, y tuvimos que hacer una buena reforma. Sólo dejamos el suelo, que es lo que más nos gustó, por la original combinación de madera y mármol. Al principio tuvimos mucho apoyo en prensa y venía gente con recortes, incluso de provincias. El boca a boca también ha hecho mucho. Hemos vendido hasta por teléfono a clientas que decían que no necesitaban ver ni tocar el producto. Al principio, una de las dificultades fundamentales es que nunca habíamos tenido una tienda y Nuria venía del mundo editorial, de hacer estilismos para las revistas, y una cosa es la revista y otra lo que tienes que vender. Había que mantener el equilibrio. Es un poco ingrato y aburrido pasar tantas horas en la tienda, pero gracias a eso sabemos qué tipo de clientela tenemos y qué demanda, y acertamos mucho más en las compras que hacemos, porque le pones cara a cada producto, sabes quién va a comprarlo. Eso da mucha tranquilidad, y también da mucha alegría saber que tienes clientas muy fieles, sobre todo ahora, que todo el mundo va con el freno de mano puesto. Se nota que la crisis afecta menos a rentas altas porque ahora lo más caro es lo que antes se vende.

Tengo que decir que pasados los años, he logrado expandir mi mapa personal de emprendedoras y en los ejemplos que ilustran este libro lo puedes comprobar, pero a muchas de ellas las he ido a buscar yo porque me gustaba su historia, su experiencia. No esperes a que te llamen, hazte ver, hazte querer. Muchas emprendedoras me han escrito directamente a mi correo electrónico porque soy muy fácil de encontrar en la red, porque parte de mi labor de buscar emprendedoras consiste en facilitar que ellas me encuentren a mí. Y así te ocurrirá con muchos periodistas de diversos medios que te puedan interesar. Así conocí a Silvia Simón, de Ras (www.ras.es), me escribió a uno de mis perfiles profesionales en internet. Ella había empezado a trabajar en la empresa familiar un verano para probar, le gustó y se quedó. Ahora es la directora comercial y de exportación, y representa junto a su hermano la tercera generación familiar al frente de esta empresa de fabricación de objetos de regalo y complementos.

La empresa la creó mi abuelo en 1947. Nació como una fábrica de sellos de caucho, y en los años sesenta se empezaron a hacer placas metálicas. De mis abuelos la empresa pasó a mi madre, que se hizo cargo en 1970 y vio que había objetos de regalo que con nuestro sistema de fabricación se podían producir. Estuvo hasta hace diez años. Se encontró una empresa totalmente industrial en un mundo de hombres, y empezó a ver cómo funcionaba aquello, a hacerse con el manejo, empezó a introducir diseños, productos diferentes, no sé muy bien si por su visión o porque el mercado lo requería, porque la empresa siguió funcionando en las dos líneas. Yo entré en 1987, y en cuatro años le dimos un nuevo vuelco a la empresa. A mí el sector me seguía viendo como una mujer, preferían que

Un mensaje que me escribió Silvia hace unos años me dio a conocer su empresa, la entrevisté para un reportaje y hoy está en estas páginas.

fuera a las reuniones con un compañero. Hasta que veían que yo podía resolver la situación. Tanto mi hermano como yo hemos vivido la empresa desde pequeños, eran muchas horas, salíamos de la escuela y nos íbamos allí a estudiar. Nada nos sorprendía, toda la maquinaria nos resultaba familiar. Yo creo que yo quería trabajar ahí, quizá era mi madre la que no quería que yo me quedase, pero me gustaba la parte comercial, y esta empresa tiene una labor tremenda que hacer en ese terreno. Empecé poquito a poco. Me gustaba vender, conocía la empresa y decidí probar un verano, a ver qué pasaba. Y aquí sigo. Mi hermano es mayor y entró un poco antes, está en producción. Creo que nos complementamos perfectamente. Empezamos vendiendo productos fundamentalmente dirigidos a un mercado masculino, pero como el camino estaba medio abierto y yo traía ideas nuevas, no fue complicado evolucionar. Cuando llegué, se abrió una nueva línea, se mantuvo la parte industrial, pero estaba bajando, y en el mundo del regalo ya habíamos contactado con muchos clientes y era un sector que nos gustaba. Cada vez fabricamos más para intermediarios, como agencias de publicidad que encargan productos para sus clientes, como marcapáginas, pins, llaveros, abrecartas, ceniceros y salvamanteles, todo en metal. Ahora tenemos otras líneas porque hemos llegado a acuerdos con otras empresas pequeñas, por ejemplo de textil, pero siempre en España. No importamos nada, todo lo fabricamos aquí. A pesar de los problemas que hay, producimos y queremos seguir produciendo en España. Estábamos en un camino que nos gustaba, porque podíamos introducir el diseño, decidimos ir a una feria como expositor y vimos que el producto gustaba, que se vendía. Montamos un equipo de diseñadoras que nos fue encaminando y de repente nos encontramos en el 2000 exponiendo nuestra propia marca con una colección de diseño. A partir de ahí la empresa dio un nuevo giro y se encaminó hacia el sector del regalo con marca propia.

## TU PLAN DE *MARKETING*

Cuando pongas en marcha tu empresa, tu objetivo será que los clientes te elijan a ti por encima de tus competidores. Tu plan de *marketing* te ayudará a conseguirlo. Una vez más, tu plan de negocio te será de utilidad en este capítulo, por el conocimiento de tu cliente que te ha aportado tu estudio de mercado y por la definición de las etapas y objetivos que te has marcado en los diferentes plazos.

Lo primero que necesitas para poder hacer un plan de *marketing* es una marca. No me refiero a un logotipo tan sólo, sino a una imagen completa que te identifique con lo que tu público objetivo está buscando. Es lo que se llama *branding* o construcción de la marca: todo lo que ayuda a definir la marca está interrelacionado, desde el diseño del logotipo y los colores corporativos hasta el tono que empleas en los mensajes y el tipo de mensajes que envías. Incluso la voz que responde al teléfono y las palabras que utiliza al descolgar tienen que responder a esa imagen de marca que quieres crear, de tal forma que en un futuro, esperemos que no muy lejano, tu público piense en ti cuando vea un color o incluso escuche una frase determinada. Al crear tu imagen de marca tendrás que aprovechar tus puntos fuertes y hacerlos atractivos y determinantes en la decisión de compra de tus clientes.

En el caso de Piluca Hueso se nota su experiencia previa en departamentos de *marketing* de grandes empresas. Dejó su trabajo para crear Rue Vintage 74 (www.ruevintage74.com) cuando fue madre por primera vez, y de hecho me comentaba orgullosa que formaba parte del fenómeno *momtrepeneur*, el *boom* emprendedor de madres que se lanzan a montar su propio negocio. Además de diseñar su marca sin olvidar ningún detalle y cuidar mucho las imágenes que publica, envía *newsletters* periódicos a sus clientes y aunque ahora, pasados los años, ha subcontratado algunas áreas de trabajo, me comenta que sigue llevando personalmente la relación con los clientes, consciente de su importancia. Ya tiene tres hijos y ha abierto su abanico de producto: «Ya no vendo sólo antigüedades, ahora tengo también marcas nuevas, porque me lo van pidiendo los clientes». Ese saber escuchar a sus clientes es sin duda una de las razones por las que ha superado los doce mil seguidores en Facebook. «El *marketing* ha sido fundamental para hacer crecer mi negocio», asegura.

> Crear una tienda *on-line* de antigüedades y *vintage* era mi sueño, pero nunca encontraba el momento para ejecutarlo. Después de cinco años en *marketing* en el mercado del lujo, en el 2010 tuve un bebé y decidí aprovechar la baja de maternidad para ponerlo en marcha. Fue muy duro porque me planteé que estuviera listo en esos cuatro meses; de lo contrario, me reincorporaría a mi puesto. En mi familia hay anticuarios y decoradores. He nacido con ello, y creo que mi educación ha influido muchísimo. Había ido haciendo mi propia colección y echaba de menos un concepto *on-line* enfocado hacia piezas únicas de lujo, lo que veía eran mercadillos, subastas, chamarilería donde rebuscar durante horas. Yo quería ir mucho más allá. Transmitir el lujo que hay detrás de cada objeto y convertir la visita a la tienda en una experiencia sensorial. Sin necesidad de rebuscar porque la selección ya está hecha; no tengo un *stock* enorme, mi intención es comprar a medida que vaya vendiendo. Gracias a internet, he descubierto que para mi terreno hay una gran comunidad donde yo pensé que había un nicho. He ido conociendo proveedores a lo largo de los años, muchos de ellos a través de mi familia y otros, como el de broches pop de Los Ángeles, en mis viajes. Compro sobre todo en capitales (Londres, París, Berlín) y en el sur de Francia, que es donde se mueve todo lo industrial. Todas las piezas tienen un valor añadido, no las restauro sino que las pongo en valor: las mantelerías pasan un servicio de lavandería y plancha, y

Saber escuchar a los clientes y cuidar la forma de comunicarse con ellos han contribuido al éxito de Piluca Hueso con Rue Vintage 74.

las cuberterías de plata pasan un tipo de pulido, sin perder el rayón que les da la esencia, para que estén en perfecto estado de uso. Además de *stock*, la inversión inicial la dediqué a la web y a una máquina especial para fotografiar el producto, que fue cara, porque yo no era capaz de hacer buenas fotos. Fue muy complicado encontrar quien hiciera la web que yo quería, la ilustración era importantísima, porque quería trasladar el concepto desde el momento en que alguien entra, y al mismo tiempo tenía que ser sencilla y saber enamorar. Incluyo el precio del transporte desde el principio porque he comprado mucho por internet y me molesta que al final del pedido te añadan un coste a veces incluso mayor que el producto. Se puede devolver la compra en diez días, pero no me ha ocurrido. Al contrario, recibo correos muy estimulantes y tengo clientes fieles.

El *marketing* es una forma de orientar tu marca hacia tus clientes. Para ello debes conocer bien sus necesidades, detectar las oportunidades que tienes para llegar a ellos y generar un valor que les haga decidirse por ti. Al mismo tiempo, aprenderás a segmentar tu público para poder comunicarte mejor con él. Vuelvo a remitirte a tu estudio de mercado para que recuerdes quién es tu cliente, qué necesidades tiene, cómo vas tú a responder a ellas y si va a estar dispuesto a pagarte por ello. Es ahora cuando debes aplicar todas tus conclusiones, así como el estudio de tu competencia para ver cómo lo hace e intentar hacerlo mejor. Tu posicionamiento dependerá de tu construcción de la marca y de cómo des respuesta a las necesidades de tus potenciales clientes. No vas a ganarlo con un anuncio más atractivo sino con un producto que de verdad responda a sus necesidades. Y recuerda que tu posicionamiento forma parte de tu marca; si lo cambias puedes confundir a tus clientes y perderlos.

Para iniciar tu plan de *marketing*, una vez aclarados los conceptos anteriores, debes definir los objetivos que quieres alcanzar y trazar una estrategia que te conduzca a ellos, teniendo en cuenta el tiempo del que dispones, el presupuesto y las acciones que quieres llevar a cabo. Por evidente que parezca, plasma sobre el papel tus objetivos, desde el lanzamiento de producto a la mejora de tu imagen corporativa o un incremento de ventas. Debes tener claros los cuatro puntos cardinales de tu oferta: qué productos o servicios ofreces, cuál es su precio de venta al público (y los márgenes en cada eslabón de la cadena de distribución), dónde va a estar expuesto y cómo vas a conseguir que tus potenciales clientes lo vean.

Las acciones que lleves a cabo pueden ser de dos tipos: serán agresivas cuando busquen activamente a nuevos clientes (por ejemplo, descuentos en primera compra) y defensivas si tratan de retener a quien ya lo es (fidelización). El mensaje puede ser para informar, persuadir o recordar información sobre tu marca. Al segmentar a tu público por poder adquisitivo, edad, zonas de influencia y otros criterios específicos que sean interesantes en función de la naturaleza de tu negocio, podrás dirigirte mejor a él, con el lenguaje adecuado y las acciones oportunas. Incluso si vas a repartir octavillas en la calle, no lo harás indiscriminadamente.

Una buena segmentación fue, por ejemplo, el punto de partida de Aida Masdeu cuando creó Ladies and the City (www.ladiesandthecity.net) como intermediario para ayudar a empresas de moda españolas a abrirse hueco en Catar. Licenciada en Traducción e Interpretación y diplomada en Estudios Internacionales en Estados Unidos y con experiencia en investigación y prospección de mercados, cuando llegó a este país, no tardó en encontrar un nicho al que dedicar sus esfuerzos. Entre sus clientes se encuentran Rosa Clará, del grupo Exponovias, Duyos y Santos Costura.

Cuando se trasladó a Catar, Aida Masdeu encontró un nicho de mercado y segmentó bien a sus clientes antes de empezar a contactar con ellos.

Llegué a Catar el verano del 2010, y en pocos años el país ha cambiado mucho; actualmente tiene el PIB más alto del mundo y eso se refleja en la población local, que cuando llegué carecía de muchos productos. La crisis en España despertó el interés de varios diseñadores y empresas del sector moda en los países del Golfo, y decidí crear mi sociedad como intermediaria. Después de detectar lo que el mercado demandaba y el particular posicionamiento del producto, estudiamos qué empresas y productos tendrían mayores posibilidades de éxito, porque no todas se adaptan a las necesidades locales. Como consultora de mercados extranjeros en el sector de la moda y particularmente en el Golfo, mis clientes han sido empresas occidentales que tienen como modelo de negocio franquicias implantadas internacionalmente y cuyo producto encaje por precio y estilo y tenga un nicho de mercado en el Golfo. Lo que hacemos es ayudar a empresas de moda españolas a buscar el socio catarí idóneo para introducirse en este mercado. Los ponemos en contacto, les asesoramos y ya entre ellos negocian las políticas de precios y procesos de importación. A otras empresas les ayudamos a buscar socios inversores o incluso vender su marca. Los inicios fueron realmente muy duros; era una mujer occidental en un país islámico. Con mucho esfuerzo, tiempo, perseverancia, capacidad de adaptación, grandes dosis de paciencia y, sobre todo, contactos, el camino se fue allanando. El único apoyo con el que he contado fue mi marido. El tiempo me ayudó a definir estrategias. En este pequeño emirato, el único que no está sufriendo la crisis, las relaciones comerciales se basan en las relaciones de confianza.

Una vez que tienes claro a qué público vas a dirigir el mensaje, debes pensar qué le quieres decir y cómo para lograr una determinada reacción. Ten en cuenta los recursos de que dispones para lanzar tu mensaje, y procura medir los resultados para corregir los errores la próxima vez. Si eres capaz de calcular cuántos clientes han llegado a ti a través de una acción de *marketing*, estarás calculando su rentabilidad.

Lo mejor que tiene el *marketing* es que te ofrece un enorme arco de posibilidades a la hora de escoger las acciones, desde imprimir carteles, octavillas, folletos y tarjetas de visita a hacer llamadas de teléfono o utilizar internet, con tu propia web, un blog y perfiles en redes sociales. La propia decoración de tu tienda puede estar enfocada con criterios de *marketing*. Y muchas otras ideas que puedan salir de tu imaginación, como un *flash mob*, esos bailes supuestamente espontáneos que se hacen en lugares públicos con varios participantes y que llaman la atención de los transeúntes. Sólo ten en cuenta que para ciertas acciones en la calle te pueden reclamar una licencia municipal, todo depende de lo espontáneo que lo hagas parecer.

En definitiva, tu plan de *marketing* debe definir los objetivos, las estrategias con las que los pretendes alcanzar y las diversas acciones que vas a llevar a cabo. Se completa con un cálculo de costes y resultados y con el posterior análisis para calcular su impacto. Esta es la estructura óptima del documento:

1. Mercado al que te diriges, potencial de mercado, tu aportación y las necesidades del cliente.
2. Tus ventajas competitivas y debilidades y las de tus competidores.
3. Cliente objetivo, necesidades detectadas y solución que tú propones.
4. Mensaje que quieres transmitir al mercado y versiones para los diferentes canales.
5. Planteamiento estratégico del plan.
6. Estimación de ventas y objetivos.

## BLOGS Y REDES SOCIALES

Tu propia página web funciona como un recurso de *marketing*, pero se presta poco a los cambios y actualizaciones. Para optimizar el uso de internet como herramienta de *marketing* están los blogs y las redes sociales. Un blog es un espacio en el que puedes escribir y mostrar imágenes libremente, pero siempre piensa en lo que conviene a tu marca. Debes escribir al menos una actualización a la semana para que tus visitantes vean que hay movimiento. Al menos, mantén una periodicidad coherente, no escribas como loca durante muchos días seguidos para luego dejarlo olvidado un mes; es mejor programar las entradas para que se publiquen cuando tú quieras. Tampoco escribas por escribir, piensa que el visitante de tu blog quiere saber sobre ti, y tú tienes que contarle cosas que realmente le interesen, o no volverá.

Una forma de traer tráfico a tu blog es escribir sobre temas que tu público objetivo demanda, a ser posible utilizando las palabras clave que tú escribirías en un buscador para encontrar ese contenido, y marcándolas en el espacio reservado para ellas. También lograrás tráfico si tú misma visitas otros blogs de tu sector, escritos por potenciales clientes, y dejas comentarios en sus entradas, pero ojo, comentarios de verdad, respuestas a lo que en esas entradas hay escrito; no te dediques a hacer publicidad de tu marca porque te convertirás en *spam*. También puedes hacer lo mismo en foros en los que se hable de los asuntos a los que tu marca da respuesta. Pero da la cara, no te hagas pasar por una clienta satisfecha porque por lo general salta a la vista y produce rechazo.

La historia de Marina Conde siguió un camino diferente pero su ejemplo demuestra la importancia de tener un blog con contenidos originales, actualizaciones periódicas y mucha comunicación con los lectores. Empezó a escribir su blog en el 2008, porque no lograba encontrar trabajo en el sector de la moda. Su marca de chaquetas, La Condesa (www.lacondesa.es), nació dos años más tarde a partir de un *post* en el que explicaba cómo transformar una chaqueta normal en una de aspecto militar. Ahora tiene tienda *on-line* y también vende en tiendas multimarca. Supera los 5.100 seguidores en Instagram, 4.300 en Facebook y 10.300 en Twitter.

Las chaquetas de Marina Conde nacieron de un *post* del que surgieron sus primeros encargos.

He heredado la parte creativa de mi madre, que es modista, y la cuadriculada de mi padre, catedrático de Física. Estudié Ingeniería Industrial y trabajé como consultora de *marketing*. Después de un tiempo, necesitaba cambiar y me matriculé en un máster de gestión de marcas de lujo. Quería trabajar en moda, pero descubrí que la mayoría de las marcas internacionales no tienen aquí un departamento de *marketing*, y los puestos de relaciones públicas están copados por aristócratas (por eso elegí el nombre de La Condesa, jugando con el apellido materno). En el 2008 entré en una empresa de materiales de construcción y, para sacarme la espinita de la moda, al mismo tiempo abrí un blog que mantenía como afición. Formé parte de esa primera generación de blogueros españoles a los que de repente nos empezaron a invitar a experiencias, *showrooms*, fiestas… Eso me permitía ver desde dentro el mundo de la moda como una simple espectadora. En enero del 2009, como sé coser, publiqué un *post* en el que explicaba cómo transformar una chaqueta normal en una de aspecto militar, y me empezaron a escribir lectores para que les transformara las suyas. Publicaba fotos de las que hacía, y eso iba generando nuevos pedidos; las apariciones en prensa fueron otro apoyo fundamental. Salía de trabajar, llegaba a casa y me ponía a coser hasta las tantas, hasta que tuve que contratar un taller profesional. Ahora sólo coso los prototipos. En el 2010 redujeron personal en el trabajo, soy de las pocas personas a las que la crisis les vino bien, porque con la compensación pude invertir en el primer muestrario grande. Por un *post* he acabado viviendo de las chaquetas. Sigo escribiendo sobre moda en general, no sólo de mi marca porque se haría aburrido y traicionaría un poco sus orígenes. Ahora el blog está integrado en la web, y también mis perfiles en redes sociales. Voy a diversificar producto con camisetas y complementos, también para bajar el precio medio de la marca. Por suerte, tengo al mejor marido del mundo, que me ha apoyado en todo, porque si hubiera sido por mí, en algún momento habría tirado la toalla.

Para comprobar las visitas que recibe tu blog (y tu web) existen sencillas herramientas que te dirán cuántas personas han visitado cada día tu página, desde dónde se han conectado y cuál ha sido su comportamiento: tiempo de conexión, páginas vistas… La más conocida es Google Analytics.

No te digo nada nuevo si te cuento que también tienes que estar en las redes sociales. Quizá eres de esas personas, no pocas, que no tienen ningún interés en abrirse una cuenta en Facebook ni en Twitter. Me parece estupendo, una elección loable. Pero si montas un negocio, él sí necesita tener perfiles en redes sociales, o no llegará a ningún sitio. «Las redes sociales son el nuevo libro de reclamaciones», asegura Sarasola, que defiende que hay que aceptar los comentarios negativos y atender a esos clientes insatisfechos para intentar cambiar su percepción. Si tienes comentarios negativos, publícalos y responde, no los ningunees.

Toma como ejemplo a las empresas del Ibex 35, las más grandes de las que cotizan en bolsa en España. Este tipo de compañías suelen ir más a remolque de los tiempos que las jóvenes y pequeñas, que surgen con ideas frescas y con ganas de aplicar todas las novedades del mercado, muchas veces como mero reflejo de los perfiles jóvenes que están al frente. En una gran empresa es mucho más difícil cambiar la forma de hacer funcionar las cosas. Y aun así, al final se tienen que rendir a la evidencia. En julio del 2014, la consultora de comunicación Medialuna publicó un estudio en el que indicaba que el 94 % de las firmas de este indicativo bursátil tienen ya presencia en redes sociales, frente al 86 % del año anterior. Es decir, treinta y dos empresas frente a treinta del año anterior. Y de ellas, treinta y una están en Twitter, que se lleva la palma, y veintisiete están en Facebook. Además, estas compañías utilizan cada vez más fotografías, infografías y vídeos en sus publicaciones. Precisamente YouTube es la red que más ha crecido al pasar de veinticuatro a veintinueve perfiles, pero con una menor periodicidad en las actualizaciones.

María Blanco utiliza el blog y las redes sociales para comunicarse con los clientes de su tienda, ¡Glück! (www.gluck.es). Además, emplea un recurso muy original para atraer público, los conciertos de rock en su local, con música de adultos pero dirigida a un público infantil: «Te mueres de la risa. No son grupos acostumbrados a tocar para niños, son alternativos y un poco transgresores, y algunos cambian las letras porque las que tienen son un poquito fuertes, aunque los niños no se enteran ni del nodo. Eso sí, son muy sinceros y hacen unas reflexiones que te dejan sin palabras». Cuando abrió, en el 2009, su fuerte era la ropa del norte de Europa, y ahora cada vez tiene más marcas españolas, como respuesta a las inquietudes que le transmiten sus clientes. También tiene regalos para bebés, y está retomando su labor periodística, ahora especializada en el mundo infantil.

> Soy periodista, y antes de tener a mi hija trabajaba en una página web. Cuando me quedé embarazada, la oficina cerró. Entonces me di cuenta de que en Madrid, si sales del ñoñerismo de toda la vida, no hay nada para niños, como sí había visto en Alemania al visitar a una amiga. Yo tenía muchas ganas de ser madre, también quería hacer algo por mi cuenta y, de repente, surgió esta idea, ofrecer eso que no había encontrado. En realidad, que naciera Manuela fue una inspiración. Busqué un local y le di un aire muy berlinés, mezclando diseño con retro. *Glück* significa 'suerte' en alemán, y le puse las exclamaciones para españolizar. Las primeras prendas de segunda mano las escogí entre las miles que guardaba mi madre. Tengo poca ropa en venta porque está muy escogida, y la complemento con algunos libros que me parecen interesantes, juguetes muy concretos, un poco de cada cosa pero todo con el mismo concepto, no traigo cosas por traer.

María Blanco con sus dos hijas en la tienda que abrió
en el barrio de Malasaña, en Madrid. ©Imagen en Blanco

Intento tener también marcas de primera mano que en Madrid no existen. Junto con el estudio de diseño que me hizo la imagen, he lanzado unas camisetas y bodis decorados con monstruos que enseñan a hacer cosas buenas, con la idea de hacer nuevas series cada temporada. Es divertido hacer cosas así, y en el blog y las redes sociales, que uso para comunicarme con los clientes, lucen mucho. Ser autónomo es enriquecedor pero también es muy complicado: estoy trabajando cuando podría seguir cobrando el paro, mi idea es crear otro puesto de trabajo, y sienta muy mal que la administración te trate como si quisieras trampear; he levantado esto con mis ahorros y vendiendo mi coche. No pude meter a mi hija en la guardería porque aún estaba en paro y no me dieron plaza, así que tuve que armar una especie de puzle familiar y me la llevaba a la tienda por las tardes. Cuando abrí, se me ocurrió hacer un concierto, pero no de música específica para niños porque no creo que deban oír algo diferente. A los niños les das música movida y se lo pasan genial. Funcionó muy bien y decidí seguir haciéndolo una vez al mes. La única concesión que hacemos es que no está amplificado, porque es un espacio pequeño.

Una vez que te he recordado la importancia de que estés en las redes sociales, te aviso: no quieras estar en todas. No tiene sentido estar en Tuenti si tu público objetivo ya ha superado la adolescencia, por poner un ejemplo fácil. El tipo de mensajes y el público al que se dirige cada red social es un indicativo claro que puedes contrastar con tu público objetivo para optimizar el uso de tus redes. Son muchas y te conviene elegir bien y poder atender a todas. Y si aun así no das abasto, puedes contratar a un *community manager*, no es tan caro si lo fichas por horas o por contenidos publicados, y te permitirá centrarte en lo que sabes hacer bien.

«Al final, lo llamemos como lo llamemos, lo importante es encontrar la fórmula para conectar con el cliente –explica Irene Rodríguez Aseijas, responsable de contenidos de Womenalia y especialista en *marketing* de contenidos–. El problema es que el cliente ha cambiado. O al menos ha cambiado su forma de aproximarse a la marca, por lo que resulta imprescindible conocer qué nuevos canales utiliza y cómo sacarles el máximo provecho optimizando nuestro presupuesto y los recursos a nuestro alcance». Como dice Irene, las necesidades de *marketing* no son las mismas para una panadería que para una *boutique* del pan; por mucho que vendan lo mismo, su público objetivo es diferente y también lo es la forma de aproximarse a él. Y en esas nuevas fórmulas de aproximación ya hemos evolucionado desde el *marketing* 2.0, que permitía al cliente interactuar con la marca, a un *marketing* 3.0 que lo hace partícipe de una comunidad. Ahí entran en juego los blogs y redes sociales, y el contenido pasa a ser una pieza estratégica que hay que cuidar porque la comunidad, esos clientes, pueden responder e influir: «Las marcas son más vulnerables que nunca y corren el riesgo inmediato, si no cumplen con una serie de parámetros que coincidan con los valores de su comunidad, de verse mermadas en su reputación», explica Irene. También Google, el buscador más potente, tiene criterios para penalizar los contenidos que no sean originales, un paso en favor de los usuarios que a ti te obliga a ser más cuidadosa con tu trabajo. «Por tanto –insiste Irene–, la única salida para posicionarnos correctamente en internet es trabajar en contenidos propios, relevantes y originales».

## OTRAS FÓRMULAS PARA CONECTAR CON TUS CLIENTES

Originalmente se denominó virales a ciertos vídeos que aparecían en internet y se difundían como un virus debido a la fuerza de su contenido, que en sus inicios no era publicitario y sólo pasado el tiempo se descubría quién estaba detrás, si es que finalmente lo eran. Este fenómeno surgió de una forma un tanto casual, o más bien inesperada, pero el tiempo lo ha convertido en una herramienta de *marketing* y, como tal, no siempre tiene el resultado deseado. Esto es así especialmente porque el público es cada vez más difícil de sorprender, y porque la viralidad ya se busca muchas veces con montajes evidentemente publicitarios que no consiguen despertar la curiosidad. Hacer un vídeo viral es por todo esto algo difícil, pero sigue siendo barato y ¿acaso no has decidido ser emprendedora? ¿Acaso no sabías que ibas a encontrar dificultades en el camino?

La viralidad la obtuvo Maya Hansen (www.mayahansen.com) sin ni siquiera buscarla, gracias a Lady Gaga: «Cuando Lady Gaga apareció en una televisión estadounidense con un modelo mío en mayo, tuvo muchísimo impacto, estuve tres días atendiendo a los medios. En España he vestido a bastantes *celebrities*, pero ella era la primera internacional con tanta presencia. Ahora me están llamando para hacer editoriales de moda con actrices de Hollywood». Ese mismo año, antes de terminar su período de joven diseñadora en el Ego de Cibeles, el paso previo a la Fashion Week Madrid, fue invitada a dar el salto a la primera división.

Todo había nacido de un encargo para un grupo español de *heavy metal* que le proporcionó 18.000 euros y la independencia económica para crear su marca. Empezó a diseñar corsés en el 2006, cuando nadie apostaba por esta prenda en España. En el 2010 facturó cien mil euros.

> Me gradué en el Centro Superior de Diseño y Moda de Madrid y estuve trabajando para varios diseñadores. También hacía unas pulseritas que vendía en una tienda de Madrid, y en el 2004 la encargada me preguntó si conocía un grupo que se llamaba Mago de Oz; me puso en contacto con ellos, que buscaban una diseñadora para una gira de año y medio. Nunca había hecho un proyecto tan grande, y me dio un poco de miedo pero me lancé. Me vino muy bien para independizarme y comprar una nave industrial. La idea, cuando terminase, era registrar mi marca y, si no funcionaba, buscar otro trabajo. Empecé a hacer ropa por encargo, hasta que en el 2006 me probé un corsé en Berlín y supe que era

Varias famosas habían vestido ya los corsés de Maya Hansen,
pero fue Lady Gaga la que la dio a conocer en todo el mundo.

eso lo que quería hacer. Compré patrones victorianos de los
siglos XVI y XVII, libros técnicos y muestras de los mejores
corseteros del mundo, que desmonté para ver cómo estaban
hechas. Creé mi propia técnica. El corsé era muy *underground*
y ahora, después de mucho tiempo, se está convirtiendo
en una prenda de costura. He ido aumentando la calidad,
y el público ha ido cambiando, cada vez con mayor poder
adquisitivo. Desde el principio, la mitad de mi producción
la vendo fuera, sobre todo en el Reino Unido y Alemania.
En España, la gente asocia los corsés con la lencería, pero
en Reino Unido se visten para fiestas. Me costó mucho que
me aceptaran en el Ego de Cibeles, tuve que convencerles
de que el corsé no era un complemento y que podía hacer
una colección. Y hace dos meses, cuando estaba preparando
mi cuarto desfile, me llamaron para preguntarme si para esta
temporada prefería desfilar en la pasarela. Era mi próximo
objetivo. Estoy muy contenta porque llevo poco tiempo y la

evolución está siendo muy rápida. Tengo una lista de espera de tres meses; ahora lo que más me preocupa es ampliar mi equipo de diseño. Además, he empezado a hacer trajes de novia. La producción la hace un taller subcontratado, pero tuve que formarlos un año y medio porque es una técnica muy complicada. No es una producción industrial porque quiero hacer prendas muy exclusivas para un público relativamente pequeño. La parte empresarial no te la enseñan en la carrera, y ha sido duro, pero he contado con el apoyo de mi marido. Cuando lo conocí me regaló el dominio de mi web, y me pareció un tipo muy raro, pero al cabo de un año resultó que la mitad de las ventas se hacían por internet. Mi objetivo ahora es conseguir tiempo para mí, es mi asignatura pendiente, y estoy en una edad en que me acabo de casar, soy mujer… En un par de años quiero organizarme para tener hijos.

Ahora Maya Hansen ya tiene a dos personas más en su equipo de diseño, ha reducido la lista de espera de modelos a medida hasta las ocho semanas y ha cumplido su sueño de ser madre.

Gemma Cernuda, de quien te hablé en el capítulo 4, me contó en una ocasión: «Las redes sociales son femeninas, más del 50 % de los usuarios de Facebook son mujeres, en Twitter son más del 60 %, escriben más del triple de tuits que los hombres y siguen el doble de perfiles. Las redes sociales permiten compartir y recomendar, y a las mujeres nos gusta compartir y recomendar. Si tienes respuestas, escríbelas, tu opinión y tus sugerencias van a ayudar a otra persona, y puedes descubrir un talento tuyo que no conocías».

Las propias redes sociales despliegan herramientas que te pueden apoyar en tus campañas de *marketing*, como anuncios con una segmentación de público muy definida y concursos dirigidos a ese público con los que puedes darte a conocer y hacerte querer por ellos. Luego te tocará venderles, pero eso ya no es tan difícil si tu marca lo vale, lo difícil es conseguir a esos consumidores. Personalmente yo no abusaría de las campañas de publicidad si el único objetivo es conseguir seguidores. No siempre se traducen en compradores, y te están costando dinero. Eso sí, un mayor número de seguidores puede ayudarte a mejorar tu posicionamiento en buscadores. Y puestos a hablar de buscadores, también te ayudará actualizar con frecuencia tu blog y tus perfiles en redes sociales, pero te penalizará la repetición de contenidos.

Escribir lo mismo en diferentes redes sociales es fácil, y puede ser útil en algunas ocasiones, pero no debes tomarlo por costumbre, porque el tono del mensaje, su longitud y el propio mensaje no se entienden igual en las diferentes redes.

Otro recurso muy de moda que puedes utilizar es la gamificación. Aunque es un concepto creado más bien para mejorar entornos de trabajo, también tiene sus aplicaciones en *marketing*. Gamificación viene de *game*, 'juego' en inglés. Consiste simplemente en transformar una tarea aburrida en todo lo contrario aplicándole dinámicas propias de los juegos, con puntos, clasificaciones, recompensas... Aplicada al *marketing*, puedes recurrir a esta herramienta para involucrar a tus clientes en acciones divertidas que te ayuden a fidelizarlos, que terminen de hacer una compra y que hablen bien de ti. Y esa es la mejor técnica de *marketing* de todas, que tus clientes hablen bien de ti, lo que se llama el boca a boca —en Cataluña se dice boca a oreja—.

Kike Sarasola presume de tener «clientes que se convierten en tus mejores vendedores, porque desean compartir con sus familiares y amigos una experiencia que ha superado sus expectativas». Y trabaja activamente para que siga siendo así, en primer lugar recordando qué sentía cuando estaba al otro lado, como cliente. Esto me lo contaba para explicar por qué no envía apenas *newsletters* a sus clientes: no soporta ser bombardeado en su correo electrónico. Pero sirve también para entender la importancia de ese boca a boca. Otra clave que da es no decir nunca que no a un cliente, «donde existe el no acabará no existiendo la empresa; tan simple como eso».

El boca a boca ha sido una de las mejores herramientas para darse a conocer desde siempre, y la mayoría de las emprendedoras a las que he entrevistado han hecho buen uso de ella. María Rosa Serra es una de ellas. En el 2007 empezó a fabricar jabón artesanal con ingredientes naturales. Con sólo dos mil euros de inversión, que recuperó en seis meses, creó La Gallina Feliz (www.jaboneslagallinafeliz.com), y aprovechó también su experiencia en el sector hotelero para introducirse en el mercado:

> Llevo desde los veintisiete años trabajando en el mundo empresarial, siempre ligada al mundo de los hoteles. Tengo una consultora de recursos humanos, pero quería cambiar

María Rosa Serra en plena recolección de lavanda para preparar jabones artesanales.

de aires. Siempre me han gustado las cosas naturales, y como tenía la piel reseca, hace cuatro años fui a una herboristería a comprar jabón natural. Entonces unos familiares me dijeron que por qué no lo hacía yo con la receta de mi abuela. Empecé a darle vueltas hasta que decidí que era eso a lo que me quería dedicar. Invertí muy poco, hasta me hice mi propia web. Pedí financiación, para la web y para acondicionar una zona de mi casa para trabajar, pero en ninguna parte se fiaban. No preveía una producción a gran escala, sino un trato prácticamente personalizado, algo exclusivo. Por suerte, hay público para todo, y mis clientes suelen repetir. Poco a poco fui enseñándoles mis jabones a familiares y amigos. Conseguí los primeros contactos enviando un boletín a mis clientes de la consultora, después de pedirles permiso. Además, ahora, cuando tengo que hacerles un regalo, les envío jabones. Los primeros que fabriqué eran basados en la receta de mi abuela, con aceite de oliva, hidróxido de sodio y algún aceite más. A partir de ahí seguí investigando y conseguí hacer muchos diferentes. Los aromas se consiguen a través de los aceites esenciales, que se extraen de las flores y son muy caros. No utilizo nada que no sea natural. Caí en la tentación de comprar aromas artificiales, pero no me gustó. Por eso mis jabones tienen poco color pero muy buen olor. Mi producción es pequeña, casi por encargo. Produzco en casa los fines de semana, lo que involucra a mi marido y a veces a amigos. Mis clientes, de momento, son fundamentalmente del área de Barcelona, aunque la cadena de hoteles Hilton me hizo un encargo grande para regalar a nivel internacional, y eso me proporcionó un cliente en China. Ahora tengo que buscar puntos de distribución. De momento, mi destino son las herboristerías y las ferias, y también algunos hoteles que dejan las pastillas pequeñas en las suites. Camino mucho por Barcelona por mi consultora, y llevo conmigo las dos tarjetas de visita. Tengo dos agendas y llevo dos páginas web, así como dos boletines mensuales, así que tengo que organizarme bien. Mi idea es centrarme en el jabón, pero todavía no puedo dejar la consultora porque no podría vivir de esto. Al menos tengo tiempo para disfrutar de mi familia. Estoy asociada al gremio de jaboneros americanos. Aquí todo es mucho más complicado. En Cataluña, como el jabón lleva aceite, se considera alimentación artesana, y me han hecho muchas inspecciones.

# 9
# Conocimientos jurídicos fundamentales

Como ya has ido viendo en los capítulos anteriores, emprender exige una actitud y unos conocimientos mínimos, no sólo ganas de tener un negocio propio o de salir del paro. Y este capítulo es muy importante porque te puede librar de muchos problemas que tendrías si te dejaras llevar por lo que crees que es mejor, sin informarte. Por ejemplo, ¿crees que es mejor darte de alta como autónoma sin tener una empresa, es decir, una persona jurídica que te respalde? Esa es una opción si lo que ejerces es una actividad profesional sin más, como *freelance* en lugar de contratada por una única empresa. E incluso en ese caso, si tienes la suerte de tener unos ingresos altos, es posible que te interese crear una empresa y facturar a través de ella, porque pagarás menos impuestos.

Katharina Widmer (www.katharinawidmer.com) no necesita más que ser autónoma para ejercer su labor, y es que además de ser pintora imparte cursos de arteterapia o, lo que es lo mismo, desarrollo personal para aprender a expresarse a través de la pintura. Lleva más de veinte años ejerciendo esta actividad con un método propio, sobre el que en el 2007 publicó *Pintura-terapia gestáltica. Imágenes del alma.* Su inversión inicial consistió en una habitación de su casa, una mesa, pinturas y un folleto fotocopiado y coloreado a mano. Con el tiempo, construyó una casita de madera en el jardín para continuar su labor. Poco después, me contaba: «Para el futuro quiero volver a la naturaleza y montar un centro de terapias creativas en la sierra de Madrid. De momento, el proyecto es como una hoja en blanco con algunas pinceladas,

Katharina Widmer en la casita de madera que se construyó en el jardín de su anterior casa, donde tomé esta foto. ©Juan Ramón Gómez

todavía falta por ver el cuadro acabado, pero así es como siempre he empezado». Pasado el tiempo, ahora sé que ese sueño se ha hecho realidad, se ha trasladado a la ecoaldea de Valdepiélagos, donde ha abierto un taller, y mantiene otro en Madrid.

Me fui de Suiza para recorrer mundo, y llegué a España porque tenía una amiga aquí. Durante siete años, me gané la vida en Altea (Alicante) pintando cuadros y estampando tejidos a mano. Luego llegué a Madrid. Gracias a mi experiencia con los estampados, pude hacer un curso de diseño y poco después me contrataron en la Escuela de Moda de la Universidad Politécnica para enseñar dibujo de anatomía y de moda. Tuve mucha suerte, porque había muy pocos profesionales del sector textil. Me gustaba mucho, y además tenía tiempo para hacer ilustraciones de moda para revistas. Con mis alumnos descubrí algo muy importante: que la capacidad de dibujar tiene que ver en parte con la técnica enseñada, pero también con dificultades internas de expresión. Fue entonces cuando me empecé a preocupar por este asunto, y me empecé a formar como terapeuta gestáltica. Se trata de una corriente humanista psicoterapéutica, una forma de terapia alternativa a las corrientes analíticas –que vienen del psicoanálisis– y que tiene en cuenta el cuerpo y la creatividad. En 1992 tuve a mi segunda hija y perdí mi trabajo –eran otros tiempos y fui a juicio y lo perdí–. Seguí formándome e impartiendo clases en escuelas de diseño de Madrid. En 1994 monté mi propio taller y empecé a trabajar con la gente y la pintura, desarrollando poco a poco un enfoque de terapia propio que llamé Pintura Creativa. Una manera de entender el arte como vehículo de autoexpresión y medio para el desarrollo de la persona. Fui una de las pioneras en España de la pintura terapéutica, casi desconocida por entonces. Una década más tarde completé mi formación en Suiza con una diplomatura en Pinturaterapia orientada a la resolución de conflictos y traumas. Ya llevo veinte años trabajando como arteterapeuta. La demanda me llevó hace diez años a formar a otras personas en técnicas de pintura creativa para transmitir el oficio. Viene mucha gente por el boca a boca. Tengo dos talleres propios, y la mayoría de la gente viene para conocerse mejor, expresarse mejor y desarrollar la creatividad. Potenciar esas capacidades revierte sobre la autoestima. En 1998 volví a pintar seriamente y he realizado una serie de exposiciones de mi propia obra.

Si creas una empresa, al ser socia también tendrás que darte de alta como autónoma en la mayoría de los casos, porque una empresa no puede hacer un contrato laboral a su propietario. Pero al crear la empresa protegerás tu patrimonio. Porque, pongámonos en lo peor, si tu idea de negocio no funciona como esperabas y se convierte en una ruina, como autónoma tendrás que pagar hasta el último céntimo de deuda que contraigas, y esa deuda te perseguirá de por vida hasta que la saldes. Pero una empresa sólo tiene que responder por el valor de sus acciones, generalmente los tres mil euros de capital mínimo con el que se crea una sociedad limitada. A partir de ahí, puedes liquidar la empresa y como persona física ya no tienes ninguna deuda.

En este punto hay que hacer dos aclaraciones. La primera, que desde que entró en vigor la ley de emprendedores, del patrimonio personal del autónomo queda protegida su primera vivienda siempre que su valor no supere los trescientos mil euros, aunque para ello tiene que haberse inscrito en el registro mercantil como emprendedor de responsabilidad limitada, y además haber inscrito la protección de la vivienda en el registro de la propiedad. Esta norma le protege de un embargo que pueda afectar a su familia, pero no le exime de las deudas contraídas.

La segunda aclaración es que la negligencia en la administración de la sociedad excluye las salvedades anteriores, y quien la cometa tendrá que responder con su patrimonio personal, incluida su vivienda, y puede incluso tener una condena de cárcel.

Elisa Infante pasó por varias etapas antes de crear Even It Traductores (www.evenit.es). Ella misma es traductora y empezó como autónoma, y también ha trabajado como profesora. Una vez instalada en Alicante, volvió a traducir, y cuando el trabajo comenzó a multiplicarse y tuvo que recurrir a colaboradores, constituyó la empresa, que ha crecido por encima de sus previsiones. Al tratarse de una evolución natural, sólo tuvo que hacer una inversión mínima en material informático, web, logo y papelería. La nueva situación, además, le dio mayor flexibilidad para poder disfrutar de sus dos hijos, lo que no significa que trabaje menos, porque asegura que no descansa y hace mucho que no tiene vacaciones. Ha pasado de autónoma a empresaria y ahora son otros autónomos los que trabajan para ella:

> Crear mi empresa fue una evolución natural. Estudié la carrera en Madrid y empecé a trabajar como autónoma, principalmente subtitulando películas para estudios de doblaje, y traduciendo para agencias. Luego fui profesora y ahora doy trabajo a antiguos compañeros y alumnos. Y aún me reservo un tiempo para traducir porque me gusta, pero básicamente me ocupo de la gestión. Hace siete años me fui a vivir a Alicante. Allí no hay tanta competencia como en Madrid con las traducciones, no había empresas de referencia y pensé que era mi momento. Empecé con un cliente importante para el que ya había trabajado y me enganché con las traducciones. Enseguida tuve que contar con colaboradores, porque este cliente necesitaba traducciones a varios idiomas. Doy trabajo a más de cien autónomos en toda España y en el extranjero. Al menos veinte trabajan casi a diario para mí. La clave del éxito está en rodearse de profesionales que te generen confianza y que confíen en ti. Y como yo he trabajado durante muchos años como *freelance*, sé lo que es estar en ese lado de la barrera. Mis antiguos alumnos hacen muchas interpretaciones, que es más delicado, porque el traductor tiene más tiempo pero ellos están solos ante el peligro. Para las facturas tengo subcontratado a un gestor, porque eso me supera.

Si a pesar de todo lo que te he contado sigues pensando en crear tu negocio como autónoma, aunque sólo sea en los inicios, tendrás

Elisa Infante pasó de autónoma
a empresaria cuando tuvo
que dar trabajo a otros autónomos
y gestionar un mayor volumen
de facturas.

una serie de obligaciones fiscales que cumplir. Como cualquier trabajador, tienes que hacer la declaración anual del IRPF. Si pagas facturas que incluyan retención por renta, tendrás que pagar a Hacienda esa cantidad retenida al final de cada trimestre. Por ejemplo, si alquilas un local, la factura incluye una retención que liquidarás trimestralmente con el modelo 115. En tercer lugar, tienes que sumar el IVA a las facturas que hagas a tus clientes, a no ser que tu actividad esté exenta de este impuesto. De la misma forma, en las facturas que pagues habrá un IVA incluido. Tendrás que hacer otra declaración trimestral (con resumen anual en enero) en la que indiques el IVA que has recaudado entre tus clientes y le restes el que has pagado en las facturas que sean atribuibles a tu actividad. La diferencia se la pagas a Hacienda, y si es a tu favor la acumulas para el siguiente trimestre, y en enero puedes pedir la devolución si sigue siendo negativa (tardan unos cuatro meses en hacerte el ingreso).

Y dejo para el final de tus obligaciones como autónoma la cuota a la Seguridad Social, porque es la que más te puede liar y la que te puede animar a empezar como autónoma para dar el salto a la constitución de la empresa más adelante. Esto es así porque las reducciones de la cuota te las dan como autónoma, no si eres empresaria. El alta como autónoma la debes tramitar en tu oficina de Hacienda presentando el modelo 037, y en el plazo de un mes debes ir a una oficina de la Seguridad Social y presentar el modelo TA0521, indicando la actividad que vas a desarrollar, junto con una fotocopia de tu DNI y otra del 037 presentado en Hacienda. Si no tienes aún ninguna factura y estás a final de mes, espera a que empiece el siguiente, porque el alta te la dan enseguida y pagarás el mes entero, aunque sea ya el último día. En el momento del alta debes indicar la base de cotización por la que vas a tributar. Es decir, cuáles son tus ingresos medios mensuales, de los que se calculará la cuota de autónomos que vas a pagar. Hay un mínimo, que es el que escoge la mayoría, no por capricho sino porque, según datos de la Agencia Tributaria, ocho de cada diez autónomos no llegan a mileuristas. Si ganas dos mil euros al mes y sigues cotizando por el mínimo (875,79 euros en el 2014), pagas menos pero acumulas menos de cara a tu jubilación. Por esa base de cotización se pagan unos 261 euros al mes. Y como recordarás, puedes compensar esas cuotas con lo que te reste de recibir del seguro de desempleo si has optado por capitalizar el paro.

El mejor momento para darse de alta es cuando se vaya a comenzar a vender y a facturar. Muchos autónomos que no alcanzan los mil euros mensuales de ingresos optan por no darse de alta, una práctica ilegal que lleva la economía sumergida hasta el 25 % de nuestro producto interior bruto según datos de la Fundación de Estudios de Economía Aplicada (Fedea). Otros esperan para emitir sus facturas acumuladas en un mes, se dan de alta y de baja y sólo pagan ese mes. Tampoco es legal, pero algunos jueces han fallado en favor de autónomos denunciados por Hacienda cuando han demostrado tener unos ingresos por debajo del salario mínimo interprofesional.

## LA TARIFA PLANA DE AUTÓNOMOS

Las escasas ayudas que había para reducir temporalmente la cuota de autónomos se fueron unificando en varios pasos durante el 2013 hasta constituir la llamada tarifa plana de autónomos, que sigue siendo criticada por ser demasiado limitada en el tiempo para que dé tiempo a alcanzar la rentabilidad, y sobre todo por el agravio comparativo con países de nuestro entorno mucho más generosos con los que empiezan una actividad profesional, como Francia y el Reino Unido.

La tarifa plana de autónomos se empezó a aplicar a hombres menores de treinta años y mujeres menores de treinta y cinco, pero las protestas de las asociaciones de autónomos llevaron a una ampliación de la cobertura a todo el colectivo, con independencia de la edad. Sólo quedan excluidos aquellos trabajadores que ya hayan estado de alta en este régimen en los cinco años anteriores y los que tengan a otros trabajadores contratados. También se está denegando a autónomos administradores de sociedades y a autónomos colaboradores, a pesar de que la ley no lo expresa. Es por eso por lo que quizá te convenga esperar a agotar esta ayuda antes de crear tu empresa. También están quedando fuera de esta ayuda los autónomos que han recibido otro tipo de bonificaciones en su cuota aunque hayan pasado más de cinco años.

La tarifa plana sólo cubre la cuota mínima de contingencias comunes, pero se puede ampliar esta cobertura para cubrir la prestación por desempleo y los accidentes profesionales sumando la diferencia, sin reducción, a la tarifa bonificada. Aunque se llama plana, esta tarifa es en realidad progresiva, con un descuento del 80 % durante los seis primeros meses, el 50 % los seis siguientes y el 30 % durante otros seis. Y aquí vuelve la discriminación positiva, porque a ese último semestre le puedes añadir doce meses adicionales si eres hombre menor de treinta años o mujer menor de treinta y cinco. Y si tienes reconocida una discapacidad del 33 % o mayor, la reducción se extiende hasta un total de cinco años. De esta forma, si optas por la cuota básica, pagarás –según la base mínima de cotización para el 2014– 53,07 euros el primer semestre, 131,36 euros el segundo y 183,55 euros en el último período. Después, pagarás el total de la cuota.

Bárbara de la Fuente inició su idea de negocio para participar en la segunda edición del premio Yo Dona-Madrid Emprende, en el que obtuvo un accésit. Con experiencia en interiorismo y habituada a manejar las redes sociales, creó Bfordesign (www. bfordesign.es) confiada en que llegaría fácilmente a su público objetivo. Empezó con tres mil euros, tirando de ahorros y algunos sacrificios para no pedir al banco, y esperando a un mejor momento para dar de alta la empresa. Gracias a haber medido sus pasos, en el 2013 se pudo ir a vivir temporalmente a Londres

Bárbara de la Fuente comenzó su proyecto de decoración de interiores como autónoma.

para mejorar su inglés, sin estar atada a una estructura en Madrid. Mientras sigue esperando a un mejor momento para constituir la sociedad, continúa absorbiendo conocimientos relacionados con el diseño tanto en Londres como en su próximo destino en algún punto de Asia, «donde esperó adquirir conocimientos sobre otras culturas, condiciones empresariales y laborales, productos y todo lo que aquella otra parte del mundo me quiera ofrecer».

Visitando Casa Decor con una amiga, nos enteramos del concurso de Yo Dona y decidimos presentarnos juntas. Yo quería crear mi propio negocio, pero no me atrevía a hacerlo sola, aunque luego ella abandonó y terminé el proyecto con servicios de decoración para particulares y empresas y estilismo para catálogos. He tenido en cuenta la crisis, y para quien quiere cambiar su casa con poco presupuesto, busco fórmulas baratas, aprovechando lo que tiene y evitando las reformas. También saco partido a casas en venta para que sean más atractivas, y doy servicio a locales comerciales, incluyendo colocación de producto y escaparatismo. Como valor diferenciador, he creado dos servicios nuevos. El primero es la puesta a punto de casas para directivos que se trasladan de residencia y necesitan que esté todo a punto, no sólo los muebles, sino toda la ropa y el menaje del hogar, etcétera. El otro es el *tupper* deco, una reunión de amigas apasionadas por la decoración donde ofrezco asesoría sobre lo que me pidan. Lo más complicado es estar sola. Lo hago yo todo, y veo que voy a necesitar cinco gemelas.

## CÓMO CREAR UNA EMPRESA

Para crear una empresa, tienes que seguir unos pasos marcados por la ley. Algunos de ellos los puedes hacer *on-line*, para otros tienes que desplazarte. También puedes recurrir a la ventanilla única empresarial, si tienes suerte de que haya una en tu entorno cercano, y en todo caso les puedes consultar *on-line* (www.ventanillaempresarial.org) si te quedan dudas después de leer este capítulo. Primero tienes que elegir el nombre que va a tener tu sociedad y el tipo de empresa que vas a constituir –te los explico en este capítulo–. Una empresa es una persona jurídica y como tal va a llevar un nombre, que es el que vas a elegir, y un número de identificación fiscal, antes llamado CIF para distinguirlo del NIF de las personas, pero ya no existe esa diferencia. El nombre que elijas no es necesariamente por el que se te va a conocer, sino el que va a figurar a efectos legales en las facturas, contratos, impuestos y todo documento en el que figure la empresa. El nombre por el que se te va a conocer, tu marca, lleva otra tramitación que también veremos en este capítulo.

En el registro mercantil central debes tramitar la reserva del nombre elegido. Puedes hacerlo a través de internet (www.rmc.es/Denosolicitud.aspx) pero tardará unos días más. En la solicitud puedes incluir hasta cinco nombres por si alguno ya estuviera reservado, y así no tener que pagar por otra solicitud. En menos de una semana te entregarán un certificado que acredite que no existe otra sociedad con el mismo nombre, uno de ellos, el primero de la lista que no tuviera ya otro dueño. Ese certificado te servirá para los siguientes trámites. El primero de ellos, abrir una cuenta a nombre de la empresa, el que figura en ese documento, en el banco que hayas elegido. Los ingresos de dinero en esa cuenta antes de constituir la empresa se deben hacer únicamente por el capital inicial con el que se va a constituir, y cada socio debe ingresar el porcentaje que le va a corresponder en acciones. Es decir, si vas a abrir una SL con dos socios al 50 %, cada uno debe ingresar mil quinientos euros. Los autorizados deben ser quienes vayan a actuar como administradores de la sociedad. El banco os entregará unos certificados que debes guardar junto al de la denominación social para llevarlos al notario. La cuenta estará bloqueada hasta que acredites la constitución de la sociedad ante notario.

Antes de ir a notaría con estos documentos, debéis redactar los estatutos que van a regir la sociedad y donde se detallan el objeto social y otros asuntos de interés, como la identificación de los administradores, la forma en que se van a tomar las decisiones y el mecanismo de transmisión de las acciones en caso de que uno de los socios quiera vender su parte. Puedes encontrar modelos de estatutos en internet, y lo que debes cuidar bien es de desgranar el objeto social, es decir, la actividad que va a desarrollar la empresa, porque serán los supuestos por los que podrás facturar en el futuro. Los estatutos son obligatorios, y para aquello que no regulen se aplica lo que marque la ley al respecto. Al quedar junto a las escrituras en el registro mercantil son de carácter público.

Te pongo aquí como ejemplo de estatutos una versión reducida de los que se publicaron en el Boletín Oficial del Estado como modelo para la constitución exprés:

**Artículo 1.** Denominación.
Bajo la denominación de «..., SL», se constituye una sociedad de responsabilidad limitada que se regirá por las normas legales imperativas y por los presentes estatutos.

**Artículo 2.** Objeto.
La sociedad tendrá por objeto las siguientes actividades: ...

**Artículo 3.** Domicilio social.
La sociedad tiene su domicilio en ..., calle ..., número ..., y tiene nacionalidad española.

**Artículo 4.** Capital social y participaciones.
El capital social, que está totalmente desembolsado, se fija en ... euros y está dividido en ... participaciones sociales con un valor nominal cada una de ellas de ..., y numeradas correlativamente del 1 al ...

**Artículo 5.** Periodicidad, convocatoria y lugar de celebración de la junta general.

La junta general será convocada por el órgano de administración.

La convocatoria se comunicará a los socios a través de procedimientos telemáticos, mediante el uso de firma electrónica. En caso de no ser posible se hará mediante cualquier otro procedimiento de comunicación, individual y escrito, que asegure la recepción por todos los socios en el lugar designado al efecto o en el que conste en el libro registro de socios. En relación con otros aspectos relativos a la convocatoria, periodicidad, lugar de celebración y mayorías para adoptar acuerdos de la junta general se aplicarán las normas previstas en la ley de sociedades de capital aprobada por el Real Decreto Legislativo 1/2010, de 2 de julio.

**Artículo 6.** Comunicaciones de la sociedad a los socios.

Las comunicaciones que deba realizar la sociedad a los socios, en cumplimiento de lo dispuesto en la ley de sociedades de capital aprobada por el Real Decreto Legislativo 1/2010, de 2 de julio, se realizarán a través de procedimientos telemáticos, mediante el uso de firma electrónica. En caso de no ser posible se hará mediante cualquier otro procedimiento de comunicación, individual y escrito que asegure la recepción por todos los socios en el lugar designado al efecto o en el que conste en el libro registro de socios.

**Artículo 7.** Mesa de la junta. Deliberaciones y votación.

El presidente y secretario de la junta general serán los designados por los socios concurrentes al comienzo de la reunión.

Corresponde al presidente formar la lista de asistentes, declarar constituida la junta, dar el uso de la palabra por orden de petición, dirigir las deliberaciones y fijar el momento y forma de la votación. Antes de dar por terminada la sesión, dará cuenta de los acuerdos adoptados, con indicación del resultado de la votación y de las manifestaciones relativas a los mismos cuya constancia en acta se hubiese solicitado.

**Artículo 8.** Modos de organizar la administración.

La gestión, administración y representación de la sociedad es competencia del órgano de administración.

La junta general podrá optar por el modo de organizar la administración, sin necesidad de modificar estatutos, y en los términos previstos en la ley de sociedades de capital.

La modalidad de órgano de administración elegida por la junta general deberá inscribirse en el registro mercantil.

**Artículo 9.** Nombramiento, duración y prohibición de competencia.

Sólo las personas físicas podrán ser nombrados administradores. El desempeño del cargo de administrador será por tiempo indefinido.

Respecto de los demás requisitos de nombramiento, incompatibilidades y prohibiciones para ser administrador, se aplicará lo dispuesto en la ley de sociedades de capital.

El cargo de administrador podrá ser:

1. Gratuito.
2. Retribuido (marque una forma de retribución).
   a) Cuantía fija determinada por la junta general para cada ejercicio económico.
   b) Un porcentaje de … % de los beneficios repartibles de cada ejercicio económico, con arreglo a la ley.

**Artículo 10.** Ámbito de representación y facultades del órgano de administración.

La representación que corresponde al órgano de administración se extiende a todos los actos comprendidos en el objeto social delimitado en estos estatutos, de modo que cualquier limitación de las facultades representativas de los administradores, aunque estuviera inscrita en el registro mercantil, será ineficaz frente a terceros.

**Artículo 11.** Notificaciones a la sociedad.

Las notificaciones a la sociedad podrán dirigirse a cualquiera de los administradores en el domicilio de la sociedad.

**Artículo 12.** Sociedad de responsabilidad limitada unipersonal.

A la sociedad de responsabilidad limitada unipersonal se aplicará las especialidades de régimen previstas en la Ley de Sociedades de Capital aprobada por el Real Decreto Legislativo 1/2010, de 2 de julio.

Cuando envíes estos documentos al notario, le debes indicar también el domicilio social de la empresa (donde se recibirá su correspondencia, no necesariamente donde se ejerza la actividad) y los datos personales de los socios (nombre, fotocopia de los DNI, profesión y estado civil). Especifica también quién va a actuar como administrador y si va a recibir una remuneración por ese trabajo. A no ser que lo consideres fundamental, es mejor que el administrador no cobre por esa labor si es además uno de los socios, aunque sí lo haga por otra actividad en la empresa, ya que tiene una retención muy alta. Si hay dos o más administradores, estos pueden ser mancomunados o solidarios. La primera opción complica la toma de decisiones porque siempre requerirá la firma de todos, mientras que el solidario requiere una gran confianza porque la firma de cualquiera de ellos es válida para cualquier tipo de decisión, incluida una modificación de las escrituras. Determinad también el valor de las acciones. Con el ejemplo anterior de dos socios que aportan mil quinientos euros cada uno, podrías dividir el capital en dos acciones de mil quinientos euros o en tres mil acciones de un euro, por ejemplo. Una vez que esté arreglado el papeleo, todos los socios debéis acudir juntos al notario, con el original de vuestros DNI, para firmar las escrituras.

Mucho ha llovido desde que María Unceta constituyó su empresa en 1992. Por cierto, con una denominación social, Marunca Laboratorios, diferente de la marca o nombre comercial por el que se ha hecho conocida: Laboratorios María D'uol (www.mariaduol. com). Desde entonces, los trámites no habrán cambiado mucho, pero sí la posibilidad de realizarlos a través de internet. La que en su momento era una pequeña empresa local en Vitoria (Álava), que nació con una inversión de 120.000 euros (no mucho para un laboratorio de cosméticos), tardó más de diez años en obtener el reconocimiento de las instituciones como ejemplo de emprendedoras. Hoy sus productos se encuentran en más de seiscientos centros de estética y clínicas de medicina estética de toda España.

> Después de estudiar Farmacia, en 1992 decidí volver a Vitoria para crear un laboratorio en el que hoy fabricamos y envasamos más de ochenta cosméticos de formulación propia. Parecía una locura, pero mi entorno me apoyó. En cada fórmula que hago pongo el alma. No he inventado nada, el secreto es que no utilizo un solo principio activo en cada solución, sino muchos, y con más concentración, porque lo que quiero es que funcione. No he tenido contorno de ojos hasta hace un año porque no encontraba un ingrediente eficaz para las bolsas y ojeras. Mi compromiso con mi ciudad era importante, y esa idea me ha llevado a

María D'uol se empeñó en crear un laboratorio de cosméticos en Vitoria
para hacer lo que le gustaba allí donde quería vivir.

sacar líneas como la de vinoterapia, cuando se descubrió
que los polifenoles de la uva son buenos para combatir el
envejecimiento. Además, nos han premiado por mejorar la
calidad de vida de personas en tratamiento oncológico. A
los cinco años de empezar, el laboratorio no iba bien. Decidí cambiar radicalmente el rumbo y acerté. Me sentí muy
sola, pero he sacado una lectura muy buena, y es que estoy
convencida de que si crees en tu proyecto, lo sacas adelante.

En el 2010 se aprobaron una serie de medidas para mejorar
la competitividad y entre ellas se creó lo que se denominó constitución exprés, que si bien pudo agilizar los trámites durante un
tiempo, a partir del 2012 se convirtió en un engorro por las trabas
que ponen registradores y notarios para no ver reducidos sus
ingresos. Porque además de ser supuestamente más rápido, este
formato permitía abaratar el coste de los trámites. Hoy en día, no
te lo recomiendo.

Los siguientes trámites te los pueden gestionar desde la notaría, con el consiguiente gasto. Si prefieres hacerlo tú, tienes que
acudir a la oficina de Hacienda a solicitar el NIF provisional, para
identificar tu empresa a efectos fiscales. Lo harás con un modelo
036 que puedes descargar *on-line* y llevar preparado o comprarlo
en la misma oficina. Después tienes que ir a otra oficina de Hacienda, la de tu comunidad autónoma, para liquidar el impuesto
de transmisiones patrimoniales y actos jurídicos documentados.

En realidad es gratuito, pero tienes que rellenar el documento y presentarlo junto al original de las escrituras para que te pongan un sello, además de una copia simple para su archivo.

A continuación, tienes que ir al registro mercantil que te corresponda, según el domicilio social de la sociedad (las cooperativas van al registro de cooperativas). Allí inscribirás las escrituras y adquirirás, por fin, plena capacidad jurídica. Allí mismo puedes solicitar una nota simple que te acredite como administrador para poder realizar los siguientes trámites. Con este documento y la escritura definitiva, tendrás que volver a la Agencia Tributaria a entregar de nuevo el modelo 036. En este caso, lo harás para obtener el NIF definitivo, darte de alta en el censo de empresarios, especificar el régimen de IVA que te corresponde según tu actividad, darte de alta en el impuesto de actividades económicas (IAE) y comunicar otras informaciones sobre tu actividad, como por ejemplo si vas a tener empleados.

Todavía te quedará una nueva visita a esta oficina. Con el 036 ya entregado, tienes que entrar en la web de la Fábrica Nacional de Moneda y Timbre (www.fnmt.es) para solicitar el certificado digital de tu empresa. Aprovecha y pide el tuyo personal si no lo tienes. Con él, podrás tramitar *on-line* la presentación de impuestos y muchos más trámites. Para tu empresa, es obligatorio. Con el número que te indiquen, en Hacienda te entregan una clave que debes instalar en el ordenador desde el que vayas a hacer las gestiones administrativas, y que debe ser el mismo que aquel desde el que hiciste la solicitud. Debes protegerlo con contraseña, porque la firma digital es válida a todos los efectos.

## EL REGISTRO DE LA MARCA Y EL LOGO

Independientemente del proceso de constitución de tu empresa, pero no menos importante, es el registro de tu marca y tu logo. También el de tu producto si requiere una patente que lo proteja, como hizo Beatriz Prieto con sus Gelitas (www.gelitas.es), unas orejeras independientes, sin diademas, que está vendiendo como rosquillas. Para proteger su invento, presentó la patente en la Oficina Española de Patentes y Marcas, con su descripción y diseño, lo más detallados posible, y esperó hasta que la obtuvo.

Beatriz Prieto patentó
sus Gelitas para proteger
su invento, unas orejeras
independientes.

El proceso de registro de la marca y el logo se hace en una misma gestión y sigue un proceso explicado en el documento que debe rellenar el solicitante. En este caso, el trámite *on-line* (www.oepm.es) agiliza mucho el proceso. Sólo tienes que tener en cuenta algunos detalles para evitar que te hagan corregirlo, con la consiguiente pérdida de tiempo. Por ejemplo, si tu logo incluye texto, este tiene que coincidir exactamente con el de la marca, no puedes incluir un eslogan que no forme parte de ella. Y a la hora de integrar el logotipo en el formulario, fíjate bien en las especificaciones de formato y tamaño para no tener problemas, y detalla los colores en el espacio destinado a ello. Si todo va bien, en unos tres meses tendrás concedida tu marca por un período de diez años, tras los cuales tendrás que renovarla. Este trámite lo puedes hacer antes incluso de escriturar tu empresa, pero entonces la marca tendría que estar a tu nombre y no al de la empresa. Si esperas a tener la empresa, puedes poner la marca a su nombre.

Catherine Lieman ya tenía registrada su marca, Gazzambo (www.gazzambo.com), cuando abrió en Madrid, en octubre del 2009, la primera galería española dedicada al arte contemporáneo

Catherine Lieman creó la palabra Gazzambo a partir de 'gacela' (*gazelle* en francés) y «ambo», de *jambo*, que es 'hola' en suajili.

africano. La había utilizado para un negocio anterior, y así se ahorró un trámite:

> Nací en Francia, pero mi marido es español y desde 1977 hemos vivido entre Mombasa (Kenia) y Madrid, y hemos viajado por toda África. Monté tiendas de moda en Kenia que llamé Gazzambo Boutiques. Cerré cuando tuve a mi primer hijo, y durante diez años diseñé bisutería y accesorios africanos. Al irse mis hijos de casa, de nuevo tenía más tiempo, y quería traer a España lo que yo considero un arte contemporáneo africano. Decidí llamar la galería como mis tiendas, qué mejor nombre, que además tenía patentado. En 1998 fuimos de vacaciones a Harare (Zimbabue) y nos quedamos impactados por un arte de escultura en piedra que no conocíamos. A partir de ahí empecé a comprar piezas, y he terminado haciendo una colección bastante amplia. Es un arte totalmente directo, con un punto muy primitivo y un toque muy moderno pero siempre con raíces africanas, que es de lo que se trata. Me he especializado en la piedra para empezar porque tenía una colección muy bonita y estructurada. Además, creo que la escultura vuelve a

ser valorada. Hemos adaptado un antiguo garaje y le hemos
dado el aspecto de una casa africana. No ha sido una gran
inversión porque las esculturas las tenía, la decoración la ha
diseñado mi marido, porque le apasiona, y se ha fabricado
todo en Kenia, que es más económico, desde el suelo y las
ventanas a la lámpara de cristal, de trescientos kilos. Tardé
muchísimo, es un proyecto de ocho o nueve años, y para
ponerlo en marcha fueron tres años intensos. La galería
sólo atiende con cita previa, no por esnobismo, sino para
dar un trato personal, con un horario absolutamente flexible, y poder explicar bien qué y cómo es el arte africano.

## QUÉ TIPO DE EMPRESA CONSTITUIR

Elegir el formato legal de tu empresa puede ser otro quebradero
de cabeza, aunque en la mayoría de los casos lo más rápido y
sencillo es crear una sociedad limitada. A no ser que tengas un determinado interés, propio o debido a la naturaleza de tu negocio,
que te incline hacia otro formato como puede ser la cooperativa o
la asociación. Voy a tratar de explicarte brevemente las principales
características de los formatos más relevantes, con sus ventajas e
inconvenientes.

La sociedad de responsabilidad limitada o sociedad limitada
(SL) se puede crear con un mínimo de tres mil euros. La puedes
crear tú sola o con cuantos socios quieras, y la entrada de nuevos
socios, así como la salida de los que ya estén, es bastante sencilla,
lo que facilita, por ejemplo, la entrada temporal en el accionaria-
do de un *business angel*. La transmisión de participaciones entre
socios es libre siempre que el receptor sea cónyuge de quien las
traspasa, familiar de primer grado u otra empresa del mismo grupo. Eso, a no ser que hayáis descrito una norma específica en los
estatutos que restrinjan esa posibilidad. Para transmitir acciones a
otros destinatarios, es necesario el consentimiento de la mayoría
de los socios. La SL puede tener un único administrador o más,
ya sean mancomunados o solidarios. No es necesario que el administrador sea socio. En su lugar, se puede optar por un consejo de
administración de entre tres y doce consejeros.

Bryony y Wyndie crearon una sociedad limitada para abrir su hotel en Vejer (Cádiz). ©Santiago Bringas

Bryony Persson y Wyndie Miller dejaron Madrid en el 2005 para instalarse en Vejer de la Frontera (Cádiz) y seguir dedicándose allí a la cerámica. Cinco años después, con una inversión de 120.000 euros, abrieron Siete Balcones y un Patio (www.sietebalcones.com), una casa hotel con tienda-taller que mantiene la esencia original del edificio en modernas habitaciones que incorporan los diseños de sus creadoras en forma de azulejos, lavabos, vajillas, lámparas y jarrones:

> Nos conocimos en la Escuela de Cerámica de Moncloa. Yo soy de Madrid, de padre americano y madre española [cuenta Wyndie]. Y yo soy inglesa pero llevo veintiún años en España [añade Bryony]. Montamos un taller en Madrid, pero es una ciudad muy grande y es muy complicado hacerse un hueco, estábamos pluriempleadas porque sólo de la cerámica no se puede vivir. Queríamos montar una casa rural con un taller. Queríamos un pueblo con vida todo el año, y una de las cosas que nos gustaron de Vejer fue que había varios talleres de artesanía preciosos. Nos vinimos en el 2005, montamos una tienda de cerámica y probamos a vivir en una casa de campo, pero nos sentimos aisladas. Entonces empezamos a buscar la casa en el pueblo, con la idea de que la tienda-taller estuviera dentro, y también nuestra vivienda. En el 2007 encontramos

esta, de finales del siglo XIX. Tardamos más de dos años en obtener todos los permisos para la obra y, mientras, fuimos buscando los materiales y los muebles. Aunque hemos mantenido lo esencial del edificio, hemos tenido que reforzar la estructura y hemos creado una terraza *chill-out*. Habría sido mucho más fácil cambiarlo todo y ponerlo moderno. Solicitamos alguna subvención, pero se habían acabado los fondos. Al final hemos invertido nuestros ahorros, y vendimos la casa de Madrid. Abrimos en junio del 2010, sin reservas, porque la web aún no estaba. Cada habitación tiene un diseño diferente, y hemos incorporado nuestro trabajo como ceramistas, que está disponible en la tienda. También vendemos objetos de otros artistas, como los cuadros que decoran las paredes. Por el clima de aquí, tenemos temporada alta de junio a octubre, y cerramos de noviembre a febrero. Así aprovechamos para hacer nuestra cerámica y viajar un poco.

La sociedad anónima (SA) es un formato pensado para empresas grandes que van a cotizar en bolsa o que están obligadas por ley debido a su objeto social, como son las farmacéuticas, bancos y compañías de seguros. Aparte de eso, se diferencia de la SL en que el capital social mínimo asciende a sesenta mil euros y el régimen interno de funcionamiento es más complejo. La transmisión de las acciones es más libre, salvo en casos de acciones nominativas regulados en los estatutos. Si no se especifica otra fórmula, cada acción corresponde a un voto, y las decisiones se toman por mayoría de votos válidos. La forma de administración es la misma que en la SL. En este caso, los socios pueden aportar como capital social un bien cuantificable económicamente, que debe estar respaldado por la valoración de un especialista incluida en la escritura.

Tanto la sociedad civil como la comunidad de bienes se pueden crear mediante un contrato privado, evitando pasar por notaría, lo que ahorra los gastos de constitución, pero las priva de personalidad jurídica. Por eso, los socios deben darse de alta como autónomos y declarar su parte de beneficios en su declaración de la renta, ya que la sociedad no tributa el impuesto de sociedades. Si los beneficios son bajos, esta fórmula es mejor porque en el IRPF pagarías menos, pero en cuanto los beneficios sean más altos, pagarás más que en sociedades. Otro problema es que ninguna de estas dos fórmulas blinda tu patrimonio personal como hacen la SL y la SA. El mínimo de socios son dos, y la transmisión de participaciones y la incorporación de nuevos socios son muy complicadas. La comunidad de bienes nace de una propiedad común de los socios. La sociedad civil se puede crear con socios capitalistas, que aportan dinero o bienes, y socios industriales, que aportan su trabajo. Las ganancias se reparten a partes iguales y puede tener uno o más administradores, solidarios o mancomunados.

La cooperativa es, aunque lejos de la SL, la segunda opción más elegida por los emprendedores. El mínimo de socios son tres, que se reparten el beneficio en función de su trabajo, no por su aportación económica. Se gestiona democráticamente, y cada comunidad autónoma establece su propia regulación y el capital mínimo de constitución. En las de ámbito estatal, ningún socio puede tener más de un tercio de la cooperativa. Se inscribe en el registro de cooperativas, en lugar del mercantil. Se puede solicitar la capitalización del paro para invertirlo en su constitución, tributa a un tipo del 20 % en el impuesto de sociedades (el mínimo para la SL es un 25 %) y tiene bonificaciones y beneficios en otros. Una curiosidad de la cooperativa es el régimen de la Seguridad Social, porque los socios no están obligados a ser autónomos, sino que tienen opción de cotizar en el régimen general; eso sí, todos deben elegir el mismo régimen, y en dos años no pueden cambiarlo.

Indaga Research (www.indaga-research.com) es la sociedad cooperativa de investigación social y estudios de mercado que crearon Sara González Servant y Cristina Jiménez Díaz junto a dos socios no activos (otra opción que puedes contemplar). Y quién mejor que ellas para explicar las ventajas de este tipo de sociedad.

> Nos dedicamos a la investigación social y estudios de mercado, para proporcionar a nuestros clientes mayor conocimiento del entorno en el que desarrollan su actividad, ya sean entidades públicas o privadas. Para ello, utilizamos técnicas de investigación cuantitativa y cualitativa propias de las ciencias sociales, a través de las cuales recopilamos, analizamos e interpretamos información sobre personas y organizaciones que aporten valor a la toma de decisiones. Inicialmente, Indaga Research

Cristina Jiménez Díaz (a la izquierda) y Sara González Servant en Colabora Coworking, donde las conocí y donde empezaron su aventura empresarial.
©Santiago Bringas

surgió como respuesta a la situación de desempleo en la que estábamos inmersas, así como para satisfacer nuestras inquietudes e intereses profesionales. Pensamos en el proyecto como la mejor fórmula para dar continuidad a nuestra experiencia profesional, y en la que poder aplicar los conocimientos académicos y prácticos adquiridos hasta el momento. El objetivo último de nuestro trabajo se correspondía con uno de los principios del cooperativismo: compromiso e interés por la comunidad. Las cooperativas son un modelo de emprendimiento colectivo, por lo que el riesgo de emprender se veía reducido. Cada socio representa un voto dentro de ella y nos parecía la mejor forma de iniciar nuestro proyecto, conectando así con nuestra forma de trabajar antes de constituirnos. En la cooperación, la toma de decisiones se realiza de manera democrática, que es uno de los principios que ya definían nuestra manera de trabajar previamente. Tener una organización horizontal en nuestra entidad era un signo de identidad que nos apetecía mantener. En esta forma jurídica encontramos además la ventaja de poder elegir el régimen de cotización que más se ajustara a nuestros intereses: régimen general o régimen especial de trabajadores autónomos. Al mismo tiempo, otra de las ventajas que nos encaminó a su elección fue la accesibilidad de la cuota mínima del capital social necesario para su constitución, que era de mil ochocientos euros (en la Comunidad de Madrid). Por otro lado, siendo cooperativa hemos mantenido nuestra filosofía de trabajo, reemplazando la actitud tradicional de competencia con otras empresas por la colaboración y el crecimiento en red entre todas.

Si la actividad que vas a desarrollar no tiene ánimo de lucro, puedes escoger otra opción que es la asociación. Te permite tener un sueldo para retribuir el trabajo que hagas, pero los beneficios se deben dedicar al objeto para el que la has creado. Debes inscribirla en el registro de asociaciones junto con los estatutos y los nombres de los miembros de la junta directiva. Raquel Mason inscribió Akshy (www.akshy.org) en el 2007, a su regreso de uno de sus viajes a India, donde conoció Bihar, cerca de Calcuta. Aquí recojo el artículo que escribí hace cuatro años. La asociación desde entonces ha crecido y ha logrado mejorar la vida y la educación en aquel pueblo, pero la esencia sigue siendo la misma.

En uno de sus viajes a India, cuando pasó por Bihar, la forma de ser de los lugareños, muy comunicativos, convirtió una simple consulta en una larga conversación en la que un chico contó a Raquel cómo enseñaba a leer y escribir a los niños de su pueblo en su propia casa. Unos días más tarde, el joven la invitó a visitar tan peculiar escuela. A Raquel le impactaron las condiciones en que vivían los niños, especialmente uno llamado Akshy, que tenía una conjuntivitis galopante que podía dejarlo ciego, pero sus padres no lo llevaban al médico porque decían que era muy caro tratarlo: un euro. De regreso a España después de sufragar la operación del niño, esta guía turística empezó a madurar la posibilidad de dejar su trabajo para crear una escuela en condiciones en aquella pequeña aldea que tanto la había impactado. Contactó en El Escorial (Madrid), donde residía, con dos amigas a las que había conocido practicando yoga. Les planteó su propuesta: crear una ONG para poder sufragar los gastos de esa escuela. Las dos apoyaron la iniciativa y en enero del 2007 pusieron en marcha Akshy India. Sin grandes medios pero con mucha ilusión, empezaron su actividad con una merienda en la que pusieron a familiares y amigos un vídeo que Raquel había rodado en India. Utilizan la fórmula del apadrinamiento, con una cuota mensual de dieciocho euros al mes calculada para cubrir las necesidades de un niño. En sus primeros tres años ya habían logrado apadrinar a los ciento cinco niños

Raquel Mason rodeada de los niños que han accedido a una educación
gracias a su asociación, Akshy.

que tenían escolarizados, y a partir de ahí pudieron destinar
las donaciones de los nuevos socios a otros proyectos complementarios, como clases de alfabetización y talleres. Raquel
vendió su casa para poder mantenerse en sus largas estancias
en India al frente de la escuela. La transparencia es aplicada
a rajatabla. Salvo algunas dificultades burocráticas en India
debido a la participación de una extranjera (Raquel) en la
asociación, Akshy fue muy bien acogida en el pueblo. Tras
los comienzos en cinco aulas alquiladas más una cocina, por
fin encontraron una parcela para construir un edificio en
condiciones. Con el tiempo, han logrado ampliar su apoyo
al resto de la comunidad, con iniciativas como la atención
médica y la construcción de bombas de agua.

Las sociedades laborales son similares a las cooperativas, con un
mínimo de tres socios, exenciones fiscales, capitalización del paro
y la posibilidad de estar en el régimen general de la Seguridad
Social. Por otro lado, la sociedad limitada laboral y la sociedad anónima laboral tienen también ciertas similitudes con la SL y la SA,
respectivamente. Pero en este caso al menos el 51 % del capital
social está en manos de sus trabajadores.

Dejo para el final uno de esos inventos de los últimos años
que pretendían facilitar la creación de empresas pero acabaron
salpicando de absurdos su constitución, haciéndola si cabe más

complicada que todas las que hemos visto hasta ahora. La sociedad Nueva Empresa es supuestamente más ágil en sus trámites de constitución, y tiene algunas ventajas fiscales, más teóricas que efectivas. Entre ellas, la posibilidad de aplazar el pago de impuestos durante los dos primeros años. En cuanto a la posibilidad de abrir una cuenta ahorro empresa, ya hemos visto que no era la mejor idea. Y esas eran las ventajas. Si pasamos a las desventajas, vemos que el nombre de la empresa tiene que formarse con el nombre y apellidos de uno de los socios más un código alfanumérico. El máximo de socios son cinco, sólo personas físicas, no puede tener consejo de administración y el capital debe ser un mínimo de 3.000 euros y un máximo de 120.000 euros.

## LA LICENCIA DE ACTIVIDAD

Si vas a atender al público en un local alquilado, tienes que tramitar la licencia de actividad. Esto es mucho más fácil si el anterior arrendatario ya tenía una licencia por el mismo uso que tú le vas a dar, porque sólo tendrías que traspasar la licencia a tu empresa. Las competencias para otorgar licencias de actividad corresponden a los ayuntamientos, y aquí te voy a dar unas indicaciones generales, pero debes informarte en tu ciudad sobre las peculiaridades que pueda haber. En primer lugar, de hecho, te recomiendo que consultes en tu ayuntamiento los usos permitidos en ese local; puede influir el barrio en el que esté, la protección histórica o cultural que pueda tener el edificio o simplemente sus características, como tamaño y accesibilidad. En cualquier caso, tendrás que hacer varios trámites para obtener la licencia de obras, si necesitas adecuarlo, y la de actividad.

Teóricamente, según lo que aprobó el Consejo de Ministros el 25 de mayo del 2012, los comercios que se instalen en locales de menos de trescientos metros cuadrados ya no tienen que esperar a la licencia para empezar a funcionar. Hasta entonces, había que esperar hasta dos años a que el ayuntamiento diese el visto bueno, lo que suponía un gasto que hacía inviable el uso de determinados locales. Y muchos comercios abrían sin esperar a tener la licencia, arriesgándose a ser multados, pero con esa única opción para poder empezar a tener ingresos y pagar, entre otras cosas, el alquiler de ese local. Ahora la licencia sigue siendo necesaria, pero puedes abrir y esperar a que, si te toca, los funcionarios municipales hagan una inspección para comprobar que todo está en orden.

La licencia de actividad es un documento legal que certifica que el local cumple las condiciones para poder poner en marcha tu negocio. Es específica para la actividad que has elegido y la puedes traspasar a otra persona física o jurídica con un trámite de comunicación responsable, a no ser que se haya endurecido la normativa que afecta a esa actividad. Si la actividad cambia, es necesario tramitar una nueva actividad, y es posible que te obliguen a realizar obras para adecuar el local. Por eso es más sencillo si consigues un local con licencia para la misma o muy parecida actividad que tú vas a desempeñar.

Al solicitar la licencia, tendrás que ver si tu actividad está entre las consideradas inocuas o si puede causar alguna molestia como ruidos, olores y otras circunstancias que puedan perturbar la vida de los vecinos. Las que se desarrollan en domicilios particulares, siempre que no haya atención al público ni suponga molestia a los vecinos, quedan exentas. Y aquí te contaría el caso de una repostera que cocina sus tartas en su piso del barrio de Salamanca, pero en su caso no podría obtener licencia por estar empleando una cocina particular para un uso industrial, a pesar de haber invertido bastante dinero para tener tres hornos. Esa entrevista no llegó a ver la luz y tampoco lo va a hacer ahora.

Estos son los requisitos que, por lo general, aunque a veces en otro orden, te van a exigir o deberías tener en cuenta para obtener la licencia de actividad:

- Antes de alquilar un local, asegúrate de que puedes llevar a cabo en él la actividad que quieres y que está libre de cargas para no tener que pagar suministros del anterior inquilino.
- En función de las obras que tengas que hacer para adecuar el local, es posible que tengas que contratar a un arquitecto o ingeniero técnico que te redacte un proyecto y un presupuesto, sobre el que se calculará la tasa que pagarás por la licencia de obras. Para el impuesto también se consideran el tipo de actividad, la ubicación y el tamaño del local.
- El colegio profesional de arquitectos o de ingenieros debe firmar el proyecto.

- Tras presentar todo lo anterior al ayuntamiento, en un plazo máximo de tres meses deberías tener la licencia concedida, o se considerará aprobada por silencio administrativo.
- Cuando te concedan la licencia de actividad, irá acompañada en su caso de la licencia de obras para adecuar el local. La licencia de funcionamiento, una vez terminadas las obras, será la que te permita abrir tu negocio.

Si nos vamos a un caso concreto como el del ayuntamiento de Madrid, nos encontramos con la gestión de licencias privatizada y una serie de entidades, denominadas eclus (entidad de control de licencias urbanísticas), que median entre el solicitante y el ayuntamiento y supuestamente agilizan los trámites. Desgraciadamente, por experiencia propia no puedo decir que el sistema funcione, al menos con la que a mí me tocó lidiar. Además de suponer un gasto añadido que no es precisamente pequeño, ni siquiera he podido comprobar que tuvieran una comunicación ágil con el área de licencias del ayuntamiento, a la que he tenido que acudir repetidamente a hacer trámites por los que supuestamente ya había pagado. Tampoco me quiero exceder con mi propia experiencia, pero he de decir que no conozco personalmente casos de emprendedores satisfechos con este sistema.

En marzo del 2014 se simplificaron los trámites en la capital y se redujo el procedimiento a una declaración responsable tras la cual los técnicos pueden hacer una visita para comprobar que todo está en orden. Es en realidad una adaptación del proyecto que se puso en marcha en el 2013 desde el Ministerio de Hacienda y Administraciones Públicas para que se adhirieran las entidades locales que así lo quisieran. Por este sistema se creó un modelo electrónico de declaración responsable y una plataforma electrónica que posibilita la tramitación electrónica de las declaraciones responsables de quienes quieren iniciar su actividad o trasladar su negocio. Así que prueba por si tu ayuntamiento está adherido y espero que funcione.

Las franquicias tienen más controlado el tema de las licencias por la experiencia que van adquiriendo con sus asociados. Entre el asesoramiento que les ofrecen, está la búsqueda de un local adecuado.

## Otras obligaciones de tu empresa

Existen algunas obligaciones que muchas empresas no cumplen por simple desconocimiento, y que no son difíciles de aplicar, pero te puede salir muy caro si no lo haces. Por ejemplo, tu empresa debe tener en cada centro de trabajo un libro de visitas sellado en la inspección provincial de trabajo por si un inspector acude y tiene que hacer alguna anotación, o simplemente lo pide. Se puede sustituir por la versión electrónica, para lo cual tienes que darte de alta en la aplicación informática y presentar la solicitud en la misma oficina provincial (modelo IP-108). Tienes que garantizar además que en cada centro de trabajo tienes al menos un ordenador personal con dispositivo de lector de tarjetas inteligentes con acceso habilitado, a través de internet, a la aplicación del libro de visitas electrónico.

Otro requisito, siempre que crees algún tipo de fichero con datos de tus clientes, es respetar la ley de protección de datos, para lo cual debes seguir las instrucciones que la Agencia Española de Protección de Datos indica en su web (www.agpd.es). Y por último, tienes que estar al día de tus obligaciones en materia de prevención de riesgos laborales y, en su caso, tener redactado un plan de prevención y comunicarlo a todos tus trabajadores.

## La ley de emprendedores

La denominada ley de emprendedores, que se fue tejiendo a lo largo del 2013 y fue entrando en vigor progresivamente hasta enero del 2014, ha cambiado muchas de las premisas iniciales y ha dejado en el aire cuestiones que se daban por hechas, mientras que hay otras no reguladas que sin embargo sí se están aplicando. Hablo, por poner un ejemplo de algo que ya hemos visto, de la tarifa plana que en principio iba a beneficiar sólo a algunos sectores, pero que al final se ha extendido a todas las edades y sexos y ha dejado fuera sin explicación, y sin que esté escrito en ningún lado, a los autónomos que han creado una sociedad.

Otras medidas que han entrado en vigor y que todavía no hemos comentado son estas:

- Los autónomos y micropymes (hasta nueve empleados) que contraten a jóvenes menores de treinta años procedentes del paro obtendrán una reducción del 100 % de su parte de la cuota a la Seguridad Social durante el primer año. El contrato ha de ser indefinido y no durar menos de dieciocho meses, salvo despido procedente. Cada autónomo o empresa sólo puede hacer un contrato de este tipo. Esta ayuda estará vigente mientras el paro se mantenga por encima del 15 % de la población activa.
- Las pymes se pueden deducir hasta 4.500 euros cuando hagan contratos indefinidos.
- Las personas que trabajan por cuenta ajena y además tienen un negocio o una actividad complementaria, estaban obligadas hasta que entró en vigor esta ley a tributar dos veces a la Seguridad Social, en el régimen general y en el de autónomos. Se ha introducido un descuento transitorio en la cuota de autónomos (cuando sea con la base de cotización mínima) a quienes ya cotizan por cuenta ajena: una reducción del 50 % de la cuota de la Seguridad Social durante dieciocho meses y del 25 % durante otros dieciocho meses, en el caso de que el trabajo principal sea a jornada completa. Si es a media jornada, la reducción será del 25 % los primeros dieciocho meses y del 15% los siguientes dieciocho.
- Ahora es posible seguir cobrando el paro mientras se inicia la actividad emprendedora, durante un máximo de nueve meses. Y si te das de baja como autónomo antes de cinco años, podrás recuperar la prestación que te quedara por cobrar. Para mayores de treinta años, el máximo de alta antes de recuperar el paro es de dos años.
- Mediante el criterio de IVA de caja, si tu facturación no supera los dos millones de euros anuales, no tendrás que incluir en tu declaración trimestral aquellas facturas que no hayas cobrado aún, para no adelantar ese dinero y perder liquidez. Sin embargo, sí tendrás que incluirlas en tu declaración anual, y lo que consigue la medida es que las facturas impagadas que se te acumulen a final de año te supongan además un desembolso mayor.

- Se han relajado los criterios para contratar con la administración para facilitar la participación de pequeños emprendedores.
- Los nuevos autónomos y las nuevas sociedades se pueden beneficiar de una rebaja en sus impuestos durante los dos primeros ejercicios en que tengan beneficios. Se ha introducido un tipo reducido del 15 % en el impuesto de sociedades, siempre que esos beneficios se reinviertan en la propia empresa, y una reducción del 20 % en los rendimientos netos en el IRPF de los autónomos.
- Las empresas que inviertan en I+D pero no lleguen al nivel de beneficios que exige la ley, e incluso estén en pérdidas, podrán recibir una compensación por la inversión que hayan hecho en investigación, hasta un máximo de tres millones de euros.
- Se ha creado un nuevo tipo de sociedad, la limitada de formación sucesiva, que se podrá constituir por menos del mínimo de tres mil euros, que con el tiempo se deberán alcanzar y que estará supervisada durante ese período. Además, hasta que su situación de equipare a la SL de toda la vida, el sueldo de los socios estará limitado y no se podrá hacer ningún reparto de dividendos.
- Se han creado los puntos de atención al emprendedor (PAE) para facilitar la creación de nuevas empresas, el inicio efectivo de su actividad y su desarrollo. Puede tratarse de entidades públicas o privadas, colegios profesionales, organizaciones empresariales o cámaras de comercio. Se apoyan en el CIRCE (www.circe.es), el Centro de Información y Red de Creación de Empresas, y en su sistema de tramitación telemática (STT).
- Se incrementan los mecanismos de apoyo a la internacionalización de las empresas.

# 10
# Elegir a tus socios y configurar tu equipo

Ya hemos hablado anteriormente de los socios cuando abordamos la financiación y la necesidad, en muchas ocasiones, de dar entrada en tu empresa a un socio capitalista, aunque sea por un período determinado. Al hablar de la figura del *business angel*, explicaba que no se trata sólo de alguien que arriesga su dinero en proyectos emprendedores en los que confía, sino que además se trata de perfiles que pueden contribuir al éxito de tu negocio. Por su propia naturaleza, ya que suele ser un emprendedor que ha alcanzado el éxito, el *business angel* tiene una experiencia que en muchas ocasiones está deseando compartir. Por eso es importante que cuando busques el apoyo de uno de ellos, además de ir a inversores generalistas, te fijes en los que están especializados en tu sector. También, en función de tus necesidades y de tu capacidad de escuchar a los demás, puedes recurrir a alguien que simplemente te preste apoyo económico o, si tienes lagunas, un inversor que además se involucre, de la forma que determinéis por contrato, en la gestión de la empresa.

El caso de Toma 78 (www.toma78.com) es un poco diferente, pero lo podemos tomar como ejemplo si nos centramos en uno de sus trabajos: la película *Mamá*. La productora que Bárbara Muschietti creó con su hermano y otro socio se dedicó fundamentalmente, en sus primeros nueve años, a rodar anuncios de televisión con los que han ganado muchos premios. Nacida en Buenos Aires, Bárbara trabajó en cine en Los Ángeles y Londres antes de reencontrarse con su hermano en Barcelona e iniciar

Bárbara Muschietti posó
así de terrorífica para
rememorar el rodaje de
*Mamá.* ©Santiago Bringas

esta aventura. Un corto de terror que hicieron llegó a manos de
Guillermo del Toro, que se interesó por ellos y decidió financiarles
la versión largometraje. *Mamá* costó nada menos que quince millones de euros, y en su primer fin de semana en Estados Unidos
recaudó más del doble. Guillermo del Toro fue su *business angel*,
y eso que él no puso el dinero personalmente. Sobre todo, fue un
gran apoyo para lograr la difusión que llevó la película al éxito
internacional:

> Creé la productora en el 2004 con tres socios, uno de ellos
> mi hermano. Los primeros seis meses trabajamos desde el sa-
> lón de casa, hasta que pudimos alquilar una nave. El primer
> anuncio que nos lanzó a la fama fue el de Pancho, el perrito
> de la Lotería. No tuvimos nunca un año en rojo. En tres
> años nos mudamos a una oficina más adulta y abrimos dele-
> gación en Madrid. La publicidad es la mejor escuela que hay,
> pero mi objetivo personal es hacer cine. El corto de *Mamá* lo
> hicimos porque sobre todo hacemos publicidad de comedia,
> y queríamos demostrar que podíamos hacer terror. El festival
> de Sitges nos trató muy bien y le dio mucha visibilidad in-
> ternacional, hasta que un día nos llamó Guillermo del Toro
> y nos dijo que quería apoyarnos para hacer la película. Él
> no puso dinero, sobre todo nos ayudó a conseguir distribui-
> dor, que es muy importante, porque sin él puedes quedarte
> sin estrenar o salir directamente en DVD. La grabamos en
> Canadá, mi hermano en la dirección y yo en la producción.

Estrenamos primero en Estados Unidos porque era una buena fecha, y el público joven, que es el que va al cine, nos ha apoyado mucho en redes sociales. Ha sido la primera película española número uno en Estados Unidos. Ahora seguimos rodando anuncios y, como nos dijo Guillermo, tenemos a oportunidad de hacer la segunda película.

En este capítulo, de quienes vamos a hablar es de los socios con los que eliges crear tu empresa, y del equipo que vas a configurar para trabajar en ella. En las pequeñas empresas estos dos perfiles se asemejan bastante, porque de unos y de otros se espera que se involucren en el negocio para conducirlo al éxito, y eso también depende de ti. La diferencia está en si son socios con aportación económica y derecho a beneficios o si se trata de empleados a sueldo, lo que implica una mayor facilidad para desconectar de los problemas de la empresa cuando se van a casa, aunque no siempre es así.

Lola Piña se dedicó a la costura porque su madre no logró disuadirla después de haberle contagiado el amor por el oficio. Trabajó con diseñadores como Sybilla, Devota y Lomba, Juan Rufete y Roberto Torretta antes de crear su propio taller en el 2009 con el objetivo de recuperar el oficio artesano de modista y el uso del dedal. Y así se llama su empresa, Al Dedal (www.aldedal.com), donde también forma a nuevas costureras. Para afrontar esta aventura, invirtió cincuenta mil euros, creó una estructura de sociedad limitada con tres socios y se preocupó por encontrar un lugar de trabajo agradable.

> Al Dedal empezó su andadura en junio del 2009, aunque en mi cabeza llevaba más de quince años. Empecé a trabajar en el sector a los dieciséis años con Manuel Piña, con el que compartía apellido aunque no lazos familiares. La profesión sí me viene de familia, porque mi madre, que no quería que trabajara en esto, fue jefa de taller con Manuel Piña y con Sybilla. Me dijo que no aprendiera a coser, que era un oficio muy sacrificado, y en eso sí le hice caso. Coincidió que estaban preparando un desfile, hacían falta manos y me pidieron ayuda; empecé desde abajo y acabé siendo la mano derecha de Manuel. Y decidí que ese era mi mundo. Después colaboré con otros diseñadores, y los últimos diez

Lola Piña se apoyó en dos socios para tener una estructura fuerte y se preocupó por buscar un taller en el que su equipo estuviera a gusto. ©Paco Rubio

años fui directora de producción y de marca en Sybilla y en Jocomomola. Dejé ese trabajo cuando acababa de tener una niña y decidí que era el momento de retomar mi proyecto. El objetivo era recuperar el oficio artesano de modista. Hay muchas maquinistas, pero la modista artesana de toda la vida casi se ha perdido, aunque tiene demanda. Yo viví con Sybilla lo que es una empresa en la que te sientes feliz, y quería crear algo así. Había crisis pero tenía que intentarlo. Era un proyecto muy romántico pero necesitaba una estructura sólida laboral y empresarial. Empecé a trabajar en mi plan de negocio, y tardé un año en ponerlo en marcha. Cuando supe que era viable de entrada y que podíamos tirar para adelante, me puse a buscar un local, tuve la suerte de encontrar este edificio industrial que tiene acceso con coche hasta la séptima planta, en la que estamos, con carga y descarga. Y lo que más me enamoró fue la luz, tiene un ventanal enorme y una terraza maravillosa. Fue el segundo o el tercero que vi, y aquí era donde quería estar, porque me apetecía que este equipo que tanto me ha apoyado pudiera trabajar en un espacio como este. Somos todas mujeres y me gusta que estemos en un sitio cómodo. Lo reformamos totalmente. Para diversificar, en los meses más relajados he desarrollado un proyecto de formación para que los alumnos de escuelas de diseño puedan hacer prácticas aquí, que conozcan el trabajo real en un taller y vivan la realidad de todo el proceso. También he previsto la formación de la modista artesana, es nuestra forma de mantener la profesión. No es para aprender a coser, sino para alguien que tiene una base, entre en el equipo para cualificarse y que luego se pueda incorporar. No quiero tener un taller de cien personas porque entiendo que no es la manera de controlar una costura de calidad. Tiene que ser poca gente, que pueda controlar el producto y todos los procesos.

Los criterios para elegir a tus socios son muy importantes, empezando por que debes elegir a personas no conflictivas y con las que tengas afinidad. Parece evidente, pero no son pocos los emprendedores que se han estrellado por contar con personas con las que fallaba la relación personal pero en las que creían como profesionales; créeme, meter al enemigo en casa no es lo que quieres para tu empresa. Es tu negocio, del que quieres vivir y, si no me equivoco, con el que quieres disfrutar, porque todos buscamos trabajar en algo que nos gusta. Olvídate de incluir a una persona por compromiso con alguien que te lo haya recomendado, no tiene por qué salir mal, pero estás arriesgando eso por lo que tanto has luchado. Fernando Trías de Bes en *El libro negro del emprendedor* aporta un dato interesante: «Los emprendedores noveles tienden a iniciar su negocio con otros socios en un porcentaje mucho más elevado que cuando se trata de una segunda o tercera iniciativa empresarial».

En cualquier caso, si decides buscar compañía en tu aventura, hazlo con la cabeza y no con el corazón, porque también puedes tener problemas si eliges a tus amigos como socios. Una buena relación, por sólida que te parezca, puede acabar mal cuando los negocios se meten por medio. No sólo si el negocio fracasa, también si triunfa, porque lo que marca la diferencia puede ser la forma de actuar ante cada situación, la propia decisión entre repartir beneficios o reinvertirlos, los objetivos que cada uno se haya marcado.

A la hora de delimitar responsabilidades, me explicaba Fernando Carvajal, abogado y socio del despacho especializado en derecho de los negocios Peñafort Legal, «lo principal es que cada socio sepa con toda exactitud qué puede exigir de los demás y qué esperan los demás de él». Por eso es fundamental dejar todo bien atado cuando se firman las escrituras de la sociedad, y detallar en los estatutos, junto al reparto de acciones, el papel de cada socio, su responsabilidad y, a ser posible, un pacto entre socios en el que se aclaren las obligaciones y derechos específicos que asumen entre ellos. En ese mismo pacto, conviene crear un sistema de transmisión de acciones para que si un socio mayoritario vende su participación a alguien ajeno a la empresa, los minoritarios puedan hacerlo en las mismas condiciones y al mismo precio.

Existen también, fuera de los estatutos, los pactos privados entre socios, que no es necesario hacer públicos y que pueden implicar a las relaciones entre determinados socios, excluyendo al resto. Lo que tienes que hacer es pensar en lo peor que podría ocurrir y adelantarte a los problemas con un pacto, que evita que surjan conflictos y ayuda a solucionarlos en caso de que aparezcan. En un pacto entre socios, se pueden incluir, por ejemplo, acuerdos personalizados de no competencia cuando tienen intereses externos a la sociedad, o cláusulas específicas sobre la transmisión de las acciones de cada uno. Cuando los socios sean amigos o familiares, es especialmente importante regular las relaciones para prever cualquier fuente de conflictos y evitar que una diferencia de opiniones en la empresa pueda contaminar la relación personal.

Patricia Ratia y Marta Nicolás se implicaron en el proyecto de Samy Road (www.samyroad.com) animadas por un tercer socio, que puso la idea sobre la mesa pero necesitaba sus perfiles, especializadas en *marketing* de marcas. Han creado un mundo virtual de blogueros y tendencias poblado y visitado por gente Samy, aquellos que se atreven a dejar todo para hacer lo que les gusta, como hicieron ellas mismas.

> Dejamos nuestros trabajos para crear esta empresa. Nos fuimos sin más que la idea y ganas de ponerla en marcha. Veíamos que era viable y que tenía mucho sentido. Empezamos a buscar financiación y montamos el equipo técnico. Conseguimos financiación de tres fuentes (*business angels*, Caixa Capital Riesgo y Enisa). Fue trabajoso, tuvimos que dedicarle mucho tiempo. La crisis nos asustaba, pero si no es eso, es una historia personal, y siempre vas a encontrar una excusa, teníamos que hacerlo. Queríamos crear una red social en la que cada usuario pudiera encontrar fácilmente los contenidos que le gustan [explica Marta]. Para eso contactamos con

Patricia Ratia y Marta Nicolás tenían los perfiles que necesitaba Samy Road para ponerse en marcha, y entraron en el proyecto como socias fundadoras.
© Espe Mulero

los principales *trend setters* de España e importamos sus blogs a nuestra plataforma. Tenemos unos mil blogueros que crean contenido en siete categorías: moda, música, arte, aventura, viajes, *start ups* y solidaridad [continúa Patricia]. El acceso es libre y gratuito, y si te registras puedes seguir a gente, compartir, comentar... Segmentamos muy bien la información, el algoritmo aprende de los gustos del usuario y le va a ir proponiendo información afín. Eso es muy atractivo también para el anunciante, que llega directamente a su público objetivo. Vamos a lanzar también una plataforma de venta en la que los creadores de contenido pueden subir sus productos y recomendar otros. El objetivo es expandirlo internacionalmente. Por eso la mayoría de los contenidos está en inglés; es la manera de asegurarnos de que llega a más gente.

El *buenismo* de algunos emprendedores noveles los empuja a repartir equitativamente las acciones entre los socios, pero la realidad aconseja hacer un reparto realista en función de lo que cada uno aporta, no sólo capital, sino trabajo o incluso el local donde se desarrolle la actividad. Las partes iguales no son una buena idea, menos aún cuando pueden dar lugar a empates en la toma de decisiones. En la cooperativa, los socios tienen la misma capacidad de decisión, pero en otras sociedades la participación de cada uno es la que marca su porcentaje de votos. Sé realista y que cada uno asuma su papel, y así evitarás conflictos.

Otro criterio fundamental para elegir a tus socios es la complementariedad. Es muy bonito eso de seguir unido a tus compañeros de estudios y montar algo juntos al terminar, pero tienes que darte cuenta de que si todos estáis especializados en lo mismo, seguro que hay unos cuantos flancos de tu empresa que no estáis cuidando y que pueden ser fuente de conflictos. Existen algunos perfiles fundamentales que debe tener una empresa, y una misma persona puede aunar más de uno, pero lo importante es que todos estén presentes, incluso si eres accionista única y mujer orquesta, como muchas de las emprendedoras a las que he entrevistado desde el 2008. Está el perfil técnico, el creativo, el que tiene mano con las redes sociales y el financiero, y tantos otros en función del sector en el que te muevas. Y cuando te falte uno de esos perfiles, hay algunas actividades de tu empresa que puedes subcontratar. Una cosa es tener conocimiento de todas las áreas, para controlar lo que se hace, y otra muy distinta que te tengas que encargar personalmente de todas. Si distraes tu atención en muchos flancos, no podrás poner el foco en lo que realmente quieres hacer, lo que sabes hacer mejor, y eso frenará el éxito de tu empresa. Debes saber algo de finanzas, y por eso hemos dedicado un capítulo a ese tema, pero puedes contratar una gestoría que lleve tus cuentas, presente tus impuestos y te mantenga al día del funcionamiento de tu empresa. Y lo mismo con las redes sociales, por ejemplo. Como dice Kike Sarasola: «Yo no sé de todo, pero me rodeo de los mejores». Y añade: «Pero, ojo, se delega el trabajo, no la responsabilidad».

Las hermanas del Corral se hicieron socias y complementaron su formación, licenciada en Historia, Ana, diplomada en Empresariales, Paula. Un tándem perfecto en el que una pone la creatividad y la otra los pies en la tierra. Su empresa, De Ida y Vuelta (www.deidayvueltaanimacion.com), organiza visitas teatralizadas por la ciudad de Cádiz. Un objetivo ambicioso, contar los tres mil

Las hermanas Ana (detrás) y Paula del Corral caracterizadas para contar el Cádiz del siglo XIX en el castillo de Santa Bárbara, junto a la playa de la Caleta y con el castillo de San Sebastián al fondo. ©Santiago Bringas

años de historia de Cádiz al estilo de los gaditanos, para el que cuentan con un amplio equipo, que en temporada alta alcanza las treinta y cinco personas, muy motivadas por hacer algo tan original en una ciudad con mucho paro, y con una preparación excelente, ya que la mayoría son licenciados y están preparados para responder a las dudas del público. Gracias a su iniciativa, han ganado varios premios de emprendimiento, entre ellos dos de la Universidad de Cádiz.

Cuando creamos De Ida y Vuelta [cuenta Ana], ya existían grupos que hacían teatralizaciones, la diferencia es que nosotras contamos la historia desde otro punto de vista, el de la mujer. Siempre hacemos una investigación previa, buscamos anécdotas y datos que no están en ninguna enciclopedia. Nuestros clientes conocen el rigor que le damos a nuestros trabajos y el giro que hacemos para que sea ameno y divertido. Ana dice que somos el tándem perfecto [explica Paula], como don Quijote y Sancho Panza, porque ella crea y yo le pongo los pies en la tierra. El primer año fue la toma de contacto con el público, y el segundo año tuvimos un despegue muy grande. Ahora también hacemos gestión de patrimonio, montamos exposiciones, guías de viaje... Tenemos trabajo todo el año, durante el curso vienen escolares de toda la provincia, y hace poco hemos empezado a hacer visitas para las compañías de cruceros; en inglés, que también era un reto. Y también hemos incorporado el alemán. Afortunadamente no nos costó trabajo encontrar personal, y es un equipo magnífico y nuestro gran capital. Ha dado la casualidad de que casi todos nos conocemos de la facultad. Hemos creado una fórmula de éxito porque la mayoría son licenciados y tienen aptitudes artísticas. Que sepan de qué están hablando da mucho valor añadido, no se trata de aprenderse un guion, es que el público hace preguntas.

## Tipos de socios

Hay varios tipos de socios, en función de lo que aportan a la sociedad y de su capacidad de decisión. Ya conoces al socio capitalista, el que aporta dinero para poner en marcha la empresa. Puede actuar como un *business angel* o incorporarse como un trabajador más de la empresa; tú misma eres socia capitalista porque has puesto una parte de la inversión. Y puede implicarse más o menos en la gestión y la toma de decisiones.

En lugar de aportar capital, el socio industrial pone a disposición de la empresa un valor de su propiedad, que puede ser una oficina, nave, centro de trabajo o local de atención al público, o también una patente o productos o servicios que provee desde otra empresa de su propiedad. Este tipo de socio no posee acciones ni tiene derecho a voto, pero sí participa de los beneficios y del capital obtenido si se liquida la sociedad. Su participación se calcula por el valor de lo que aporta, que además de lo material suele incluir experiencia en el sector y contactos con proveedores y clientes. Antes de tener un socio industrial, piensa si puede cerrarte puertas en tu mercado por tratarse de alguien que ya está en él, con sus propios proveedores, clientes y competidores.

El socio trabajador puede ser uno de los socios capitalistas, como ya hemos visto. También existe la figura del socio trabajador que no aporta capital, sino únicamente su trabajo. Igual que el socio industrial, no tiene acciones ni derecho a voto pero sí participación en el reparto de beneficios. En este caso se debe justificar cuidadosamente ante Hacienda qué cantidad recibe como nómina y cuál como beneficios de la empresa. Este tipo de socio se implica como ninguno en el buen funcionamiento de la empresa, conoce bien lo que hace y tiene un aliciente especial para ayudar a que tu negocio crezca.

Cualquiera de los anteriores puede ser un socio líder, y se espera que tú lo seas, pero no es necesario. El socio líder no tiene que ser el que posea más acciones, sino el que dé la cara ante clientes, proveedores, medios de comunicación… Y el que tome las decisiones relevantes. Debe ser alguien muy involucrado con la empresa y con gran capacidad para hacerla crecer. Debe mantener unido al equipo e involucrarlo en el éxito de la empresa.

En noviembre del 2010, Carla Tarruella abrió en Barcelona Cornelia&Co (www.corneliaandco.com) con un socio con el que ya compartía un restaurante. Invirtieron 2,5 millones de euros en poner en marcha un negocio pensado para todos los bolsillos y que emplea a cincuenta personas, un concepto que se ha puesto muy de moda y que consiste en aunar un pequeño mercado de productos selectos y un restaurante informal. Ella es socia mayoritaria y la podríamos calificar de socia líder, aunque insiste en que su socio es un pilar muy importante para la empresa:

> Vengo de una familia de restauradores, y supongo que he incorporado desde muy pequeña la comida a mi forma de entender el mundo. Mi socio y yo tenemos un restaurante en la zona alta de Barcelona que funcionaba bien, pero llegó la crisis y todo se tambaleaba. Tenía ganas de tener un espacio más céntrico en el que poder comer a horas diferentes, porque aquí a las cinco de la tarde tienes muy pocas opciones. También me planteé que el *glamour* de la compra que puede haber en el mercado, donde el comerciante conoce el producto y tiene pasión por lo que hace, se pierde en el supermercado. Pero el mercado tiene unos horarios muy limitados, por eso queríamos abrir uno pequeñito donde hacer de intermediarios entre la pasión del productor y la del consumidor, en un horario de nueve de la mañana a una de la madrugada. Tiene pastelería, verdulería, *fromagerie*, charcutería, pasta fresca, una bombonería, un colmado, bodega y un mostrador de fríos con comida preparada. Y le incorporamos una enorme cocina que está siempre en funcionamiento para nuestro cliente, como las antiguas cocineras que había antes en las casas. También nos parecía importante que todo esto se pudiera llevar a casa bien envuelto. Todo está distribuido alrededor del local,

Carla Tarruella tenía un restaurante con su socio y juntos decidieron abrir un nuevo negocio. ©Rubén Costa Fogués

en más de trescientos metros, y en medio está lleno de mesas para sentarse a comer, con camareros. La idea también es que el cliente llegue y mientras toma algo, pueda hacer la compra desde su mesa con una hoja de pedido, se lo preparan y cuando se vaya, se la lleva. Nuestra intención es dar bien de comer sin necesidad de que cueste una barbaridad. Son productos que no encuentras normalmente y algunos pueden ser muy caros, pero la mayoría es para todos los bolsillos. Abrimos en noviembre del 2010 y hemos sobrepasado las expectativas; el concepto, que era un riesgo, ha gustado. Por suerte, el banco confió en nosotros, nos podríamos haber dado un batacazo importante. A nivel de organización interna, es más complicado de lo esperado, porque los horarios son muy amplios y no se encuentra fácilmente gente especializada. La cocina sí ha funcionado desde el principio.

## LA CAPACIDAD DE DELEGAR

Una de las mayores dificultades que tienen los emprendedores, sobre todo cuando emprenden en solitario, es la facultad de delegar. Esa mujer orquesta de la que te hablaba anteriormente es una emprendedora que, obligada por las circunstancias, diseña un negocio, lo pone en marcha y controla desde la búsqueda de proveedores hasta los canales de venta e incluso la labor comercial. Y cuando llega el momento de ampliar el equipo y delegar responsabilidades, muchas veces se siente incapaz. No es tanto por falta de confianza, que también, sino por una especie de síndrome que la impulsa a controlar todo muy de cerca. Y eso, como puedes imaginar, no es bueno, ni para la emprendedora ni para su negocio, que se ve atado y le cuesta más crecer.

Es por eso por lo que formar un equipo es tan importante. Para configurar tu equipo debes seguir, en principio, las mismas consideraciones que para elegir a tus socios: personas no conflictivas, perfiles complementarios… Debes elegir a las personas combinando tu afinidad con ellas con sus competencias, sus capacidades y su complementariedad con el resto del equipo. De esta forma, evitarás conflictos entre compañeros. He conocido ambientes de trabajo en los que se fomentaba la competitividad entre los compañeros, pero no creo que esa sea una fórmula adecuada, porque aparentemente tu empresa funciona mejor si tus empleados luchan entre ellos por hacerlo mejor, pero al final todo se reduce a zancadillas entre ellos, conflictos y un ambiente de trabajo enrarecido y desagradable que, al contrario de lo que se buscaba, no mejora la productividad, sino que frustra a los empleados y convierte para ellos el trabajo en una tortura. Por el contrario, dentro de tus posibilidades, debes fomentar el buen entendimiento, el compañerismo y un ambiente de trabajo agradable. No significa que tus empleados se tengan que hacer amigos y salir juntos los fines de semana, eso también puede surgir, pero de forma natural, sin que tú hagas nada por facilitarlo, ni por impedirlo.

Pilar Valencia tardó cuatro años en desarrollar sus primeros productos antes de lanzarlos al mercado, cuatro años desde que constituyó la empresa, en el 2008, hasta que su primera línea de cosmética natural estuvo lista para llegar al público. Los cosméticos de Essentia (www.essentia.com.es) tienen una formulación propia y han pasado los test de la Agencia del Medicamento, porque no quería limitarse a comprar un producto existente y ponerle su sello. En su oficina de Madrid trabajan siete personas, un equipo multidisciplinar que ha configurado cuidadosamente. Su último proyecto, las cremas personalizadas, al escribir estas líneas estaba a punto de salir al mercado.

Siempre he querido montar mi propia empresa, pero trabajaba como alta directiva en multinacionales y nunca encontraba el momento. Mi familia materna es de Extremadura y tiene tradición de hacer cosmética natural, recuerdo a mi abuela haciendo jabón de tocador y cremas faciales. De ahí procede la idea de crear mi marca. Los últimos años reduje jornada para estar un poco más pendiente de mis dos hijos y al mismo tiempo empezar a desarrollar mi empresa, que era lo que me apetecía. Dejé mi trabajo en diciembre del 2011, cuando ya tenía la idea madura. Fue en plena crisis económica, pero seguí adelante porque creo que todos tenemos una cierta obligación moral de contribuir a la sociedad. Además, cuando empiezas eres pequeño y hay muchos proveedores a los que no tienes acceso, pero en época de crisis te hacen caso y negocias mejor. También cuesta más conseguir clientes, y la financiación, pero he contado con el banco de siempre y con capital propio mío y de un socio capitalista. Empecé investigando y definiendo los primeros productos que quería poner en el mercado. Opté por el caviar porque hace tiempo cayó en mis manos una crema que me gustó y quise desarrollar una fórmula un poco mejor. Poner un producto cosmético en el mercado tiene un proceso de maduración muy largo. Tardamos unos tres años, porque una formulación propia no se hace de hoy para mañana, hay que hacer muchas pruebas de eficacia y pasar controles muy exhaustivos para obtener la licencia. El proceso es bastante tedioso, largo y muy burocrático. En diciembre del 2011 ya estaba el producto prácticamente desarrollado, incluidos los envases, que también han tenido un proceso largo de selección y diseño. Sinceramente, no pensaba que fuera a ser tan complicado; a medida que vas avanzando, encuentras trabas con las que no contabas. Desde el primer momento hemos tenido la idea de exportar, y por eso creé un equipo multidisciplinar con experiencia internacional. Nuestra experiencia desde que lanzamos la marca nos ha permitido identificar la dificultad de las personas en general para encontrar cremas que se adapten completamente a las necesidades de su piel. Al mismo tiempo, existe también una demanda insatisfecha de personas con pieles sensibles o con requerimientos específicos. Para resolver las necesidades de todas estas personas, hemos decidido centrarnos en una cosmética personalizada. Realizamos un diagnóstico de los

Pilar Valencia configuró un equipo multidisciplinar y enfocado desde el principio a la exportación.

aspectos más importantes de la piel con aparatología y tecnología avanzada, recomendamos a cada cliente el tipo de crema y principios activos más apropiados, lo fabricamos y se lo entregamos en ese mismo momento. Sigo reservando tiempo para mi familia, porque es mi empresa y organizo mi tiempo. También quiero que todo mi equipo pueda conciliar.

Para mantener a tu equipo, basta con que los hagas partícipes de los éxitos de la empresa, cuando hables con ellos y cuando hables sobre ellos, que mantengas una comunicación fluida con ellos y les des la oportunidad de aportar su visión. Reconocer el trabajo bien hecho es muy fácil, pero no es tan común como reprochar los errores, y debería serlo. En cuanto a los conflictos, te he recomendado que huyas de los perfiles conflictivos, pero no huyas del conflicto, sé resolutiva y ataja los problemas de raíz, antes de que vayan a más.

La comunicación interna en la empresa es muy importante para ti, porque mantienes esa comunicación con tu equipo y estás al día de todo lo que ocurre, y para ellos, porque se sienten parte de la empresa, algo más que asalariados. Mantener, por ejemplo, un canal *on-line* de comunicación permite que fluyan las ideas y que no se pierdan en el olvido.

Siempre que he hablado con Sofía Gutiérrez, directora y fundadora de Sogues Comunicación (www.sogues.com), me ha comentado lo importante que era para ella el equipo, lo importante y positivo que ha sido para ella tener como mano derecha a una persona como Mireia Folguera y lo duro que ha sido las pocas veces que ha tenido que despedir a alguien. Por eso, cuando la entrevisté, centré mis preguntas en su gestión del equipo. El texto que sigue es extenso, pero está lleno de buenas vibraciones por lo que ha logrado hacer cuando iban bien las cosas y también cuando la crisis le llegó en una semana.

Cuando abrí Sogues, no sabía exactamente qué iba a montar. Trabajaba en *La Vanguardia* y me encantaban las relaciones públicas, pero no era lo que hacía. Lo que quería era trabajar de ocho a tres y tener un equipo de tres personas. Ofrecemos muchos servicios relacionados con comunicación, relaciones públicas y eventos; el cliente ya no te pide sólo salir en prensa, quiere una comunicación más integral, que es lo que tenemos. Empecé con una directora de prensa y una ejecutiva en el 2006. Soy publicista, psicóloga y relaciones públicas, y pensé que si iba a tocar trabajos de periodismo, tenía que contratar a una periodista. La primera persona a la que llamé fue Mireia Folguera, porque hablaba mucho con ella por trabajo, teníamos buena relación y me parecía muy profesional. Quedé con ella para contratarla, pero cuando nos sentamos, me di cuenta de que no tenía dinero para pagarle. Al cabo de dos años, la volví a llamar y entonces la pude contratar. Y ella tenía más libertad porque sus hijos tenían dos años más y podía meterse en algo nuevo. Por cierto, me pidió trabajar hasta las seis, y lo que hice fue cambiarlo para todas, porque era absurdo tener dos horas para comer. Me pareció muy buena idea. Siempre me he planteado que no quiero un equipo de más de quince personas, significaría que tengo muchos clientes que no puedo controlar. No trabajamos con todo el mundo, viene gente con productos en los que no creemos, tienen que ser productos fiables y que confíe en ellos, dentro de mi saber. Me he dado cuenta de que gracias a ser serias, los periodistas confían en nosotras, y si nos desviamos, perdemos todo. Yo tenía muy claro que sola no podía hacerlo todo, y que tenía que rodearme de un buen equipo. En las entrevistas de trabajo, lo primero que miro es si los candidatos sonríen. Tienen que tener estudios universitarios relacionados con el puesto, y es fundamental que les guste trabajar en equipo y que tengan buena imagen; eso no significa que tengan que ser modelos. Y sobre todo lo que odio son los cuchillos. En mi despacho hay competitividad sana, trabajamos en equipo y el éxito es de todas. Cuando entran a trabajar, se dan cuenta de que se llevan muy bien, son una piña, y no tienen nada que ver unas con otras, o conmigo, pero nos une el proyecto, e intento que se lo pasen bien. Es un pequeño gran hermano porque trabajamos todas juntas en la misma sala, y allí ves todo lo que pasa, hay una comunicación fluida y es mejor para los clientes. Nos apoyamos entre todas, y soy muy mami. Tanto, que en el 2008 entró un consultor a trabajar porque yo no sabía si pagar un ordenador en efectivo era correcto para la empresa. Porque la empresa nació muy pequeña pero empezó a crecer. Estábamos en cuarenta y cinco metros en junio del 2006, y en enero del 2007 eran ciento cincuenta, y llegamos a doce personas. Le pregunté si debía coger a un *coach* para saber si estaba llevando bien la empresa, porque soy muy emotiva y cuando tenía que sacar a alguien me moría. Me presentó a un *coach* que me dijo que no cambiase nada, que era una fórmula que funcionaba, pero que tenía que ser real, no se podía fingir. Yo tengo que tener afinidad con mi equipo, con los productos que represento, con los clientes y con el interlocutor. Hago muchas cosas con mi equipo, una comida de verano en la playa, otra de Navidad. Una importante relaciones públicas me dijo que lo más importante era que el trabajo no entrase en mi vida personal, pero lo ha hecho. El equipo rota mucho, y me costó asumirlo pero es lógico que se vayan a otro sitio, porque es gente joven y aunque estén muy bien, tienen que ver otras cosas. Hay mucha rotación, pero las importantes siguen. Yo para echar a alguien tiene que ser por algo muy gordo, creo que he despedido a tres. En el momento que hay alguien que contamina, hay que sacarlo. Lo difícil es la selección, no hay tanta gente que valga. Enseguida sé si me va a gustar o no. En el 2009, en lo más duro de la crisis, se llegaron a caer cinco clientes en una semana, y me quería morir. Hasta ese momento no era empresaria, era una trabajadora más de mi empresa. Al final, estaba trabajando más horas que antes, con un equipo igual de grande. Esa semana no dormí, tenía muchas familias que dependían de Sogues. Pasada esa crisis y con el equipo muy consolidado, haciendo horas extras y

Sofía Gutiérrez dudó cuando me envió esta foto de la fiesta del quinto aniversario de su agencia. Se ve a un equipo unido y se ve a una líder, pero en su día a día ella se ve como a una más entre sus empleadas.

buscando la forma de salir adelante, ya ha venido la calma y nos hemos adaptado a la nueva situación. Al cambiarnos de despacho en junio del 2014, quise renovar la forma de trabajar con todo el equipo, que cada una aportase sus ideas y se sintieran parte del proyecto. Hemos crecido muy rápido pero con mucha solidez. Lo que pretendo es que la gente siga confiando en nosotras.

# 11
# Emprender *on-line*

Si has decidido emprender y tienes pocos recursos, ya hemos visto que internet es una buena vía para lanzar rápidamente tu marca, comunicarte con tu público, ampliar tus fronteras y tener un canal de ventas sin los gastos de un local. También hemos visto la importancia de saber que el ahorro de costes no significa no gastar nada, que tu web es tu imagen y si no es medianamente decente, tus potenciales clientes no te van a dar una segunda oportunidad. Es lo bueno y lo malo de la red: es más fácil llegar a todos, pero es igual de fácil que pinchen el aspa y cierren tu pestaña. Es muy importante que sigas unos sencillos pasos para conseguir, primero, visitantes para tu web; segundo, que esos visitantes se conviertan en clientes, y tercero, que vuelvan.

Evidentemente, internet es también un recurso que amplía las fronteras de los negocios tradicionales, como es el caso de Cromática (www.cromaticabcn.com), de Adriana Korin, que ha estrenado su tienda *on-line* en el 2014 con la intención de aumentar sus ventas y de que sirva de promoción para sus productos de *merchandising*. Por un lado, tiene un área privada para sus clientes y, por otro, una abierta a los consumidores. Arquitecta de formación, cuando llegó a España a finales de los ochenta se dedicó a vender libros a las tiendas de los museos, hasta que creó esta empresa en el 2001.

> Mi madre era profesora de Historia del Arte, y aunque no seguí sus pasos y estudié Arquitectura, me fascinaba ese mundo. Cuando llegué hace veintitrés años de Argentina, tuve que reorganizar mi vida laboral. Encontré una oportunidad en

Adriana Korin creó Cromática en el 2002, y su tienda *on-line* de productos de *merchandising* en el 2014. © Verónica Papaleo

una distribuidora de libros de arquitectura, con una faceta comercial de la que no sabía nada. Vengo de una familia de profesionales y en mi país de origen se diferencia mucho el trabajo intelectual del comercial. A pesar de mis temores, me fue muy bien y desarrollé esa actividad durante trece años. Muchos de mis clientes eran las tiendas de los museos, y poco a poco me iban surgiendo ideas para un futuro. Sin esa experiencia no habría podido empezar mi negocio porque tenía la sensación de que no sabía vender. Fue hace trece años, mirando un bolígrafo impreso con los girasoles de Van Gogh, cuando decidí a qué me iba a dedicar. Partiendo de esa idea, empecé a vender a las tiendas de los museos regalos especiales adaptados a sus necesidades; yo lo llamo «traje a medida» porque cada museo tiene situaciones muy peculiares, su colección permanente, sus exhibiciones temporales y la imagen que quiere transmitir. También entran en este grupo de clientes los parques temáticos y lugares especiales como los teatros de música clásica. Al principio tenía muy pocos productos, pero iba ideando proyectos. Elijo los regalos de dos maneras. La primera es yendo a ferias, con una mirada muy exhaustiva, es como buscar una aguja en un pajar. Luego los adapto y personalizo según el perfil de cada cliente. También hago cierto «espionaje industrial», y es que cuando estoy de viaje en el extranjero, compro muestras e inicio un proceso de contacto con nuevos proveedores. Al comienzo, había localizado una empresa de artículos de escritura que me encantó, pero ya tenían distribuidor en España; yo soy terriblemente perseverante, y en el 2007, por fin, pude realizar el primer convenio con esta firma tan anhelada por mí; aquello suponía tomar la distribución para toda España y era mi primera exclusiva. A raíz de este contrato abrí la distribuidora para vender también en tiendas de regalos ajenas a los museos. Fue un salto grande, hasta entonces había ido comprando muy prudentemente cuando recibía encargos, pero aquí me vi en la necesidad de cambiar la escala del negocio. Creció el beneficio y al mismo tiempo fue aumentando el *stock*, así que tuve que cambiar de almacén. Adquirimos un nuevo programa informático de gestión integral para poder atender las exigencias del mercado actual. En el 2014 hemos incorporado la tienda virtual para aumentar las ventas y dar salida a productos que cuesta vender más en las tiendas tradicionales. Tengo a una persona que se ocupa de las redes sociales porque creo que es muy importante.

## CUÁNTO SE VENDE *ON-LINE*

El comercio electrónico en España tardó unos años en despegar. En la actualidad, según explicaba Elena Gómez del Pozuelo, presidenta de Adigital, en mayo del 2014 en un evento de Womenalia, del billón de euros que se venden cada año en internet a usuarios finales —excluyendo el comercio entre empresas–, prácticamente un tercio se mueven en América, otro tercio en Europa y otro en el sudeste asiático. Y si nos centramos en Europa, de los 300.000 millones que se venden, 96.000 corresponden al Reino Unido, 50.000 a Alemania, 45.000 a Francia, y así hasta llegar a España, donde en el 2013 se vendieron —insisto, a usuarios finales– 14.500 millones de euros. Una cifra nada desdeñable, por alejados que estemos de otros países de nuestro entorno, y lo más interesante es que las previsiones nos señalan como uno de los países con mayor previsión de crecimiento para el 2014, alrededor de un 20 %, y para los próximos años.

Datos esperanzadores si quieres hacer del *on-line* tu canal de ventas. Y apunta otro dato que ofreció Gómez del Pozuelo: el móvil es fundamental para vender *on-line*, «o en dos años no tendrás negocio». Así de crudo, así que no te acomodes a tu ordenador de sobremesa. Quinientos millones de europeos (entre los 850 millones de habitantes del continente) tienen internet, y 250 millones lo usan para comprar. Los *smartphones* ya suponen entre el 30 % y el 40 % de la facturación de las tiendas *on-line*. En la que ella fundó, www.bebedeparis.com, en un año y medio las ventas a través del móvil crecieron del 19 % al 40 %.

Las compras en internet han tardado tiempo en implantarse en parte por las reticencias de los usuarios a dar sus datos bancarios. Pero la seguridad ha mejorado mucho y además, la reducción de precios en comparación con otros canales de venta en algunos sectores ha contribuido a popularizar este canal.

El equipo de Cova Pendones creó el blog Decoratrix (www.decoratrix.com) en el 2009 para seguir en el sector del que las intentó sacar la crisis. Después de transformarse en web en el 2012 con una inversión de treinta mil euros, no sólo ofrecen contenidos sino también variados servicios. Una vez posicionadas en el mercado, han empezado a dar beneficios:

> En enero del 2009, parte del equipo de la revista *Mi Casa* nos fuimos al paro. Somos especialistas en prensa de decoración, y llevábamos diez años juntas, era un grupo especial y nos queríamos muchísimo. Una semana más tarde, decidimos que teníamos que hacer algo para seguir juntas, y salió la idea del blog. Sabíamos que era muy difícil que a nuestras edades, en los puestos que habíamos ocupado, y mucho menos en la prensa escrita, volviéramos a trabajar en las mismas condiciones. Sentimos que esa etapa estaba superada, que se podían hacer cosas diferentes. Decidimos cambiar de soporte, buscar opciones en internet, que siempre habíamos utilizado pero no lo habíamos aplicado como herramienta. Daba mucho vértigo, parecía un soporte para gente joven, pero nosotras controlábamos los contenidos y la forma de obtenerlos. En junio lanzamos nuestro blog de decoración. El resultado fue algo divertido, muy libre, sin el corsé de la prensa escrita, más moderno y juvenil. Nos permitió incluir secciones impensables en la prensa escrita, e íbamos viendo lo que la gente quería de una forma más directa. Todas escribimos, y ofrecemos también algo que no tiene nadie, que son las consultas. Para destacar en la red, donde se copia tanto material, nos esforzamos por producir algo original, hacemos nuestras fotos, tratamos de darle un plus al usuario para que encuentre cosas que no ve

El equipo de Decoratrix al completo, ahora también con hombres.
De izquierda a derecha: Nacho Uribesalazar (fotógrafo), Olga Palmero (arquitecta de interiores), Carmen González (editora de contenidos digitales y redes sociales), David Martín (*marketing* digital), Covadonga Pendones (coordinadora y editora digital), Nacho Pérez (fotógrafo), Carmen García Santamaría (diseñadora de arte) y Marta Sanz (editora de contenidos digitales y redes sociales).

en ningún otro lado. Desde el principio funcionó muy bien, y ya en el 2010 empezamos a preparar la web. La lanzamos por fin en el 2011, después de haber descartado otras dos que no nos gustaron a pesar de haberlas pagado. Pronto nos dimos cuenta de que teníamos mucho más potencial que un mero soporte publicitario. Uno de nuestros valores son los servicios decorativos, con tres niveles de asesoría, desde elegir los muebles hasta hacer un proyecto con memoria de materiales o una reforma integral. Otra pata son los servicios fotográficos, por ejemplo para quien quiera vender su casa. Y también escribimos contenidos para terceros. Nuestra intención es seguir creciendo y ser una gran plataforma de decoración, no sólo un escaparate. El consumidor de decoración sigue siendo muy fiel y estando muy necesitado, y nosotras somos muy rápidas y podemos ayudar.

## UNA TIENDA AL MUNDO

Según la Comisión Nacional de los Mercados y la Competencia, durante el tercer trimestre del 2013, el comercio electrónico generó un volumen de negocio récord en España de 3.291 millones de euros, un 21,7 % más que en el mismo período del año anterior. Y podemos decir que las fronteras son cada vez menos con internet, porque según la misma fuente, las compras realizadas desde el extranjero supusieron un 17,2 % del total y, lo que es más importante, crecieron un 39,1 % respecto al año anterior. No son pocos los negocios que al abrir su canal en internet buscaban de alguna forma llegar a un público que en España se les resistía por la crisis.

Emprender *on-line*, aunque sea fácil, no te exime de hacer un plan de negocio y un estudio de mercado. En internet se puede vender prácticamente cualquier producto o servicio, pero ¿sabes dónde está tu cliente? ¿Es legal la venta en el país de destino? ¿El volumen o el peso de tu producto encarece mucho los gastos de envío? Piensa en eso antes de traducir tu web a todos los idiomas que se te ocurran. Y plantéate también tus argumentos de compra y si tu producto es mejor o más barato que el de la competencia.

Cuando Nayra Iglesias empezó a comercializar sus baúles Marlon (www.inoutstudio.com/products/marlon), inspirados en los que se utilizaban para viajar en los cruceros de finales del siglo XIX, lo hizo como una rama integrada dentro de su estudio de arquitectura en Las Palmas de Gran Canaria, especializado en el diseño de negocios, establecimientos y franquicias de forma integral. De hecho, el primer baúl lo había diseñado para uno de sus clientes en el 2010, un prototipo en el que invirtió seis mil euros y que luego, por la demanda de otros clientes, fue evolucionando hasta el modelo actual, con diversas opciones de personalización. De ahí han surgido otras piezas de mobiliario de diseño que vende *on-line* a cualquier destino desde donde reciba un encargo, con la ventaja logística de vivir en una ciudad con uno de los puertos internacionales más importantes del mundo. Vende unos tres baúles al mes, por un precio base de 3.500 euros, con los gastos de envío para la Península incluidos.

> Soy arquitecta y diseño negocios, desde el logotipo hasta la tienda. Un cliente me pidió un espacio de aspecto doméstico, y creé un baúl grande para exponer ropa. Estuve un mes estudiando el producto. Así nació el primero, que gustó mucho y como era una franquicia, encargaron uno para cada tienda. Aquello me gustó y seguí diseñando baúles para usuarios particulares, todos con elementos personalizables, no hay dos iguales. Se pueden cambiar la distribución interna, las telas de los revestimientos… Son completamente artesanales, cada uno tiene de treinta y cinco a cuarenta días de trabajo. El coste es muy alto. Los herrajes se hacen en Málaga y el ensamblaje en Gran Canaria. Los gastos de envío son una desventaja

Nayra Iglesias vive en Las Palmas de Gran Canaria, que tiene un puerto internacional muy importante, lo que le permite abaratar los costes de envío al extranjero.

cuando enviamos a la Península, pero para llevarlo a otros países tenemos uno de los puertos más fuertes del mundo. Hemos creado un baúl específico para tiendas, responde a las necesidades de un córner pero sale más barato, y se puede utilizar para llevar la mercancía a una feria y exponerla. Y he diseñado otro que es un mueble bar, de base circular.

## CLIENTES SATISFECHOS

Es muy importante que tengas en cuenta lo que el cliente busca cuando hace una compra *on-line*. No se trata sólo de una buena relación calidad precio, sino también de la rapidez de los envíos, la posibilidad de comprar a cualquier hora, que aceptes las devoluciones y que cuides todos los detalles, incluido el embalaje. Es fundamental que tu producto sea igual a lo que han visto en la web, cuida mucho la calidad de las fotos y la descripción del producto. Otro detalle importante es la facilidad para realizar búsquedas, porque te interesa que tus clientes encuentren rápidamente lo que quieren. Y por último, lo más importante de todo, las opiniones de otros clientes. Si abres un espacio para que tus clientes opinen, lo que ellos digan de ti será muy importante para mejorar tus ventas, porque será lo primero que miren otros usuarios. Incluso una opinión negativa, siempre que sepas responder a tiempo y corregir tu posible error, irá en tu favor.

Si quieres aportar un valor añadido, incluye la atención al cliente en el servicio. Controla directamente esa parte de tu negocio o sitúa a alguien dispuesto a responder de forma agradable a cualquier consulta, va a ser el único contacto personal que tengas con tus clientes, y puede ser un punto de apoyo si lo haces bien. Así lo explica la socióloga Carmina Valverde Pinilla:

> Si te vas a decidir por la venta *on-line*, te aconsejo que complementes la venta por este canal con el trato personalizado: habilita un número de teléfono o un canal chat donde el cliente pueda ponerse en contacto contigo para solventar dudas sobre el producto. Acompáñale en el proceso de venta, conviértete en su asesora cuando lo requiera. Esta es una ocasión ideal para incluir algunas preguntas y conocer de primera mano su opinión sobre tu producto frente al que oferta la competencia: ¿cómo te ha conocido y cómo ha llegado hasta tu web? ¿A quién más le ha comprado? ¿Cuántas veces? ¿Cuánto gasta de media? ¿Le gusta tu servicio más que el de la competencia? ¿Qué aspectos valora prioritariamente? ¿Recomendaría tu producto a sus familiares y amigos?

La atención al cliente es fundamental para Elzbieta Godlewska, que mima con cuidado a sus compradoras. E-lakokette (www. elakokette.com) es una tienda *on-line* de lencería importada de Polonia, su país de origen, fabricada allí con encaje francés y satén italiano, entre otras materias. Son de momento dos marcas, poco conocidas aquí pero con un precio muy económico.

> Llevo tres años en España y en un viaje a Polonia, mi prima me habló de una chica que tenía una tienda de lencería polaca en Suiza. El producto me gustó y era la oportunidad de hacer algo mucho más entretenido que lo que hacía. Mi tienda es virtual, y tiene también muchas visitas de hombres. La idea es que todas las mujeres puedan encontrar algo con lo que sentirse elegantes y coquetas y que no sea caro. Son prendas elegantes, no son vulgares. Esta lencería es diseñada y fabricada en Polonia con telas importadas, como encajes franceses y satén italiano. La calidad se puede comparar con marcas carísimas, y quien lo ve lo sabe. Doy mucha importancia al servicio, no quiero que la gente espere mucho tiempo desde que hace el pedido. También es muy importante dar una atención personal. Yo preparo los pedidos, y los envío por mensajería. Los gastos de envío son los mismos

Ela, como la llaman
sus amigos, cuida
cada detalle en los
envíos,
y también durante
la navegación del
usuario por la web.

para toda España, he puesto un precio fijo para que sea más fácil, aunque a veces es más caro y pago yo la diferencia. En cada envío incluyo una nota escrita a mano agradeciendo la compra. He preparado una tabla enseñando a medirse para pedir la talla adecuada de sujetador. Las devoluciones son gratuitas; braguitas y tangas no se pueden devolver, por sanidad, pero ahí es más fácil acertar con la talla. A la clienta le da más seguridad. Vi lo que hacen otras tiendas, físicas y *on-line*, no quería inventar nada nuevo ahí.

## CONTACTO CON TU PÚBLICO

Además de conocer a tu público para saber cómo responder a sus necesidades, y para darle todas las respuestas en tu web, también debes estar cerca de él a través de las redes sociales que encajan más con su perfil. También es interesante mantener un blog en paralelo a tu web, donde no sólo hables de tu marca, sino de lo que interesa a tus consumidores, con consejos y contenidos que resulten útiles. Para que estos canales funcionen, si es necesario, contrata a especialistas en la materia; si no es lo tuyo, lo van a hacer mucho mejor y no te va a salir tan caro si le pagas por objetivos o por un tiempo determinado al día, no se trata de pagarle un sueldo completo. Lo importante es que cuando tu público te busque, encuentre novedades y no lo mismo que la última vez que entró. Eso sí, como vimos en el capítulo 8, contenidos originales y nada de escribir por escribir.

A María Galán el éxito le llegó precisamente a raíz de su blog, y eso que no se preocupaba especialmente por el posicionamiento, las etiquetas, etcétera. Lo suyo era diseñar joyas, fotografiarlas y colgarlas en su blog. Y mucho Twitter. Y a partir de ahí, empezaron a llegarle los pedidos. La línea con la que trabajaba cuando la conocí, Miss Patty, ya ha quedado atrás, pero sigue muy activa en las redes sociales y eso le da muchísima visibilidad, y de ahí a las apariciones de sus productos en prensa todo es una evolución natural. Ahora ha transformado sus diseños, que comercializa con su propio nombre (www.mariagalan.net) y también dirige editoriales de moda como estilista.

Soy médico y no pienso dejar mi profesión, lo que pasa es que siempre me ha encantado hacer cosas relacionadas con la moda. En el 2010 me dio por hacer unos broches, collares, bolsos y otros complementos que tenían como base una muñeca, abrí un blog para darlos a conocer y la muñeca se convirtió de alguna forma en un icono. En realidad, la primera la hice para que mi hija, que se iba a Francia con una beca, se la llevara de recuerdo. Le pareció muy grande y me la quedé yo, y cuando me la vio la dueña de una tienda, me pidió que le hiciera más para venderlas. Creé el blog más bien para que mi hija fuera viendo las cosas que iba haciendo. Pero empezó a tener muchas visitas, todo de una forma absolutamente casual, porque nunca me he planteado tener esto como medio de vida. Se empezaron a conocer más cuando Lorenzo Caprile me pidió unas muñecas para las infantas (Elena y Cristina) y me envió trozos de las telas con las que les hizo los vestidos para la boda de Victoria de Suecia. Así fue como empecé a hacer las muñecas personalizadas. En el 2011, la asociación de diseñadores de moda de Andalucía me llamó para hacer una exposición, una retrospectiva de la moda del siglo XX, y a mí se me ocurrió personalizarla en la duquesa de Alba, con un repaso de sus *looks* más destacados, incluidas sus tres bodas. Los trajes eran reproducción de los originales. Ella visitó la exposición y le encantó. Es todo autodidacta, y he ido evolucionando. Mi tarea en el mundo creativo viene dada básicamente por hacer aquello que me provoca interés, y creo que mi propia madurez creativa me llevó a interesarme por el mundo de los complementos a un nivel más evolucionado. Me interesa mucho el mundo de la porcelana y las

María Galán no se plantea tener las joyas que diseña como medio de vida, pero tiene un gran éxito porque es muy activa en redes sociales.

piezas únicas, con lo que con estas premisas comencé a buscar objetos que incluir en mis collares. Mi objetivo de momento, además de seguir creando piezas únicas, es dirigir editoriales de moda en los que incluir mis creaciones con ropa de diseñadores reconocidos y así crear estilo estético en conjunto.

Tu negocio en internet puede incluso nacer sin la idea de que sea un negocio, y transformarse con el tiempo, la experiencia y, sobre todo, las necesidades que descubras en tus seguidores y a las que puedas dar respuesta. Ana Domínguez inició su blog (www.estoyradiante.com) más bien como terapia, un blog con mucha energía positiva con el que quería poner al día a las mujeres sobre temas de interés.

Soy licenciada en Económicas y he trabajado en consultoría en varias multinacionales. Llevaba la mala vida de estar siempre fuera de casa, sin hacer otra cosa. Viajaba mucho y cuando me quedé embarazada en el 2004, tuve algunas molestias, hasta que un día, antes de coger un avión, me desmayé y me desperté en el hospital. Tenía un embarazo que no habían detectado que era extrauterino, y sufrí una hemorragia interna. Perdí al niño y tuve suerte de poder contarlo. Entonces decidí cambiar de vida, hacerme autónoma prestando servicios a empresas. Me apunté a un curso para hacer mi propia página web, porque no podía pagar a nadie, y como práctica tuve que hacer un blog. De pronto, descubrí que eso era lo que me gustaba, y en diciembre del 2008 puse en marcha estoyradiante. com, donde cuento mi experiencia personal y, sobre todo,

Ana Domínguez descubrió su vocación escribiendo un blog y lo convirtió en su forma de vida.

cosas de las que me voy enterando. Sobre todo está dirigido a mujeres, aunque también hay hombres que entran y me piden información. También pretendo en cierto modo seleccionar lo que puede interesar a gente que sólo entra un rato en internet, para que en ese poco tiempo se pongan al día. Hay gente que llama intrusos a los blogueros, pero yo no soy periodista ni lo pretendo, soy una aficionada, y cuento las cosas como tal, si me gusta un hotel o descubro una oferta interesante. Es un sueño poder vivir de esto. Por suerte, hay un *boom* tremendo con los blogs, y algunas empresas lo saben y, en lugar de poner publicidad, me pagan para que hable de ellas —yo indico si es una noticia patrocinada—. Lo que pretendo, aunque sea un negocio, es que no superen el 20 % de la información, para no perder credibilidad. Y siempre deben ser sobre algo en lo que yo crea. Es lo que da autenticidad a un blog, la opinión libre y personal de quien lo hace. Es complicado, porque tengo que vivir de eso, pero siempre puedo escribir más. Prefiero eso que, de momento, tenerlo lleno de publicidad, que tampoco es fácil de conseguir. Gasto lo menos posible y tengo pocos ingresos, aunque el crecimiento es continuo. Y lo que hago me permite compatibilizar un poco el trabajo, que hago desde casa, con estar con mis dos hijos. Vendo la publicidad, reviso los comentarios, lo hago todo yo sola, y a veces se me hace más complicado escribir. También tengo que darme a conocer, que es una tarea complicada. Muchas visitas llegan por el boca a boca, y suben mucho cada mes. Empecé con unas dos mil y en el 2014 he llegado a las cincuenta mil mensuales. Y ahora también trabajo como *community manager freelance*, gestionando las redes sociales a algunos clientes.

# 12
# El emprendimiento social

Devolver a la sociedad una parte del beneficio que se obtiene es uno de los fundamentos de la responsabilidad social corporativa de las empresas. El problema es cuando un ideal se mercantiliza, cuando la buena acción se convierte en un argumento de *marketing*. En el momento en que conviertes la responsabilidad social corporativa en RSC, las siglas empiezan a perder el contenido, y el provecho económico vuelve a ponerse en el foco. No quiero hacer una crítica de las empresas que hacen RSC, las felicito y les pido que si pueden, hagan más por los demás y por el medio ambiente. Y si saben explicarlo de tal forma que ganen clientes, mejor para ellos. Siempre que de verdad hagan todo lo que dicen que hacen, estarán poniendo su granito de arena para dejar un mejor planeta a las próximas generaciones.

Lo que realmente me llama la atención de la RSC es lo que me dijo Rachida Justo, profesora del Instituto de Empresa especializada en emprendimiento femenino y social, cuando la conocí: que la mayoría de las emprendedoras no hacen RSC en el sentido de diseñar un protocolo para derivar recursos o beneficios a su entorno. Y no lo hacen porque no lo necesitan, lo llevan en el ADN; cuando emprenden, ya están pensando en cómo lo que hacen puede ayudar. El propio emprendimiento tiene su importancia para la sociedad por su contribución a la generación de empleo, pero el emprendimiento social, explica, «tiene la ventaja adicional de que se centra en el impacto social directo».

De este modo, lo que indica es que emprender con el objeto social en mente «es algo inherente a la mujer, se debe a la socialización del género; desde el momento en que a un niño le das un bate de béisbol y a una niña una muñeca de la que cuidar, le estás dirigiendo». Y esto, además, tiene sus ventajas: «Hasta hace poco, esto se veía como un lastre que no producía beneficio, porque la idea era que el empresario tenía que ser agresivo para ganar dinero. Ahora hay una nueva frontera competitiva, el valor social, que además también puede aportar beneficio, y las mujeres ya tienen eso ganado».

«Las mujeres tienen mucho que aportar en el mundo como emprendedoras», me dijo también Rachida Justo. Yo ya lo había comprobado cuando entrevisté a tres de ellas, a las que Yo Dona seleccionó para que las lectoras, tras conocer sus proyectos, eligieran a la ganadora de un premio especial que convocó en el 2012. Tres proyectos grandes, como grandes eran las mujeres que estaban detrás, y que aquí reproduzco, en el orden en que se publicaron, para que tengas la oportunidad de ver lo que las mujeres son capaces de hacer. Ellas por sí mismas dicen mucho más de lo que pueda decir yo sobre el emprendimiento social.

Rosa Escandell puso en marcha en el 2005, en Kenia, la asociación Adcam (www.adcam.es) para dar recursos a las mujeres masái a través de su propio trabajo. Dos años más tarde, creó en Alicante PRM (www.programadereinsercion.es), un programa de formación laboral para reclusas, y en noviembre del 2011 nació A Puntadas (www.apuntadas.es), la empresa de inserción que cierra el círculo dando trabajo a mujeres en riesgo de exclusión, y donde han creado una marca propia: Malas Meninas.

> Me especialicé en comercio exterior y blanqueo de capitales, y trabajé más de siete años en un banco, en el departamento extranjero, donde empecé a dar microcréditos a inmigrantes. Cuando dejé ese trabajo, decidí irme un tiempo a Australia, pero cuando fui a Madrid a arreglar la documentación, coincidí con una persona que trabajaba en una organización internacional del sector social, intercambiamos ideas y decidí cambiar de destino. Me fui a Bangladesh, donde conocí a Mohamed Yunus (premio Nobel de la Paz por los microcréditos) y tuve la oportunidad de trabajar con Bibi Russell (impulsora de proyectos de moda para el desarrollo). Eso marcó mi vida. Desde entonces, trabajé varios años en proyectos de

Sólo una cosa convierte en imposible
un sueño: el miedo a fracasar.
(Paulo Coelho)

Los tres proyectos de Rosa Escandell tienen como objetivo la inserción laboral
de mujeres en riesgo de exclusión. En la foto, en el comedor de A Puntadas.

cooperación en muchos países. Mi primer proyecto propio
nació en el 2005. Conocí en Nueva York a Wangari Maathai
(premio Nobel de la Paz por su contribución al desarrollo
sostenible, la democracia y la paz), que me transmitió su in-
quietud por África y por las mujeres, y me propuso que fuera
a Kenia para orientarla sobre los microcréditos. Decidí utilizar
los recursos de los masáis, unas artesanías maravillosas, para
crearles una vía de comercialización y llegar a la sostenibilidad. Empecé con fondos propios, hasta que vine a España
y propuse a Pikolinos fabricar zapatos y confiaron en mí.
Hoy trabajan en Adcam mil cuatrocientas mujeres, desde el
Masái Mara hasta Tanzania. Hemos construido una escuela
de primaria, y con sus sueldos están creando sus propios proyectos. Mis proyectos van hacia la mujer porque es el núcleo
de la familia e indirectamente implica sanidad, educación y,
sobre todo, sostenibilidad. Son proyectos cuyo objetivo final
es desaparecer, porque creo que el fin de las ONG es que
lleguen a no ser necesarias. En el 2007 creé en España mi
segundo proyecto, PRM (Programa de Reinserción de Mujeres), que consiste en dar formación a mujeres para superar
sus dificultades para encontrar un trabajo. Mercedes Gallizo,
que era directora general de Instituciones Penitenciarias, me
había planteado que podía hacer algo bueno por las reclusas
que tuvieran condenas largas. Empezamos con un taller en

el centro penitenciario de Villena, y el primer año fue difícil, porque teníamos pocos recursos y me costó entender el sistema. En estos años hemos combinado la formación con el trabajo productivo, y hemos creado nuestra propia marca, Malas Meninas. Tenemos un piso de acogida, abrimos un segundo taller externo, donde trabajamos también con inmigrantes y víctimas de violencia de género, y el tercero en el psiquiátrico penitenciario de Foncalent. Ahora el trabajo productivo está en A Puntadas, que obtuvo la calificación de empresa de inserción en noviembre del 2011, y contrata a las que terminan la formación en PRM. Así cerramos el círculo, cumpliendo la función de inserción laboral de estas mujeres y logrando beneficios para que el taller sea sostenible.

También con la mujer en el foco, pero en este caso concretamente la mujer víctima de violencia de género, Ana Bella Estévez creó en el 2006 la fundación que lleva su nombre (fundacionanabella.org). Su principal objetivo, cambiar el concepto de víctima por el de superviviente, para hacer ver a las mujeres que la vida sigue y tienen muchas cosas por hacer. Gracias a las donaciones y premios, además de sostener varios pisos de acogida, ha creado una empresa que da trabajo a mujeres que acaban de salir de una situación de maltrato. En el 2011 recibió el premio del Ministerio de Sanidad, Política Social e Igualdad por su labor contra la violencia de género, y en febrero del 2012 una consejera de Obama la utilizó como ejemplo en la apertura de la Conferencia Mundial de Casas de Acogida.

> Fui maltratada durante once años, hasta que un día mi marido me dijo que nunca podría separarme de él, que lo nuestro era amor o muerte, y para salvar mi vida y la de mis cuatro hijos, de madrugada me escapé de mi casa, denuncié y empecé una vida nueva. Al salir de la casa de acogida nadie quería alquilarme un piso, sin dinero, sin trabajo ni experiencia laboral demostrable, sin estudios y con mi exmarido persiguiéndome a pesar de la orden de alejamiento. Me sentí terriblemente angustiada, pero reaccioné. Comprendí que si había sido capaz de resistir los abusos físicos y psicológicos durante once años, no era una mujer débil, sino que tenía una gran capacidad de aguante y sabía reponerme a la frustración y trabajar bajo presión. Sin embargo, me di cuenta de que en España sólo el 20 % de las mujeres maltratadas nos

Ana Bella sobrevivió a la violencia de género e hizo de su experiencia una bandera para ayudar a otras mujeres a salir adelante.

atrevemos a denunciar. Por eso creé la fundación en el 2006, para visibilizar y apoyar a esas mujeres maltratadas que quedan fuera de las ayudas oficiales. Le puse mi nombre porque yo misma empecé siendo un ejemplo de superación y quería transmitirlo a otras mujeres, que vieran que se puede salir de la violencia en positivo, que se pueden superar las dificultades y que las supervivientes podemos ser un ejemplo para otras mujeres que no se atreven a denunciar. En la tele sólo salen las mujeres maltratadas cuando mueren o retratadas como víctimas. Tenía que cambiar eso. Vencí el miedo y ofrecí mi testimonio positivo en diversos medios de comunicación, demostrando que se puede salir de la violencia y emprender una vida digna. Ayudamos a las mujeres a encontrar una vivienda y un trabajo, que son imprescindibles para que escapen de la violencia. Nosotras podemos acabar con la cadena generacional de violencia educando a nuestros hijos en igualdad y evitando que repitan la violencia en su edad adulta. Al principio nadie creía en mí, y tuve que convencer a mi entorno de que se embarcaran en este proyecto. Pedí un préstamo personal y empezamos alojando a la primera mujer en mi propia casa. Ahora Leticia vive en Madrid y también aloja a mujeres en su casa cuando lo necesitan. Ese es el milagro de la Fundación Ana Bella, nos hemos convertido en una red nacional de mujeres supervivientes. Nuestra mayor dificultad era la inserción laboral digna de las supervivientes de violencia de género, así que levantamos una empresa, que fue premiada por la Fundación Andalucía Emprende. Nuestro *catering* solidario también ha sido reconocido como emprendimiento social.

Almudena Martorell fue emprendedora social por herencia. La Fundación Carmen Pardo-Valcarce la había creado su madre en 1990 para atender a personas con discapacidad intelectual, y ella llegó en el 2002 para, cuatro años después, asumir la dirección general y transformar el modelo caritativo en uno sostenible. En seis años ya había duplicado su tamaño. Lo que nació como una escuela de unos doscientos alumnos, creció con un centro ocupacional y dando trabajo a los que terminaban su ciclo de aprendizaje:

Mi bisabuela fundó en 1948 un internado para hijos sanos de enfermos de lepra, que no podían vivir con sus padres por riesgo de contagio. Continuó mi abuela, y como prácticamente se erradicó la lepra en España, cuando mi madre lo heredó no había contenido, y decidió apoyar a niños con discapacidad intelectual. En 1990 creó la fundación, con el nombre de mi bisabuela. Yo estudié Psicología y entré como psicóloga del colegio, luego pasé a coordinar el área psicosocial. En el 2006 asumí la dirección general. Entonces hice un máster, porque había muchas áreas que no controlaba. También fui a Londres y a Estados Unidos para ver cómo funciona todo allí, porque se supone que tienen servicios modélicos, y he copiado muchas ideas. Mi objetivo cuando me incorporé fue profesionalizar la fundación, porque las ONG venían de un modelo caritativo, y ahora buscamos parecernos a una empresa. La diferencia es que no hay accionistas y los beneficios se reinvierten. Mi último fin sigue siendo el bienestar de los chicos, pero siendo sostenible. La enseñanza de la escuela de educación especial es gratuita, porque es un centro concertado. Cuando terminan, pueden entrar en el centro ocupacional, donde aprenden profesiones como manipulado, carpintería y floristería. Para la inserción laboral tenemos tres sociedades que emplean a casi cien personas con discapacidad. En el 2006 creamos la oficina de empleo para conseguirles trabajo en la empresa normalizada, que es la verdadera integración. La gente reconoce por fin la capacidad de trabajar de estas personas en tareas repetitivas, manipulativas, y nuestra idea ahora es conquistar otras áreas. Estamos atentos a sus necesidades y diseñamos apoyos: hemos abierto un centro de salud mental, un departamento

Almudena Martorell decidió relevar a su madre en un proyecto que ha transformado para dar una oportunidad a las personas con discapacidad intelectual, como Isabel.

de investigación, una vivienda tutelada para los que quieren ser más autónomos, una vivienda supervisada (más independiente), el centro de día, un club deportivo, el club de ocio y una unidad de atención a víctimas. Desde que llegué hemos duplicado nuestro tamaño, aunque por otro lado se va perdiendo esa cercanía en la que nos conocíamos todos. Tenemos dos vías fundamentales de ingresos, los contratos de las sociedades y los conciertos con la Administración. Otras actividades funcionan con subvenciones. Creo que las obras sociales van a desaparecer, pero muchas empresas están asumiendo ese papel. En estos años de crisis, nos hemos propuesto no crecer tanto hacia afuera sino reordenar hacia dentro para tener una base sólida. Nunca desconecto del trabajo pero no me importa.

Existen otras formas de emprendimiento social, en realidad este concepto trata de delimitar un nuevo tipo de proyectos a medio camino entre la empresa tradicional que busca el beneficio económico y la organización no gubernamental, que no tiene ánimo de lucro. La empresa social persigue un fin justo por encima del beneficio, y reinvierte lo que gana. Se trata de aprovechar los recursos propios de la empresa tradicional, utilizar estrategias de mercado pero con un objetivo diferente. De alguna forma, es lo que hace otra fundación, firmm (www.firmm.org), que conocí hace años en Tarifa (Cádiz). La creó la suiza Katharina Heyer para investigar en el Estrecho las poblaciones locales de cetáceos,

Katharina Heyer en una de las excursiones por el Estrecho.
©Santiago Bringas

y compite con varias empresas de la misma localidad para ofrecer a los turistas una excursión en barco para ver delfines y ballenas.

Heyer llegó a Tarifa en 1998 y desde entonces ha fijado en el calendario las épocas en que determinadas especies atraviesan el estrecho de Gibraltar, pero, aún más importante, ha logrado establecer que hay familias de ballenas (calderones) y delfines (común, mular y listado) que viven allí de forma permanente. Su banco de datos le ha deparado éxitos importantes, como la denegación del permiso para establecer un enlace marítimo en línea recta entre Tarifa y el nuevo puerto marroquí de Tánger Med, cuando demostró que atravesaría el lugar de descanso de varias familias de cetáceos.

Los fondos de firmm provienen fundamentalmente de los cursos y excursiones de avistamiento que se realizan entre abril y octubre. No en vano, la información es, junto a la investigación, el otro objetivo de esta organización. En sus excursiones diarias es muy fácil encontrar a las familias de cetáceos autóctonas, y el visitante más afortunado verá también alguna de las grandes especies que surcan los mares. Una de las más espectaculares es la orca, que aprovecha los meses de verano, cuando los atunes entran en el Mediterráneo a desovar, para capturar estos peces, uno de sus alimentos favoritos. También es posible descubrir en estas rutas, de dos horas, espectáculos tan diversos como la migración de cigüeñas y la pesca artesanal de atún en las aguas marroquíes.

# 13
# La conciliación

La idea de conciliar la vida familiar y la vida laboral está detrás de muchísimos proyectos de emprendimiento femenino, y resulta muy curioso ver la diversidad de experiencias que confluyen en esta razón tan potente para emprender. Y la gran cantidad de veces que esa razón se diluye en la realidad. Me he encontrado con mujeres que han emprendido para trabajar menos horas, y no han tardado en darse cuenta de que eso no va a ser así, y menos en los inicios de su empresa. Otras mujeres pensaban que al emprender iban a tener, al menos, unos horarios más humanos que los que les imponían sus empresas, y al final acaban creando un nuevo concepto de jornada laboral: la jornada partida con maternidad de por medio, una jornada que empieza a primera hora llevando a los niños al cole, va seguida de una jornada laboral intensiva en el lugar de trabajo; vuelta a por los niños, tarde de hacer la tarea y jugar con ellos, y vuelta a trabajar, sentada en el sofá con el portátil en las rodillas, mirando de reojo en la pantalla del televisor el programa que su marido ha elegido mientras ella trastea las redes sociales en busca de ideas, lanza un tuit y responde unos correos hasta que le dan las dos de la mañana.

No son pocas las mujeres que me han contado esa historia, casi calcada, que no deja apenas tiempo para el descanso. Y después están las que han emprendido por otras razones más allá del horario, y más cercanas al machismo. Y permíteme que aquí no dé nombres, porque siempre grabo mis entrevistas, pero cuando llegamos a temas espinosos, pregunto si puedo contar ciertos detalles, y por lo general no quieren, entre otras cosas porque no guardan rencor, han pasado página. Pero no me olvido de aquella emprendedora que había logrado ascender en su puesto y pidió retrasar su hora de entrada para poder dejar a sus hijos en el colegio, y le ponían las reuniones a las ocho de la mañana, y varias a las que les ocurría lo mismo a la hora de la salida. Poner una reunión a las siete de la tarde, en mi opinión, tiene que tener una justificación de mucho peso o es, como suele ser, una canallada. Y claro, estaba también la que se quejaba de que al terminar la reunión, salía corriendo para casa y al día siguiente se encontraba con la cruda realidad: las decisiones finales de la reunión se habían tomado en la barra del bar.

Podría escribir otro libro sólo con estas experiencias, y las de las mujeres que han optado por crear su propio negocio cansadas de esperar un ascenso merecido que nunca llegaba, sin más meta profesional que dejarlo todo y demostrar por su cuenta de lo que son capaces.

Pero ojo, estamos hablando de casos concretos, aunque no esté dando nombres. Mujeres las hay buenas y malas, como los hombres. Yo mismo lo he padecido en mis carnes. Y también otra de mis entrevistadas, que me contó cómo su jefa le había negado una reducción de jornada por maternidad, y cuando se vio obligada a hacerlo, quiso partirle la jornada reducida con un descanso de tres horas para comer. Surrealista, ¿no?

La gestión del propio tiempo es sin duda una de las razones que empuja a los emprendedores a crear su propio negocio. Como dice uno de los personajes de *Dharma*, la novela en la que Eduardo Gismera vierte su experiencia como gestor de recursos humanos (él prefiere hablar de gestión de personas, como deja claro en el libro): «Que mi empresa me echara es lo mejor que me ha podido pasar. Ahora soy libre, dispongo de mi tiempo, trabajo más o menos según lo que necesito».

La de Leticia Fernández y Elena Lago es una de esas historias que sí puedo contar. Forman parte, aun sin saberlo, de un *boom* emprendedor que se ha producido recientemente en muchos países, el denominado *momtrepeneur*, por las numerosas madres que se han lanzado a montar su propio negocio. Se asociaron en el 2006 para montar un estudio de arquitectura, Habitar (www.habitarquitectura.com), con el que querían desarrollar proyectos sostenibles sin renunciar a tener hijos y disfrutar de ellos. La crisis ha pasado factura a su sector, pero ellas suman ya siete hijos. Y en el momento más crudo, en el 2009, me contaban: «Alguno de nuestros proyectos, por su tamaño, ha visto nacer a más de un bebé. Habitualmente trabajamos en jornada intensiva por las mañanas, pero la realidad manda y muchas llamadas de trabajo se resuelven desde el parque, y muchas llamadas al pediatra se hacen desde el estudio. Además, varias veces hemos tenido que ir a trabajar con los niños, bien porque estaban malos, bien porque todavía eran lactantes. Eso sí, siempre cumplimos los plazos de nuestros proyectos».

Aunque estudiamos juntas en la Politécnica de Madrid, nos conocimos en 1999, cuando nos dieron la beca Erasmus para estudiar un año en Florencia. En seguida hubo química, compartimos piso allí y ya entonces hablamos de la posibilidad de asociarnos. Compartíamos el mismo enfoque de la vida y la forma de entender la arquitectura. Cuando cada una tuvimos nuestro primer hijo, estábamos trabajando en empresas privadas del sector. Nos dimos cuenta de lo difícil que es actualmente compaginar la vida familiar con el trabajo en la empresa privada, no nos lo pusieron fácil, y eso fue lo que nos decidió. Gracias a nuestras familias, algunos amigos y el apoyo incondicional de nuestras parejas, pudimos ponernos en marcha, con un ordenador viejo, una mesa reutilizada, unas estanterías pintadas por nosotras mismas, mucha ilusión y muchas risas. Empezamos acondicionando una habitación del sótano de casa de los padres de Elena, para usarlo de manera provisional, y ahí nos hemos quedado. Para nosotras es prioritario conseguir un equilibrio entre la vida laboral y la personal; nos encanta desarrollar nuestra profesión, pero es muy importante poder disfrutar de nuestros hijos (Leticia tiene dos y Elena cuatro). Empezamos a trabajar para familiares y amigos en pequeños proyectos, y poco a poco han surgido oportunidades muy interesantes en proyectos de mayor envergadura. Todavía no hemos recibido dos encargos iguales: desde la rehabilitación de una posada del siglo XIX para hacer un hotel en la Cava Baja de Madrid, hasta el diseño de un hotel-spa de lujo con estrictas premisas de sostenibilidad medioambiental en Guatemala, viviendas unifamiliares o una colaboración en el desarrollo del proyecto de una escuela taller de educación ambiental en San

Elena (embarazada de su cuarto hijo) y Leticia en el esqueleto del edificio
que estaban transformando en el 2009 en La Posada del Dragón,
en la Cava Baja de Madrid. ©Juan Ramón Gómez

Fernando de Henares. Como los encargos son tan diferentes,
nos permiten profundizar en diferentes aspectos de la arquitectura. Lo más difícil para nosotras es poner valor a nuestro
trabajo en los presupuestos. Lo que aún no hemos podido
abordar, pero nos ilusiona mucho y estaba en los inicios de
nuestra asociación, son proyectos de cooperación al desarrollo, dando una dimensión social a nuestra profesión. Pero
antes necesitamos consolidar nuestra estructura empresarial
y familiar para poder dedicar el tiempo que sería necesario
a estos proyectos, que tendrían el carácter de voluntariado.

La legislación española contempla tres formas de conciliación
para los empleados: reducir sus horas de trabajo, tener mayor
flexibilidad para organizar sus horarios y recibir ayudas especí-
cas, como la asistencia en el cuidado de sus hijos. Lo mejor de
todo es que esas mujeres que se han ido de su trabajo por la falta
de conciliación han mantenido sus ideas al pasar al otro lado, el
del empresario, y han creado proyectos en los que la conciliación
no hay que pedirla, en los que los horarios se piensan para gente
que tiene familia o simplemente quiere tener tiempo para ir al
cine. Lo hemos visto en muchos ejemplos a lo largo de este libro.

Y lo puedes ver también en mujeres que no han padecido ese problema, que no necesitan sufrir la discriminación para desterrarla de su negocio.

Alicia Catalán nació y se crió en hoteles, y en ellos empezó a trabajar desde muy joven y desde abajo, como su padre le aconsejó. Tras diez años en el extranjero, regresó a la empresa familiar y recaló en el departamento de *marketing*, donde descubrió un mundo que le apasionó y la impulsó a crear su propia agencia en el 2005. Dos años más tarde se asoció con un equipo de producción y nació Noho (www.noho.es).

> Nací en el primer hotel que abrió mi padre, en Pamplona. De ahí surgió la cadena NH, y cuando la vendió, creó AC. Él me ha inspirado muchísimo y aunque he tirado por otro lado, he seguido sus pasos. Me he criado en hoteles y me encantaba la vida allí. Con dieciséis años me fui a Estados Unidos, luego fui a Suiza a estudiar Hostelería, y después trabajé de camarera en la Polinesia Francesa, de recepcionista en Nueva York, en México y en Roma. Volví a España por casualidad, porque estaba preparando la apertura de un hotel en Nueva York, pero me pilló el 11-S y se retrasó. Me fui a vivir con mi padre y empecé a trabajar con él. Entré en el departamento de *marketing* por casualidad y descubrí que era lo mío, me apasionó organizar eventos y crear experiencias. Encargaba trabajos a varias agencias y ninguna hacía las cosas como yo las veía, así que decidí hacer un máster intensivo. Descubrí que había un nicho buenísimo, en el que podía conseguir lo que no había encontrado, un equilibrio entre creatividad y eficiencia. Además, trabajar con mi padre fue una experiencia muy buena pero, me apetecía una aventura por mi cuenta. Ni siquiera quise pedirle dinero, porque soy muy orgullosa, así que rellené los papeles para pedir una ayuda del programa Emprende en Femenino, y me dieron seis mil euros, no me lo podía creer. Empecé sola en casa con mi ordenador en el 2005, y tuve suerte porque me presenté a un concurso público de un laboratorio y lo gané. A partir de ahí fui creciendo y me planteé hacer también producción, porque el problema en España es que cuando tienes una idea muy buena, pasa por muchas manos y el mensaje no llega bien al final. Empecé subcontratando a un equipo y al final, en el 2007, nos unimos y creamos Noho con las dos partes,

el *marketing* y la producción. El cliente que más me ha costado conseguir es AC, porque mi padre es duro. Creo que es normal, es el presidente, y meter a su hija porque sí no vale. Hemos ido ampliando servicios a medida que nos lo pedían, como la parte de comunicación. Lo que más me divierte es coger la marca y pensar en ella como si fuera un personaje, cómo va a ser, cómo va a hablar, a quién se dirige, es como si creas tu hombre ideal. La conciliación aquí también es importante. Aquí cada uno es responsable y tengo gente que le gusta lo que hace; no soy muy de horarios, tengo cuatro mujeres con hijos que trabajan sólo por las mañanas y diría que son de las más eficientes. Hoy en día, con la tecnología es muy fácil organizarse. Las reuniones son siempre ente las diez y la una para que estén aquí seguro. Somos muy flexibles, y es que en este trabajo hay que serlo, hay que trabajar noches, fines de semana… Al final todos trabajamos muchas horas, y no puedo encima exigirles un horario.

La maternidad es una elección. La mujer debe tener el poder de decidir si quiere tener hijos o no. Que una mujer renuncie a ser madre para no perder los años más importantes de su vida laboral, las posibilidades de crecer profesionalmente, es una elección respetable porque es su elección, pero me parece muy dura de tomar. Y creo que no siempre es necesaria, que con empeño se pueden conseguir ambas metas. Me lo demostró Dolores Galindo, profesora titular de Química Analítica a la que entrevisté en el 2011. Contra lo que es habitual en la universidad, ella decidió tener pronto a sus tres hijos, con el apoyo de su marido. «Los tuve antes de tener mi carrera profesional estabilizada, en el momento en que la mayoría se va al extranjero a terminar de formarse –explicaba–. Leí mi tesis doctoral embarazada de seis meses del segundo. No fue un error sino una decisión, pero diez años en el mundo universitario sin estar dedicado al cien por cien hace que te retrases mucho en tu carrera». Un mes después, se convirtió en la primera mujer decana de la facultad de Ciencias de la Universidad de Cádiz.

Las cosas también serían mejores si la conciliación se inculcara desde la escuela. Y algunas lo hacen, como es el caso de Alaria (www.alariaescuelasinfantiles.es), que fundó Amparo López en 1974 y a la que en el 2005 se unió su hija, Elvira Martínez. Por

Dolores Galindo asumió que la maternidad frenaría su crecimiento profesional, pero cuando sus hijos crecieron retomó sus retos con determinación.
© Juan Ramón Gómez

sus aulas han pasado más de seis mil niños en cuarenta años. Ya son cuatro centros que ahora dirige Elvira en solitario, tras el fallecimiento de su madre. Copio aquí un extracto de la entrevista que les hice en el 2012:

En 1974 yo trabajaba en un ministerio [me contaba Amparo], y el delegado de Hacienda me dijo que quería contratar una escuela infantil para los empleados, porque tenía muchas mujeres extraordinarias que no quería perder cuando tuvieran hijos. Me encargaron un estudio y concluí que tenían que hacer su propia escuela. La puse en marcha, pero como todo aquello me había despertado mi vocación, después me fui para montar la mía propia. Quería que los niños tuvieran un jardín y respiraran aire puro, y elegí El Viso. Siempre he ido de la mano de un psicólogo especializado en niños y un pediatra que se ocupaba de la nutrición. Juntos fuimos investigando y dando respuesta a todas las necesidades. La verdad del cuento es que un día me presentaron a un psicólogo que era de León, como yo, y que quería montar un colegio allí. Surgió la chispa, se quedó en Madrid, nos casamos y hoy sigue siendo el psicólogo de la escuela. La llamé Alaria porque el diccionario la define como «el instrumento que utiliza el alfarero para modelar el barro». Eso es lo que hacemos día a día, entran personitas de seis meses y salen unos personajes a los que has ayudado a desarrollarse plenamente. Los niños de entonces nos traen ahora a sus hijos, eso es lo más bonito que nos ha podido pasar. Elvira es mi única hija y yo quería que

Amparo López inculcó a su hija, Elvira Martínez, el amor por una forma de enseñanza que cuida mucho del alumno y de la comunicación con los padres.
© Ingenio Fotógrafos

la vapulearan en algún sitio antes de venir, que conociera el mundo real. Yo estudié Empresas [me explicaba Elvira] y trabajaba en auditoría. Antes de incorporarme al negocio quise formarme bien y en el 2004 hice un máster en el que creé un proyecto de escuelas infantiles en parques empresariales, y mucho de lo que desarrollé lo estamos aplicando ahora. Llegué aquí en el 2005 con ideas para innovar y no me he encontrado con ninguna barrera, mi madre tiene una mente muy joven. En el 2007 abrimos la segunda escuela, y en el 2008 la tercera, las dos en Aravaca, porque tenemos mucha demanda. Abrimos de 7:30 a 19 para facilitar la conciliación familiar, y somos de las pocas escuelas con niños hasta seis años. Hemos implantado el bilingüismo, y somos pioneros en trabajar las emociones con los niños y en tener una escuela de padres. Tenemos que innovar constantemente, no nos podemos dormir en los laureles. Hemos implantado las pizarras digitales, y le estamos dando mucho empuje al mundo *on-line* para comunicarnos con las familias. Lo único que no ha cambiado es la alimentación, con cocina propia. Mi madre siempre le ha dado mucha importancia porque contribuye al desarrollo físico e intelectual. Tenemos una coordinadora pedagógica en cada casa, y nosotras hacemos supervisión permanente. Yo estoy más en Aravaca porque tengo allí a mis hijas. También hay que hacer mucho trabajo fuera. La tendencia ahora es montar escuelas infantiles en parques empresariales o en las propias empresas, y nos piden ayuda para asesorar en ese tipo de proyectos.

# 14
# El fracaso

He querido terminar este libro con un capítulo dedicado al fracaso con la intención de hacer una historia circular, porque el fracaso no es el final, sino el principio de una aventura mejor, y si llegas a experimentarlo, podrás retomar este libro desde el principio y aplicar a lo que yo te cuento tu propia experiencia. Con el auge del emprendimiento en los últimos años, se han importado ideas frescas de otros países. Una de esas ideas es la del fracaso como experiencia positiva, para aprender a hacer las cosas mejor. Comenta Kike Sarasola que en Estados Unidos, si vas a una entrevista de trabajo sin ningún fracaso en el currículum, no creen en ti. Yo no creo que haya que llegar a ese extremo, empezar pensando que algún día vas a fracasar es empezar con un pie cojo. Creo que hay que estar preparado para el fracaso para que no nos pille por sorpresa, pero no hay que esperarlo como algo ineludible.

Entre las más de trescientas emprendedoras que he entrevistado desde que empecé a colaborar con Yo Dona y otras revistas femeninas en el 2008, puedo decir que apenas un 15 % de ellas no ha logrado seguir adelante con ese proyecto en el que pusieron tanta ilusión. A veces es por la propia idea, que no llegó en el momento adecuado o al público adecuado; otras veces es un problema de actitud de la propia emprendedora, que no ha querido escuchar la realidad del mercado, y a veces ha sido por simple desconocimiento de la forma correcta de hacer las cosas. Si he podido construir este libro, ha sido gracias a la experiencia de todas ellas, aunque sólo un 30 % aproximadamente de los proyectos que he conocido en este tiempo hayan encontrado hueco en estas páginas. Si decidí escribir este libro, fue porque algunas de ellas me contaron cómo echaron en falta una guía que les ayudara a dar los pasos adecuados, y pensé que era una buena idea crearla y ayudar a otras mujeres apoyándome en unas experiencias tan valiosas, con sus aciertos y sus errores.

«Los negocios no suelen fracasar por falta de competencias técnicas de sus emprendedores, sino debido a motivos mucho más mundanos: problemas personales, desavenencias con los socios, falta de sentido común, exceso de expectativas, miedos y/o nimios errores que, con el tiempo, se convierten en verdaderos problemas que arrastran el negocio a su inviabilidad», explica Fernando Trías de Bes en *El libro negro del emprendedor.* Y añade que un 90 % de los emprendedores fracasan antes de cuatro años, un 95 % no llegan a los cinco años y unas diez mil sociedades mercantiles se disuelven cada año en España.

En su tesis doctoral, Rachida Justo trataba de buscar explicación a la influencia del género en el éxito y el fracaso de las empresas. Porque la literatura sobre emprendimiento daba a entender que los proyectos liderados por mujeres fracasaban en mayor proporción que los liderados por hombres. Y ella demostró lo contrario. Demostró que las mujeres no persiguen tanto el éxito financiero, pero que este rasgo puede resultar beneficioso porque las hace más cautelosas y eso, al contrario de lo que se decía, hace que generen menores tasas de fracaso. Sobre este tema quise profundizar, y me explicó: «Las mujeres tienen menos confianza en sí mismas, con un lado positivo porque escuchan más a sus equipos. Se preocupan menos de ganar dinero y más del bienestar de sus empleados, la calidad de su producto y el impacto social de su empresa. Y por último, prefieren crecer lentamente y de forma controlada».

Lo importante del fracaso es saber levantarse después, saber empezar de nuevo y no volver a cometer los mismos errores. Y puedes encontrar especialistas que te ayuden a hacerlo, como las emprendedoras que he elegido para terminar este libro.

Eva Pérez y Mónica Loureiro reciclaron sus carreras, y en esa fase de volver a formarse para emprender un nuevo camino en sus vidas, se conocieron, descubrieron sus puntos en común y decidieron crear On-Coaching, una empresa desde la que tratan

Mónica (a la izquierda)
y Eva trabajan con
emprendedores y les
ayudan a convertir sus
fracasos pasados en
aprendizaje
para el futuro.
© Santiago Bringas

de acercar los beneficios del *coaching* a todas las personas y organizaciones, con un especial foco en los emprendedores.

Desde el 2012 nos dedicamos a entrenar a los emprendedores desde su pensamiento, emoción y acción, modelando la actitud necesaria para alcanzar sus objetivos en el camino del emprendimiento. Potenciamos el *I have a dream* de nuestros clientes. Como emprendedoras, creemos que la clave del éxito está en nuestra actitud. ¿A qué actitud nos referimos? A la actitud que nos va a distinguir de los demás. Trabajamos la responsabilidad frente a la culpa y el error frente al fracaso. ¿Por qué elegimos estas actitudes? Porque nuestra cultura nos carga de una herencia en la que el error, mal visto, busca culpables, y en esta búsqueda nos perdemos las posibilidades de aprendizaje. Optar por la responsabilidad nos habilita para intervenir y resolver dificultades. Esta actitud no juzga lo que es correcto o incorrecto, nos sitúa en las posibilidades de acción en distintos escenarios: ¿cómo te gustaría que fueran las cosas? ¿Hay algo que quieras hacer de una forma diferente?

La responsabilidad nos da el poder de encontrar respuestas frente a la culpa que busca culpables para liberar la rabia y la tensión. Echar la culpa fuera nos exime de acción y responsabilidad y nos posicionamos como víctimas de la situación. La responsabilidad libera el talento y favorece la comunicación desde el reconocimiento. En On-Coaching entrenamos otra actitud, el aprendizaje como la oportunidad de aprender desde la libertad, desde el juego, sin miedo a equivocarnos porque hemos experimentado que en el error está el aprendizaje de forma natural y lógica. ¿Qué significa esto? Que desde el error creamos oportunidades, nos abre a la innovación, nos reta a salir de la zona de confort para experimentar nuevas vivencias. Esta actitud del error está unida a la actitud de responsabilidad de la que hablábamos antes: nos acompaña el optimismo, la alegría, la valentía y confianza para explorar nuevas posibilidades; frente al miedo, el enfado y la desconfianza que acompañan la actitud del fracaso, donde juzgamos a los demás convirtiéndonos en verdugos del aprendizaje, de las oportunidades y de la libertad. Frases como «más vale lo malo conocido que lo bueno por conocer» son una muestra de cómo el fracaso está presente en nuestra cultura como una creencia limitante, generando inmovilidad.

Y extraigo unas ideas que compartió Charo Izquierdo en su blog *Camino de Ítaca*:

Tendemos a juzgar a las personas y sus hechos por sus últimos actos, sin tener en cuenta el conjunto. Tendemos a hacer del fracaso una enmienda a la totalidad, cuando en realidad es un momento desgraciado. O, como ven en otras culturas, una oportunidad de aprendizaje. Tendemos a ver en el fracaso al fracasado por siempre y para siempre. Pero, oye, paremos un momento. Que tire la primera piedra quien no haya tenido un fracaso personal o profesional, o ambas cosas a la vez. Tendemos a poner un cartel de fracasado en lugar de hablar de tropiezo, lo que sería mucho más sano. Entre otras cosas, porque del tropiezo, quien tiene reflejos no se cae. El que se cae no siempre se hace daño. Y cuando se hace daño siempre se cura. De grandes fracasos han surgido grandes hazañas.

# Bibliografía

GISMERA TIERNO, Eduardo. *Dharma. La vida tras un despido.* Madrid: Kolima Management, 2012.

JUSTO, Rachida. *La influencia del género y el entorno familiar en el éxito y fracaso de las iniciativas emprendedoras* (tesis doctoral). Madrid: Universidad Autónoma de Madrid. Departamento de Estructura Económica y Economía del Desarrollo, junio del 2008.

SARASOLA, Kike. *Más ideas y menos másters. Las claves de un gran emprendedor para triunfar en los negocios y en la vida.* Madrid: Temas de Hoy, 2013.

TRÍAS DE BES, Fernando. *El libro negro del emprendedor. No digas que nunca te lo advirtieron.* (2.ª ed.) Barcelona: Empresa Activa, 2007.

**INTERNET**

ActúaUPM
   actuaupm.blogspot.com.es
Ellas[2]
   www.ellas2.org
Womenalia
   www.womenalia.com